第二版前言

朗诵,是播音与主持艺术专业面试中的一项重要考试科目。对于很多考生来说,这项考试科目既简单又复杂:"简单"是因为它篇幅短小,易于脱稿,准备时间充足,且只需准备一篇稿件便可应对所有面试;"复杂"是因为大家都准备充分,对语音发声基本功及语言表达技巧要求较高,且稿件重复率高,赢得高分着实不易。每年的专业考试,都有不少考生会为自备稿件朗诵而烦恼,为怎样才能找到合适的自备稿件、怎样才能朗诵好稿件而为难发愁。对于考生来说,一本好的辅导教材犹如一位好的辅导老师,总能在考生最需要的时候提供最有价值的专业信息。

本书主要对朗诵艺术相关专业知识、朗诵的基本技巧和要求、专业考试中的朗诵、怎样选择应试稿件、四种不同文体稿件朗诵等进行了详细系统的讲解,旨在帮助考生提高朗诵水平。为解决考生选择自备稿件难的问题,本书精选了大量不同文体的应试稿件,供考生练习或选用。

《播音主持艺考朗诵教程》自出版以来得到了广大师生的好评,同时很多读者也通过各种方式对我们提出了很多建设性的反馈信息。本次修订主要根据近年来有声语言表达教学实践以及专业考试中朗诵项目的一些新的要求在理论上进行了修订,使理论体系更加科学,同时对示例分析及推荐应试作品进行了大幅度的优化删减,特别是增加了许多新的稿件,以更好地适应专业考试的变化与老师教学、学生练习的实际需求。

朗诵作为有声语言艺术,理论知识固然重要,但对于初学者来说,科学系统的练习方法及持之以恒的学习态度更为重要。朗诵水平的提高要求考生具备广博的文化知识与良好的个人修养,只有多思、多练、多琢磨,专业才能不断精进。

由衷感谢本书中所选朗诵作品的每一位作者,感谢你们创作了如此优秀的作品,同学们可以借此提高朗诵水平。感谢本书责任编辑赵欣、张笛付出的大量心血,她们严谨的工作态度与求实的专业精神使得本书以今天的面貌付梓。

由于水平有限,经验不足,本书难免挂一漏万,不当之处恳请读者朋友予以批评指正(作者新浪微博:@李-俊文)。衷心希望这本教材能够助您登上播音与主持艺术专业学习的殿堂!

李俊文

2020 年 6 月

播音与主持艺术专业
考前辅导丛书

BOYIN YU ZHUCHI
YISHU ZHUANYE KAOQIAN
FUDAO CONGSHU

播音主持艺考朗诵教程 第二版

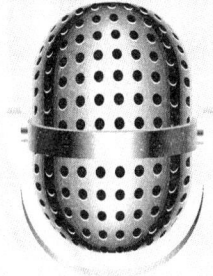

BOYIN ZHUCHI YIKAO
LANGSONG JIAOCHENG

李俊文 ◉ 编著　　〔DI-ER BAN〕

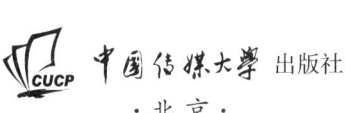

中国传媒大学 出版社
·北京·

图书在版编目(CIP)数据

播音主持艺考朗诵教程 / 李俊文编著. -- 2 版. -- 北京：中国传媒大学出版社，2020.10（2022.12重印）

ISBN 978-7-5657-2761-0

Ⅰ. ①播… Ⅱ. ①李… Ⅲ. ①朗诵—语言艺术—高等学校—入学考试—自学参考资料 Ⅳ. ①H019

中国版本图书馆 CIP 数据核字（2020）第 157924 号

播音主持艺考朗诵教程（第二版）

BOYIN ZHUCHI YIKAO LANGSONG JIAOCHENG（DI-ER BAN）

编　　著	李俊文
策划编辑	赵　欣
责任编辑	张　笛　赵　欣
责任印制	阳金洲
封面设计	拓美设计

出版发行	中国传媒大学出版社			
社　　址	北京市朝阳区定福庄东街1号	邮　　编	100024
电　　话	86-10-65450528　65450532	传　　真	65779405
网　　址	http://cucp.cuc.edu.cn		
经　　销	全国新华书店		
印　　刷	北京中科印刷有限公司		
开　　本	787mm×1092mm　1/16		
印　　张	13.5		
字　　数	270千字		
版　　次	2020年10月第2版		
印　　次	2022年12月第2次印刷		
书　　号	ISBN 978-7-5657-2761-0/H · 2761	定　　价	45.00元

本社法律顾问：北京嘉润律师事务所　郭建平

版权所有　　翻印必究　　印装错误　　负责调换

目 录

第一章 朗诵概说 /1
第一节 朗诵的定义 /1
第二节 朗诵的三重境界 /3
第三节 朗诵语感的培养 /5
第四节 专业考试中的朗诵 /8

第二章 朗诵的基本技巧和要求 /14
第一节 朗诵的基本技巧 /14
　　示例分析　生命　生命 /16
　　示例分析　背影(节选) /18
　　示例分析　都走了 /22
　　例稿练习　千里共良宵(节选) /23
　　例稿练习　爱 /28
　　例稿练习　港珠澳大桥 /31
　　例稿练习　小欢喜 /33
　　例稿练习　母爱的光辉 /36
第二节 朗诵的基本要求 /37
第三节 朗诵常用标注符号 /42

第三章　诗歌朗诵　/44

第一节　诗歌朗诵概述　/44

　　乡　愁　/45

　　乡　愁　/45

　　我爱这土地　/46

　　再别康桥　/48

　　天上的街市　/50

第二节　示例分析与朗诵提示　/51

　　示例 3-1　青春万岁（序诗）　/51

　　示例 3-2　十八岁畅想曲（节选）　/52

　　示例 3-3　我微笑着走向生活　/53

　　示例 3-4　我为少男少女们歌唱　/54

　　示例 3-5　生活是多么广阔　/55

　　示例 3-6　南方和北方　/56

　　示例 3-7　山　民　/57

　　示例 3-8　春天的第一缕阳光（节选）　/58

　　示例 3-9　春天的后面不是秋　/59

　　示例 3-10　我的"自白"书　/60

　　示例 3-11　别人家的小孩　/61

　　示例 3-12　初　春　/62

　　示例 3-13　祖国啊，我要燃烧　/63

　　示例 3-14　让我怎样感谢你　/64

　　示例 3-15　面朝大海，春暖花开　/65

　　示例 3-16　小草的心　/66

　　示例 3-17　预　言　/67

　　示例 3-18　热爱生命　/69

　　示例 3-19　再等一等　/70

第三节　推荐应试作品　/70

　　赞　美　/70

　　喊故乡　/71

　　茅　屋　/72

　　我　/72

飞扬的青春(节选) /73

中国话(节选) /73

鸿　雁 /74

我的西藏(节选) /75

请　求 /76

我和你加在一起 /76

萤火虫 /77

南方的夜 /77

崎岖的路 /78

走向远方 /78

我是苹果 /79

假　如 /79

朋友圈 /79

胡杨林 /80

今　夏 /81

秋日的思念 /81

一个字 /82

珍　惜 /82

假如生活重新开头(节选) /83

微笑(节选) /83

我想给你写首诗 /84

你唱起一支童年的歌 /84

你是我心底的一首歌 /85

春天吹着口哨 /85

致凯恩 /86

星星变奏曲 /86

我是一个任性的孩子(节选) /87

妹妹,我想对你说 /88

一句话 /88

华　山 /89

灯 /89

祈　求 /89

　　　　手　/90

　　　　馈　赠　/90

　　　　囚　歌　/91

　　　　当你从我的窗下走过　/91

　　　　沐浴新时代的灿烂阳光(节选)　/92

　　　　我骄傲,我是一棵树(节选)　/93

　　　　中国气度　/93

　　　　我有祖国,我有母语　/94

　　　　秋天里的中国　/95

第四章　散文朗诵　/97

第一节　散文朗诵概述　/97

　　　　朋友和其他　/98

　　　　匆　匆　/99

　　　　金色花　/101

第二节　示例分析与朗诵提示　/102

　　　　示例 4-1　我喜欢出发　/102

　　　　示例 4-2　祖国,到底是什么?(节选)　/103

　　　　示例 4-3　谁是最可爱的人(节选)　/104

　　　　示例 4-4　欧仁·鲍狄埃　/106

　　　　示例 4-5　把我埋浅点好吗?　/107

　　　　示例 4-6　那年我十五岁　/108

　　　　示例 4-7　瞳　孔　/109

　　　　示例 4-8　茶花赋(节选)　/110

　　　　示例 4-9　话说长江　/111

　　　　示例 4-10　松树的风格(节选)　/112

　　　　示例 4-11　老师,您一生都这样站着(节选)　/114

　　　　示例 4-12　天上的草原　/115

　　　　示例 4-13　军　礼　/116

　　　　示例 4-14　携一身轻盈(节选)　/117

　　　　示例 4-15　浅水洼里的小鱼　/119

　　　　示例 4-16　燕　子　/120

　　　　示例 4-17　焰火的变奏(节选) /121
　　　　示例 4-18　小站歌声 /122
　第三节　推荐应试作品 /123
　　　　可爱的中国(节选) /123
　　　　生活不是梦 /124
　　　　远　方 /124
　　　　福妮儿 /125
　　　　一棵树的选择(节选) /125
　　　　玻璃花情思 /126
　　　　风筝的故乡 /126
　　　　钟　声 /127
　　　　太行行吟 /127
　　　　青春,我们不要孤独(节选) /128
　　　　改变自己 /128
　　　　麻　雀 /129
　　　　活　埋 /129
　　　　阳光是一种语言 /130
　　　　昭君出塞 /131
　　　　做一片美的叶子 /131
　　　　沉睡的海 /132
　　　　假如我是一棵树 /132
　　　　选择在春天出发 /133
　　　　桂林山水 /133
　　　　落叶,生命的痕迹(节选) /134
　　　　生命中的感动 /134
　　　　我的南方和北方(节选) /135
　　　　山里的桥 /136
　　　　路 /136
　　　　想　飞 /137
　　　　青春的舞蹈(节选) /137
　　　　兄弟,我们不哭 /138
　　　　海　思(节选) /138

在柏林　/139

天使的吻痕　/139

困　难　/140

美（节选）　/140

往事如昨　/141

纸钢琴　/141

陌路朋友　/142

春雨的色彩　/143

树上的那只鸟　/143

一起出发　/144

第五章　寓言朗诵　/145
第一节　寓言朗诵概述　/145

狼和小羊　/146

乌鸦与狐狸　/147

乌鸦和猪的"谅解"　/148

第二节　示例分析与朗诵提示　/149

示例 5-1　时间与爱的故事　/149

示例 5-2　猴吃西瓜　/150

示例 5-3　老海龟的悲剧　/151

示例 5-4　杞人忧天　/152

示例 5-5　一头学问渊博的猪　/153

示例 5-6　十二生肖第一位　/155

示例 5-7　两只笨狗熊　/156

示例 5-8　谦虚过度　/157

示例 5-9　鹅　/158

示例 5-10　蘑菇该奖给谁　/159

示例 5-11　渔王的儿子　/160

第三节　推荐应试作品　/161

收藏阳光　/161

牛和青蛙　/162

猫和老鼠　/162

木偶探海 /163

蚂蚁和蟋蟀 /163

狗的友谊 /164

驴子的坏主意 /165

懒一下 /165

小马过河 /166

奉承是一种索取 /166

镜　子 /167

强者不吹牛 /167

跃出水面的鱼 /168

大象和小猴 /168

鼻子和嘴的争斗 /169

鸟与人 /170

第六章　小说、台词片段朗诵 /172

第一节　小说、台词片段朗诵概述 /172

立　论 /175

话剧《霓虹灯下的哨兵》春妮独白 /177

第二节　示例分析与朗诵提示 /178

示例 6-1　小说《红楼梦》片段 /178

示例 6-2　小说《孔乙己》片段 /179

示例 6-3　电影《离开雷锋的日子》台词片段 /180

示例 6-4　顾维钧在巴黎和会上的发言 /181

示例 6-5　玉旨一郎之死 /182

示例 6-6　自救者天救 /184

示例 6-7　敬告中国二万万女同胞(片段) /185

示例 6-8　话剧《哈姆雷特》台词片段 /186

示例 6-9　电影《高山下的花环》台词片段 /187

示例 6-10　电视剧《蜗居》台词片段 /188

示例 6-11　孤独与奋斗 /189

示例 6-12　电影《大腕》台词片段 /190

第三节　推荐应试作品　/191
　　　　话剧《冰山情》台词片段　/191
　　　　话剧《手术之前》台词片段　/192
　　　　小说《母亲》片段　/192
　　　　电影《第一滴血》台词片段　/193
　　　　电影《囚徒》台词片段　/193
　　　　电影《流浪者》台词片段　/194
　　　　小说《复活》片段　/194
　　　　电影《永恒的爱情》台词片段　/195
　　　　喜剧《婚事》台词片段　/196
　　　　话剧《恋爱的犀牛》台词片段　/197
　　　　电影《高山下的花环》台词片段　/197
　　　　电影《卖花姑娘》台词片段　/198
　　　　京剧《挡马》唱词　/198
　　　　话剧《无辜的罪人》台词片段　/198
　　　　话剧《尊严》台词片段　/199
　　　　小说《红岩》片段　/200
　　　　电视剧《亮剑》台词片段　/200
　　　　电影《阮玲玉》台词片段　/201
　　　　电影《哥俩好》台词片段　/202
　　　　我喜欢当兵　/202

主要参考书目　/204

第一章　朗诵概说

第一节　朗诵的定义

在我国,朗诵有着几千年的历史。从诗歌出现的那一天起,就以口头朗诵的方式表现出来。《孟子》中的"颂其诗,读其书"就生动反映了先秦及更早时期朗诵的盛况。《汉书·艺文志》云:"三百五篇,遭秦而全者,以其讽诵,不独在竹帛故也。"意思就是载竹帛上的"诗三百"虽毁于秦火,却以其讽诵,口耳相传,得以保全而流传。可见,在先秦时代,"诵"的风习就极为流行。其后,汉赋、唐诗、宋词中的许多名篇佳作都被广为传诵,流传至今,依然是我们朗诵的上乘之选。

朗诵,是一面旗帜,宣传真理和正义,张扬真情和正气,召唤人们为人类的理想和美好的生活勇往直前,感化人们提高生命的质量和珍惜生存的权利。

朗诵,是一股春风,带给人们温暖的气息,送给人们温馨的感觉。它拂面而来,体贴柔顺;它绿岸而过,风光旖旎,融化了人们心中的块垒,展现了人间多彩的生活。

朗诵,是一把匕首,可以剖析悲欢离合的历史,可以揭露假冒伪劣的丑行。它铁面无私,如日月经天;它锋芒毕露,似光天化日,使世界和人心都变得坦荡敞亮。

朗诵,是一座殿堂,艺术的高雅和华贵仰首可见,经典的厚重和深邃引人入胜。它的精美隽永令人赏心悦目,它的黄钟大吕令人振聋发聩。有声语言在这里并不比文字语言逊色,这里的再创作比创作本身更加精彩。

朗诵既有文本的文化传承血脉,又有当代人文精神的关怀;"口耳之学"在朗诵中得到了具体说明,"脍炙人口"在朗诵中显出了形象内涵。凡是进入朗诵视域的文字作品,便增添了有声语言的魅力;凡是获得朗诵美感的在场观众,就领略了语言艺术的真谛。[①]

以上这段文字是中国传媒大学教授、博士生导师张颂对朗诵以及朗诵的功能和作用所作的高度精准的概括,道出了朗诵的真谛。

朗诵是把文字作品转化为有声语言的创作活动。[②] 在《现代汉语词典》中,朗,指的是声音清晰响亮;诵,指的是读出声音来。因此,朗诵就是用清晰、响亮的声音,结合各种语言表达手段,传递作品思想感情的一种语言艺术。它不是简单的照本宣科、见字出声的机械反应,而是朗诵者用有声语言表达文学作品与传递情感的再创作。朗读者把对文学作品的理解、感受、感情融入声音里,把书面文字语言转化为有声语言,声情并茂地传情达意。

首先,朗诵是朗诵者文化修养的集中体现。古人说得好,"言之无文,行而不远""胸藏文墨虚若谷""腹有诗书气自华",一个人读的书多了,身上自然会带一股书卷气,就会自然而然受书本的影响,言谈举止间流露出读书人特有的气质,或温雅脱俗、或不卑不亢、或典雅大方。

当众朗诵,受众听到的是朗诵者的声音,看到的是朗诵者的形象,但这声音和形象渗透出朗诵者的文化、修养、感情、气质、风度等,可以这样说:"腹有诗书'声'自华。"我国老一辈播音艺术家、新中国第一位播音专业教授齐越朗诵的长篇通讯《谁是最可爱的人》播出后感染了千百万听众。作者魏巍先生特地给齐越老师写了一封感谢信,赞扬他朗诵得太好了,说他没能写出来的东西却被齐越读出来了。

然后,朗诵是一种再创作活动。叶圣陶说:"审慎的作家写作,往往斟酌又斟酌,修改又修改,一句一字都不肯随便。无非要找到一些语言文字,让意义和情味同他的旨趣恰相贴合,使他的作品真能表达他的旨趣。"[③]作为读者,"若不能透彻地了解语言文字的意义和情味,那就只看见徒有迹象的死板板的符号,怎么接近作者的旨趣呢?"[④]所以朗诵不是把文字转化为声音的简单过程,而是进行艺术创作的复杂过程。因为书面文字相对于有声语言来讲有一定的局限性,它很难把人们说话的细微情感表达出来,不能把文字语言里蕴含的丰富多彩的语气声情并茂地表达出来。但人的声音却可以弥补这些缺憾,将文字承载的信息与情感表现出来,甚至可以把文字背后蕴含的丰富信息传递出来。

---

① 张颂.诗歌朗诵[M].2版.北京:中国传媒大学出版社,2007:1.
② 李红岩.诗歌朗诵技巧[M].北京:中国广播电视出版社,2002:1.
③ 叶圣陶.叶圣陶语文教育论集[M].北京:教育科学出版社,1980:265.
④ 叶圣陶.叶圣陶语文教育论集[M].北京:教育科学出版社,1980:265.

朗诵有"眼到—心到—嘴到"三个过程。其中"眼到—嘴到"很容易做到,即所谓"见字出声",拿到稿件就开始读,甚至连文章中的一些语气助词也读得字正腔圆,让人忍俊不禁。这样的朗诵,只是机械而又苍白地把文字读出来,没有任何情感与态度,更别说让人为之感动了。其实,在这三个过程中,"心到"才是灵魂,正所谓"用心吐字,用爱归音;言为心声,语为情动",朗诵者必须设身处地地感受到作者笔触之下的真切情感,心有所感才能言之有情,才能感动他人。

朱自清的名篇《背影》中有这样一段话:"唉,我现在想想,那时真是太聪明了!"如果朗诵者读此句时不假思索就脱口而出,很可能误解作者本意,认为作者真的觉得自己很聪明。但这句话其实是作者的自嘲,以前没体会到父亲的爱,一直以为自己很聪明,实际上却是自作聪明,如今明白了,不免很是遗憾,因此产生悔意,便说了这句话。所以,朗诵者在读这句话时就应该略带一点自嘲的感觉,特别是"聪明"二字应转换语气加以强调,读为反义。著名朗诵艺术家孙道临老师在朗诵这句话时,一声长叹"唉……"就将自己少不更事的悔恨细致地烘托出来,在读完这句话后又用气声拖住渐渐落下,仿佛在说如果回到那时,自己一定不会那般固执倔强。文字虽然已经读完,留在受众心中的感动却没有停止。

最后,朗诵是朗诵者艺术修养的综合体现。朗诵综合了诸多艺术门类的特点,如语言艺术、表演艺术、形体艺术、舞台艺术等。朗诵者必须具备一定的文学与艺术修养,能够分析欣赏各种体裁的文学作品,这是朗诵传情达意的前提;朗诵者必须具备一定的语言修养,熟练掌握标准发音和发声技巧,善于正确地运用语气语调,这是传情达意的关键;朗诵者必须具备一定的舞台表演能力,敢于在大庭广众之下进行表达,有自然的形体和表情,这是朗诵传情达意的重要条件;朗诵者还必须具备一定的政治修养、社会知识修养,这是朗诵传情达意的基础。朗诵艺术就是以上各方面修养的综合体现,缺少哪一方面的修养都不可能成为一个优秀的朗诵者。

对于考生来说,学习朗诵,除了可以训练语音的清晰准确、声音的圆润优美外,最重要的是能极大地开发有声语言的表现力和感染力。这种能力的获得,不仅有助于自备稿件的朗诵,也有助于语言表达能力的提高。

第二节 朗诵的三重境界

不同水平的朗诵者在朗诵同一篇文章时能为受众带来不同的感受,抛去现场发挥等客观因素的影响外,朗诵者的文化修养、对语言文字的感悟能力、语言表达技巧、艺术表现能力是决定朗诵水平高低的因素。朗诵者不但要把文字作品原原本本地表达出来,而且要把自己对文字作品的理解、感受、审美认知、独特体会融入作品之中,通过朗诵,使文字作品的内涵显得更丰富、更深刻。

朗诵具有三重境界:

第一重境界:文章的复述者。这是朗诵的初级阶段,朗诵者能够读出文本的基本内容与基调。例如,朗诵朱自清的作品《春》,朗诵者要把文中描绘的各种图景以及作者对春天的盼望之情读出来。这里要特别注意的是,"文似看山不喜平",在这个阶段一定要注重文章的节奏感,因为任何一篇文章都有其自身场景的变化以及感情的变化,朗诵者的语速、语调、语势也应有相应的变化。如果朗诵者平平淡淡地把一篇文章读出来,缺乏应有的起伏与节奏,受众不免会有味同嚼蜡之感。

第二重境界:情感的表达者。这是朗诵的中级阶段,朗诵者能够读出文字背后的内容及作者隐藏的情感。声情并茂地朗诵可使静态、无声、呆板的语言文字化为动态、有声、灵动的具体情景,使读者、听者和作者之间的情感交融在一起。

例如,朗诵史铁生的作品《秋天的怀念》,朗诵者不仅要读出母亲当年对作者真切的关爱,更重要的是读出作者对母亲深切的怀念。朗诵"她出去了,就再也没回来"这句话时,应该欲言又止,缓慢低沉,结束时用气声拖住,将作者对母亲无尽的思念与愧疚之情表现出来。

第三重境界:心灵的感悟者。这是朗诵的高级阶段,朗诵者在理解作者情感的基础上将自己的人生经历及感悟渗透到有声语言之中。"一树梅花万首诗",不同的朗诵者朗诵同一篇作品的效果是不尽相同的,因为每一位朗诵者朗诵作品时都会融入自己的理解与情感。因此,朗诵者只有善于观察生活与思考人生,才能充分地感悟作者的情感,与作者产生共鸣,将自己的情感与作品的情感融为一体。

杏林子的《生命 生命》中有这样一段感悟:

> 有一次,我借来医生的听诊器,静听自己的心跳,那一声声沉稳而有规律的跳动,给我极大的震撼,这就是我的生命,单单属于我的。我可以好好地使用它,也可以白白糟蹋它;我可以使它度过一个有意义的人生,也可以任它荒废,庸碌一生。

杏林子的这篇文章,洋溢着她对生命的热爱和赞美。作者用亲身经历引导读者思考:生命到底是什么,我们应该怎样对待生命;生命有限,怎样才能不辜负生命,使之更为光彩有力。对人生和死亡,我们都有自己的感悟,只有结合作者的情感,并融入自己的理解,朗诵文章时才能更加真切动人。

第三节　朗诵语感的培养

　　语感是指语言交流中人们对语言表达的直觉判断或感受。语感是一个人语言素质的直接反映,是对语言文字分析、理解、体会、吸收全过程高度浓缩后的体现,是朗诵水平的重要组成部分。叶圣陶先生指出:"文字语言的训练,我以为最要紧的是训练语感,就是对于语言文字的敏锐感觉。"[①]

　　语感的形成来自长期、反复的语言实践,其中涉及学习经验、生活经验、心理经验、情感经验,包含理解能力、判断能力、联想能力等诸多因素。如果语感较好,在实际应用中就表现为一接触语言文字,立即产生正确的判断和丰富的感受。朗诵时,不仅能快速、敏锐地抓住语言文字表达的真实有效之信息,感知语义,体会感情,领会意境,而且能捕捉到言外之意、弦外之音。如果语感较差,在接触语言文字时,仅能领略其所承载内涵的一鳞半爪,甚至有时曲解其意,难得言辞之要领。

　　举例来说,当读到毕淑敏的《友谊》中"此刻我们是朋友,十年以后不一定是朋友"这句话时,有经验的朗诵者立即会在眼前浮现出生活中那些逐渐失去联络的朋友,甚至会联想到具体的某一个人,进而产生岁月无情、时间冲淡友谊之类的感慨。具体到朗诵的声音里,就会自然而然地流露出这些情景与感触。换作一个人生阅历尚浅的中学生,感悟就不会那么深刻。

　　语感并不是不可捉摸的虚无缥缈的东西,它可以靠长期反复的实践得来。在长期接触语言文字的过程中潜移默化地积累,语感也会提高,而有意识地加强科学训练,能促使语感的进一步形成。那么,如何培养语感呢?

一、提高专业鉴赏能力

　　鉴赏力与表现力是相辅相成的,是"水涨船高"的关系。要提高朗诵水平,就必须学会欣赏优秀的朗诵作品。这就如同练习书法一样,必须先有一本好的字帖,只有知

[①] 叶圣陶.叶圣陶论创作·写作漫谈[M].上海:上海文艺出版社,1982:163.

道什么是好的,才能客观判断自己现阶段的朗诵水平,确定努力方向。

朗诵者可以搜集一些优秀朗诵艺术作品的音频及视频,如"首届'沃尔沃卡车杯'CCTV朗诵艺术大赛""齐越节""夏青杯""新年新诗会"等朗诵活动的视频,方明、曹灿、薛飞、林栋甫、姚锡娟、张家声、焦晃、李野默、李慧敏、李立宏等朗诵艺术家的朗诵音视频,让自己沉浸在优秀作品带来的视听愉悦中,感受朗诵的艺术魅力。同时也可选择一些专业院校举办的各类朗诵会来了解不同层次的朗诵者的朗诵水平,还可以播放一些非专业人士的朗诵作品,只要感情真实、自然、质朴,也能够感染人。

同时,有比较才有鉴别,比较是培养语感精确性的有效手段。看完、听完不同的朗诵作品后,朗诵者可以形成自己的评判标准,剖析某一朗诵作品的优劣,推敲、揣摩语言运用的准确精妙之处。

能不能模仿?这是很多初学朗诵的朋友的一大困惑。其实,任何艺术都是从模仿开始的,我们的语言习得也始于儿时模仿父母说话,特别是在学习普通话语音时,对标准读音的模仿更是必不可少的。但是,对于朗诵艺术来讲,我们建议将"模仿"改为"借鉴"。正如前文所述,"言为心声",因为知识水平、文学修养、社会阅历不尽相同,不同的人对于同一篇文章的感悟也不一样,所以模仿只能在形式上模仿,而不可能做到完全意义上的模仿。"借鉴"主要是对原作品所选背景音乐、稿件处理方式等形式上的借鉴。

二、营造良好的朗诵氛围

良好的朗诵氛围对于语感的培养有很大的作用。练习朗诵时,朗诵者应尽量选择相对安静舒适,但又不影响他人的环境。同时朗诵者在朗诵时可以选择一些符合作品意境及基调的背景音乐,因为背景音乐本身就具备一定的感情基调,能够引领朗诵者快速融入情景之中。但要注意,朗诵时背景音乐声音不宜太大,因为它毕竟是"背景",一般人声与背景音乐的比例应控制在7∶3左右,以免喧宾夺主。同时背景音乐里最好不要带有人声伴唱的声音,因为这样会使得朗诵者的声音与伴唱的声音混合在一起,影响整体表达效果。有时,我们可以将两首或两首以上的背景音乐有机地组合起来,以配合变化多样的文稿内容。这样,每首乐曲都是根据文稿内容选择和编配的,其风格特点就可以最大限度地达到统一,这也就解决了一首乐曲不能适应一个作品内容变化丰富的问题了。

三、重复的力量是伟大的

练习朗诵，"量"的积累尤为重要。我们可以发现，那些朗诵名家无一例外都练习过海量的作品：李野默演播的路遥的长篇小说《平凡的世界》，光文字就有 110 万字之多，而这部作品还只是李野默众多演播作品中的一部而已；据说齐越当年低于 5000 字的稿件就不练；赵忠祥每年光《动物世界》一个节目的解说文字就达百万之多。所以，对于热爱朗诵的朋友来说，练习一定要在"量"上下功夫，并且养成良好的习惯。文学作品是提高有声语言表达水平、培养良好语感的一片沃土。如果觉得朗诵诗歌、散文长度不够或精力难以集中，建议练习朗诵小说。因为小说这种文学体裁想象丰富、情节跌宕起伏，能使人有兴趣读下去。另外，小说里一系列描述环境、人物形象、对话，展现矛盾细节的语言对于朗诵者练习语感有极大的帮助。

这里的"量"不仅指"数量"的"量"，更指"质量"的"量"。有了"量"的积累，"质"的提高也是必不可少的。这就如同练习书法一样，从数量的角度来讲，有的人一天可以练习一本字帖，但单纯机械的临摹对于提高书法水平作用却不大；有的人也许一天只练习几页纸，但其一笔一画都是仔细揣摩后才落笔的。两种方法一对比，自然是第二种方法更有利于书法水平的提高，朗诵练习同样如此。因为文章是作者将自己对生活的感受进行思考后写成的语言符号，这些文字本身并没有直接的可感性。朗诵时，只有凭借想象才能走进作品描写的世界，进入一个看得见、摸得着、能闻到气味、能听到音响、能辨出色彩的世界。同时要运用形象思维，去感受语言文字暗示、蕴含的情感。对语言文字细细品读和理解，是语感训练最有效的方法。最好把不同文体、类型、风格的稿件各精选一两篇，熟读、背诵，然后脱稿练习。比如练习古诗词，唐诗、宋词各选择一首，豪放派、婉约派或其他风格的各选择一首；练习散文就把叙事散文、抒情散文和议论散文各精选一篇。

大凡一篇文章、一段文字，初次读来，粗粗浏览，虽然能了解大意，但对语言文字的感受总觉浅淡，要想深刻领会语言的精妙、文字的深义和种种说不尽的意趣，只有细细品读。品读重在理解，它是对语言文字深层次的直觉性的体味。

第四节 专业考试中的朗诵

一、朗诵考试形式及基本要求

朗诵是播音与主持艺术专业面试中的一个项目。一般要求考生脱稿朗诵两三分钟的文学作品,诗歌、散文、寓言、童话、故事、小说、台词片段任选一种体裁。

之所以要求考生选择文学作品,是因为文学作品感情更为丰富,情节更加曲折,形象更加生动,表现手法也更为多样。朗诵文学作品是全面考查考生素质的一种手段。

朗诵主要考查考生的普通话语音水平,声音的适应能力、变化能力与表现能力,以及对作品的理解力和语言的感染力。由于这项考试是可以提前准备的,考生就应该尽最大努力拿出自己的代表作,拿出看家本领,把自己朗诵的最高水平展现给考官。考生一定要对这个考试项目给予足够的重视,对选定的稿件要字斟句酌,对内容的表达要从字、词、句、段、篇所有环节逐步练习,整体把握,力争在这个环节中取得较好的成绩。

如果拿自备稿件和指定稿件相比较,就如同语文老师给学生布置一个作文题目:自备稿件相当于要求学生在两三个月以后交这篇作文,学生有很长的准备时间。如果进行如此长时间的准备,学生作文依然出现偏题跑题、错别字、语句不通顺甚至连字数要求都没有达到的情况,老师就可以认为这位学生的作文水平确实一般。指定稿件相当于要求学生在较短时间内完成这篇作文,如果稍微出现一点问题,老师还可以酌情处理。也就是说,如果花较长时间(至少一周)来准备一篇两三分钟的稿件,都不能完全脱稿,都读不顺畅,都不能读出一篇稿件的基本内容与思想感情,确实不适合学习这个专业。

自备稿件朗诵的基本要求是做到"三要四必"。

"三要"是指:一要清晰,使考官听得清楚,听得明白;二要感人,真感动、真动情,耐人寻味,给人享受;三要个性化,创造独特的个性魅力。

"四必"是指:言必有旨,语言要有明确的目的性,体现出作品的主题、意蕴;言必有衷,语言要从内心出发,有真情实感;言必有形,语言要有鲜明的形象感,并建立内心视象;言必有艺,语言要进行艺术加工,讲究技巧,具有美感。

二、朗诵考试中需要注意的地方

1. 必须脱稿

脱稿，是朗诵考试最基本的要求。日常生活中人们说话的平均语速为每分钟240~260字，也就是说2分钟以内的文学作品长度为480~520字；3分钟以内的文学作品长度为720~780字。试想，朗诵如此短小的文章，考生还手不离稿，照本宣科，这是否会给考官留下一个"不用心、不重视、能力不强"的印象呢？

即使考生在没有压力的平常环境中能够自然流畅地背诵，在考场上也有可能出现断断续续、磕磕绊绊、词不达意的情况。考生只有做到非常熟练地脱稿朗诵，才能在考场上发挥自如，更好地与考官在眼神、情感上进行交流。

专业考试中的脱稿朗诵和背诵有一些区别。背诵只要求不看原文凭记忆念出文字，而脱稿朗诵不仅要求能够背诵，还要求把原文蕴含的主题和思想感情声情并茂地表达出来。所以我们建议，考生在选定一篇稿件后不要一句话一句话地死记硬背。常言道："若要记得，先要懂得。"考生最好在透彻理解全文的基础上，熟读全文，朗诵时脑海中不断浮现出文章描绘的情景、人物、事件的发展脉络，如此一边理解一边记忆，会有事半功倍的效果。相反，如果"不求甚解"，或是"一知半解"，即使花费九牛二虎之力，勉强一时把它背下来了，也记不牢，应用不了。

2. 注意朗诵考试要求

不同省份及高校在朗诵这个考试项目上虽然总体要求没什么区别，但也有一些细微的差别，考生在准备考试时，应尽量掌握不同省份及高校的招生简章要求，以便做到有的放矢，不出差错。

不同省份及高校每年招生简章中考试的内容和要求可能会有一些变化，考生在准备时，一定要以当年发布的招生简章为准。

（1）朗诵时间上的差异。不同省份及高校对朗诵作品长度的要求有区别，如广州大学、上海视觉艺术学院、四川省艺术类统考在其招生简章中明确要求自备稿件朗诵限2分钟以内，中央戏剧学院要求在3分钟以内，沈阳音乐学院要求不少于2分钟、不超过3分钟，山东艺术学院、南京艺术学院、云南艺术学院则没有具体时间限制。

有的同学认为，考官不一定会听完自己准备的全部内容。确实，因为报考人数太多或者考官已经对考生朗诵进行判定并评分，不需要浪费时间再听下去，可能会示意考生结束朗诵进入下一个考试项目。但考生不要有侥幸心理,应按照招生简章的要求准备好全篇稿件,若招生简章对朗诵时间没有明确限制,则至少要准备2～3分钟的朗诵稿件,做到万无一失。

(2)朗诵文体的差异。不同省份及高校在朗诵文体上的要求也不尽相同。如中央戏剧学院明确要求散文、小说片段、诗歌、寓言任选其一；北华大学明确要求为现代散文；四川省艺术类统考要求在现代诗歌、散文、寓言、台词、小说片段中任选一种体裁,即不允许考生选择古诗词参加考试；而河海大学、沈阳音乐学院的自备朗诵稿件体裁不限。

(3)朗诵中不允许播放背景音乐。练习朗诵时,考生可以选择一些合适的背景音乐,以便调动情感、培养语感。但考试明确要求不允许考生播放背景音乐。

3. 不出现硬伤

硬伤即明显的错误,朗诵的硬伤是指在朗诵过程中出现的错别字、吃字、添字、回读、跳读、磕磕绊绊、冷场、笑场等较为明显的错误现象。因为自备稿件朗诵考生可以花较长的时间准备,如果还出现这些现象,就会给考官留下准备不充分、基本功不扎实、对考试不够重视等不良印象。

为了避免出现硬伤,考生在平常练习时要养成良好的朗诵习惯。

(1)放慢语速。如果语速过快,出现一个错误后可能会接二连三地出错。放慢语速,可以尽可能减少硬伤的出现,还可以有"边读边想"的感受,给受众带来"边听边想"的感觉。

(2)克制硬伤。考生可尝试在练习时,只要出现硬伤,就给自己一定的"惩罚"。例如强迫自己从整篇文章或所读段落的第一个字重新开始读,或者出现一个问题就多读一篇文章等,让自己记住教训,养成不出错的习惯。但如果在考试中真的出现硬伤,也不要过于在意,不要紧张,以保证接下来正常稳定的发挥。

4. 准备好稿件的开头部分

考生在自备稿件朗诵中大多不能朗诵全篇稿件,有的甚至刚朗诵几句便被考官叫停,随即进入下一个考试项目。这是因为考官经验丰富,"阅人无数",考生一进场,考官便能基本判断该考生形象气质是否适合报考本专业；考生一开始朗诵,考官便能了解该考生的语音发声面貌和语言表达能力。朗诵时间的长短绝不意味着朗诵水平的高低。

针对这种情况,考生应花大功夫准备朗诵作品的开头部分。当然,考官也有可能听完整篇稿件,所以考生千万不要抱有侥幸心理,一定要按照考试要求准备好全篇文稿。也可以这样理解:仔细准备好全篇朗诵文稿,重点对文稿的前半部分特别是开头部分进行精心准备。

另外,考生在考试中,朗诵前的说明文字应尽量简短,不要拖泥带水,以免给考官造成烦冗拖沓之感。一般来讲,考生进入考场进行短暂的礼貌性问候后,即可引出自备朗诵稿件。值得一提的是,考生应尽可能地说出作品体裁,因为同一个作品名称可能有不同体裁。如朗诵稿件为《母亲》,就可能有诗歌或散文等不同体裁。因此可以这样说:"各位老师,你们好!我是31086号考生萧春朦,我朗诵的自备稿件是朱自清的散文《匆匆》。"

5. 适当运用副语言

副语言指的是除有声语言以外的面部表情、手势动作、身体姿态等。副语言运用得当可以对有声语言表达起到补充、辅助、强化的作用。运用副语言的原则是自然、协调、一致。

有些考生在朗诵中,不时把事先设计好的一个个表情和手势展示出来,显得过分做作、夸张。殊不知,表情和手势是情之所至,可以根据内容需要有所设计,但不要机械地、过多地使用手势、表情和其他动作,一定要把握"宜少不宜多,宜简不宜繁"的原则,符合生活化的特点。

朗诵的效果如何,关键在于朗诵者对作品的理解与表达。千万不要装腔作势,给人忽快忽慢、忽高忽低、忽大忽小、一惊一乍的感觉。

三、怎样选择朗诵稿件

朗诵作品的选择是朗诵成功的先决条件。表演创作中有这样一句名言:"伟大的剧作(作品)提供伟大的角色,伟大的角色促成伟大的演员。"一篇适合自己的自备稿件可以更好地展现考生的专业能力。那么怎样才能找到一篇适合自己的朗诵稿件呢?

1. 选择符合自身特点的稿件

符合自身特点,就是要符合考生自身的性别、年龄、性格、身份。参加专业考试的考生年龄大多在十七八岁,正处在人生中最美的年华,洋溢着青春、阳光与自信。考生的气质和声音是积极、热情、活泼、开朗的,因此可以选择《我为少男少女们歌唱》《我微笑着走向生活》《生活是多么广阔》《青春万岁》等基调积极、活泼、向上的作品,以体现考生的青春活力。有的考生身材小巧,可以选择《狼和小羊》《谦虚过度》《卖火柴的小女孩》等寓言童话,因为这样的作品形象生动,表现力强,可以体现考生富有活力的一面;有的考生形象气质偏成熟稳重,建议选择《我是中国人》《祖国啊,我要燃烧》《相信未来》等较为稳重大气的作品,以体现考生沉稳大方的气质。

另外,考生选择稿件时,还需注意自身的性别,因为有些稿件可能只适合男性或者女性来朗诵。例如舒婷的作品《致橡树》,表现了当代女性对独立人格、健全心智、男女平等的向往和追求,更适合由女性朗诵。戴望舒的作品《雨巷》含蓄地暗示出作者充满期待的感伤情怀,并给人一种朦胧而又幽深的美感。"我希望逢着一个丁香一样的结着愁怨的姑娘"中的"姑娘",我们可以认为是实指,是诗人心中期望已久的、高洁又忧郁的姑娘,也可以把其当作诗人心中的理想和追求,因此这首诗更适合男性朗诵。再如,散文《那年我十五岁》中,有这样一句话"爸爸,我是你的女儿呀,你为什么不理我?为什么不认我?"说明这篇散文更适合女性朗诵。

2. 选择自己能驾驭的作品

一些初学者往往急于求成,一开始就朗诵《海燕》《雷电颂》《我骄傲,我是中国人》等高难度稿件,虽勇气可嘉,但也需要根据自己的嗓音条件与语言功力量力而行。

一般来讲,练习朗诵要遵循循序渐进的学习规律。刚开始可以练习相对容易理解的文稿,也可以从语文课本上的文章入手,因为老师在课堂上已经对这篇文章进行了全面详细的讲解,理解上不用费太大功夫,入手也就快一些。之后就可以练习一些名家名篇,俗话说"杂书万卷,不如经典一篇"。名家名篇经过了岁月的洗礼,如同老酒一般,历久弥新,意蕴深刻。朗诵名家名篇既能提升文学修养,又能提高有声语言的表现力,更能提升"审美感受"和"审美意境"。然后就可以读一些难度稍大的作品,逐步提高自己对文稿的驾驭能力。

3. 慎用名家名篇

名家的作品对于考生来讲,表达起来难度较大,而且考官比较熟悉,很容易听出考生表达不到位的地方。在准备时间充裕的情况下,考生可以根据自身的专业水平选择名家名篇。如果处理得好,就能锦上添花。

另外,在考场上,一些稿件因为选择的考生多了,便为考官所熟悉,也成了考场上的"名篇"。考生在选择稿件时,应尽量避免这些文章。

4. 选择优秀的文学作品

"文似看山不喜平",选择朗诵稿件时,首先要注意选择那些语言具有形象性而且易于上口的文章,或情节曲折、起伏跌宕,或出人意料、发人深省,或幽默风趣、妙趣横生,或慷慨激昂、荡气回肠,或真挚感人、催人泪下……

选择优秀的文学作品,不要选择空洞、晦涩、平淡的稿件。优秀的文学作品大都脉络清晰、结构严谨、情感真挚、人物鲜明、语言生动、语句感人,具有较强的吸引力和感染力。朗诵这样的稿件,可以激起朗诵者强烈的创作欲望,使朗诵者在不断深入理解和感受的过程中,达到对稿件较为理想的表达。

如果文稿太长,可以选取其中的某个片段,也可以将精彩段落进行衔接编排。但所选片段一定要有头有尾,以免给人突兀、凌乱之感。

有些考生认为参加考试一定要选择煽情的作品,认为这样更容易感动考官,更容易拿高分。这类作品确实更容易使思想感情处于运动状态,但朗诵悲伤、深沉、压抑的稿件不一定占优势。因为乐观阳光、积极开朗的性格往往更容易给考官留下好印象,所以建议考生选择稿件时慎用悲伤煽情的稿件,尽量选择能体现出年轻人朝气蓬勃特点的稿件。

另外,选取的稿件在篇章结构、句型运用、音韵组合上最好能体现出朗朗上口的特点。拿到一篇文章,首先上口读一读,如果自己都感到很拗口,不好理解,最好不要作为考试稿件。

5. 朗诵自己原创的作品

一些同学的文笔不错,可以尝试朗诵自己的作品。这样在朗诵的同时,可以让考官了解你的文字功底。如一位同学在考场上朗诵自己的作品《给父亲的一封信》,真切地反映了父亲在她消沉迷茫时从各个方面给予她的无私的关爱,考生在朗诵时将父亲的形象刻画得十分生动鲜明,感动了在场的考官,当然赢得了高分。

另外,考生在朗诵自己的作品前,一定要说明是自己原创的,否则考官可能会误认为你朗诵的是他人的作品。

考生可以多准备几篇稿件,以符合不同院校的考试要求,还可以灵活应对影视编导、表演等其他专业考试对朗诵的考核。

第二章　朗诵的基本技巧和要求

第一节　朗诵的基本技巧

有声语言表达的基本技巧就是朗诵的基本技巧,即内部技巧——情景再现、内在语、对象感,外部技巧——停连、重音、语气、节奏,简称"内三外四"。

一、朗诵的备稿

朗诵是一种再创作活动,不是照字读音、见字出声的简单活动,从文字到有声语言的转换不是简单的对应关系,而是要求朗诵者通过原作的字句,忠实准确地反映稿件的精神实质,鲜明生动地传达稿件的思想感情,用有声语言传达出原作的主要精神和艺术美感。不仅要让受众领会朗诵的内容,而且要使其在感情上受到感染。为了达到这个目的,朗诵者在朗诵前就必须做好一系列的准备工作,这是提高朗诵水平的前提。

准备稿件,概括起来有以下六个步骤:划分层次、概括主题、联系背景、明确目的、找出重点、确定基调,简称"备稿六步"。

1. 划分层次

所谓层次,是指一篇文章的结构和布局。稿件的自然段落是从写作角度形成的,而这里的层次是为了朗诵需要形成的。层次是对自然段落的进一步加工整理,是对稿件自然段落的归并与划分。

归并是把文稿内在联系比较紧密的段落合并为一个大层次或者一个大部分。有小标题的稿件,每一个小标题里的内容就是一个部分。归并完后,还应简明扼要地概括层次大意。

划分是在一个自然段内把联系较为紧密的句子划分为一个个小层次。短小的自然段可以不再划分,但较长的自然段必须划分。划分小层次的目的是使句子"归堆儿""抱团儿"。很多人觉得小层次的划分不重要,其实,如果小层次划分不准确,表达时句与句之间的关系就会散乱一片,甚至影响全篇结构。

经过归并和划分,稿件的脉络就清晰了,人物、事件的来龙去脉,观点、例证的前因后果就了然于心了。

2. 概括主题

主题就是一篇稿件的中心思想。概括主题既要揭示出深刻的思想内涵,又要有利于调动朗诵者的思想感情。主题的概括要准确、言简意赅,用一两句话即可。

3. 联系背景

任何一篇稿件都有创作背景,朗诵时还有朗诵背景。知晓一篇稿件的背景,是为了把握稿件的整体思路,加强朗诵的针对性,有利于进一步丰富自己对稿件的感受。应注意,我们联系背景,不是漫无边际、牵强附会地联系,而是从稿件的具体内容出发,切合稿件的实际联系。

4. 明确目的

目的是作者意图的升华,而我们要明确的目的是朗诵目的,即稿件朗诵后所达到的社会效果,它解决的是为什么要朗诵这篇稿件的问题。如果把握不准朗诵目的,就把握不好态度和分寸,作者和编辑意图就存在失实的危险。这里还要注意,朗诵目的和稿件主题的区别。稿件的主题具有稳定性,而朗诵目的在不同时期有不同的侧重与表现。所以,必须结合现实情况去分析朗诵目的。

5. 找出重点

重点一般是直接表现主题、体现目的、抒发感情、感染受众的地方。重点一般有两种存在形式:一种是集中,一种是分散。集中,是指重点集中在某一个或几个自然段中;分散,是指重点分散在全篇稿件中。应注意,重点集中的形式较为多见。重点即使分散在全篇中,也不是平均分散。初学者常常找不准重点,似乎每一句都重要,每一句都是重点,但都是重点也就没有了重点。

6. 确定基调

基调,是指稿件总的感情色彩和分量,朗诵时总的态度倾向,不是指某一句或某一段的感情色彩和分量,也不是指朗诵时声音的高低。它体现的是朗诵者对稿件整体的认识、感受结果。

稿件的每一个大小单位都有具体的内容,我们的感情色彩和分量应该与具体内容相适应。随着稿件内容的发展,感情色彩和分量要不断变化,而这种变化,既是形成稿件基调的具体因素,又受稿件基调的影响和制约。

稿件的基调一般有昂扬、凝重、明快、豪放、深情、风趣等类型。

示例分析

生命　生命

杏林子

我常常想,生命是什么呢?

夜晚,我在灯下写稿,一只飞蛾不停地在我头顶上飞来飞去,骚扰着我。趁它停下的时候,我一伸手捉住了它,只要我的手指稍一用力,它就不能动弹了。但它挣扎着,极力鼓动双翅,我感到一股生命的力量在我手中跃动,那样强烈!那样鲜明!飞蛾那种求生的欲望令我震惊,我忍不住放了它!

墙角的砖缝中掉进一粒香瓜子,过了几天,竟然冒出一截小瓜苗。那小小的种子里,包含着一种多么强的生命力啊!竟使它可以冲破坚硬的外壳,在没有阳光、没有泥土的砖缝中,不屈向上,茁壮生长,即使它仅仅活了几天。

有一次,我用医生的听诊器,静听自己的心跳,那一声声沉稳而有规律的跳动,给我极大的震撼,这就是我的生命,单单属于我的。我可以好好地使用它,也可以白白地糟蹋它。一切全由自己决定,我必须对自己负责。

虽然生命短暂,但是,我们却可以让有限的生命体现出无限的价值。于是,我下定决心,一定要珍惜生命,决不让它白白流失,使自己活得更加光彩有力。

分析与提示:

(1)划分层次:全文共5个自然段,可划分为3个大层次。

第一层:第1自然段,提出对生命的思考。

第二层:第2~4自然段,通过三个事例,阐述了强烈的生之欲望、擎天撼地的生命力以及对自己的生命负责,强调了生命的可贵,表达了对生命强烈的呼唤。

第三层:第5自然段,对生命意义的感悟。

(2)概括主题:表达作者强烈的生命意识和积极的人生态度,愿每个人都珍惜生命。

(3)联系背景:身残志坚的杏林子面对人生的巨大挫折,整天与病魔抗争,却依然珍爱生命,找寻生命的意义。

(4)明确目的:引导、鼓励人们乐观生活,让有限的生命发挥无限的价值,让人生更有意义。

(5)找出重点:第4、5自然段。

(6)确定基调:温暖、平实、质朴。

二、内部技巧

1. 身临其境　情景交融——情景再现

情景再现是指在符合稿件需要的前提下,以稿件提供的材料为原型,使稿件中的人物、事件、情节、场面、景物、情绪……在朗诵者脑海不断浮现,形成连续活动的画面,并不断引发相应的态度、感情。[①] 这就是说,朗诵者在理解和感受稿件的过程中,不但要感受到其中的形象——"景",更要感受到其中的神韵——"情",从而达到情景交融的境界。这个过程是运动的、整体的。在理解情景再现时要注意三个关键词:感受、想象、表达。感受是基础,想象是桥梁,表达是实现。

情景再现一般有四个过程:

(1)理清头绪。看到稿件后,我们头脑中连续的画面是如何开始的?接下来怎么变化?又怎么发展?结果是怎样?哪里是横向扩展?哪里是纵向扩展?哪些是重点的"特写镜头"?哪些是相对粗略的"远景""全景"?哪些镜头是大笔勾勒,哪些镜头是细笔描绘?这些都要做到心中有数,这是情景再现的基础。

(2)设身处地。要把稿件描述的一切视为亲眼所见、亲耳所闻、亲身经历,思绪进入具体的事件、场面中去,不能与"我"无关。但注意不要忘乎所以,设身处地的主要任务是获得现场感,产生"我就在"的感觉,而不是"我就是"。

(3)触景生情。当稿件描述的某种画面在脑海里浮现时,我们一定要作出积极的

---

① 付程.实用播音教程第2册——语言表达[M].北京:中国传媒大学出版社,2002:33.

情感反应。稿件是寄情于景的,我们就要触景生情,找到内在的情感依据。触景生情是情景再现的核心。播音中特别强调积极的情感反应,我们在毫无准备的情况下,受到一个具体的"景"的刺激,应当马上引起"情"的反应。当然,这种情感反应应当完全符合稿件要求。

(4)现身说法。头脑中再现了稿件中的情景,经过自己的消化吸收,加工制作,使受众产生某种情景的再现,从中受到感染,才算完成了自己的任务。[①]

情景再现作为一种想象联想活动,需要有深刻的理解、细致丰富的感受做基础,还要以稿件提供的材料为原型,符合稿件传情达意的需要。

示例分析

背影(节选)

朱自清

我们过了江,进了车站。我买票,他忙着照看行李。行李太多了,得向脚夫行些小费,才可过去。他便又忙着和他们讲价钱。我那时真是聪明过分,总觉他说话不大漂亮,非自己插嘴不可,但他终于讲定了价钱;就送我上车。他给我拣定了靠车门的一张椅子;我将他给我做的紫毛大衣铺好座位。他嘱我路上小心,夜里要警醒些,不要受凉。又嘱托茶房好好照应我。我心里暗笑他的迂;他们只认得钱,托他们只是白托!而且我这样大年纪的人,难道还不能料理自己么?唉,我现在想想,那时真是太聪明了!

我说道:"爸爸,你走吧。"他往车外看了看说:"我买几个橘子去。你就在此地,不要走动。"我看那边月台的栅栏外有几个卖东西的等着顾客。走到那边月台,须穿过铁道,须跳下去又爬上去。父亲是一个胖子,走过去自然要费事些。我本来要去的,他不肯,只好让他去。我看见他戴着黑布小帽,穿着黑布大马褂、深青布棉袍,蹒跚地走到铁道边,慢慢探身下去,尚不大难。可是他穿过铁道,要爬上那边月台,就不容易了。他用两手攀着上面,两脚再向上缩;他肥胖的身子向左微倾,显出努力的样子。这时我看见他的背影,我的泪很快地流下来了。我赶紧拭干了泪,怕他看见,也怕别人看见。我再向外看时,他已抱了朱红的橘子往回走了。过铁道时,他先将橘子散放在地上,自己慢慢爬下,再抱起橘子走。到这边时,我赶紧去搀他。他和我走到车上,将橘子一股脑儿放在我的皮大衣上。于是扑扑衣上的泥土,心里很轻松似的,过一会说:"我走

[①] 付程.实用播音教程第2册——语言表达[M].北京:中国传媒大学出版社,2002:34.

了,到那边来信!"我望着他走出去。他走了几步,回过头看见我,说:"进去吧,里边没人。"等他的背影混入来来往往的人里,再找不着了,我便进来坐下,我的眼泪又来了。

分析与提示:

第一步:理清头绪。

朱自清的散文不仅以描写见长,并且在描写中达到了情景交融的艺术境界。《背影》作为朱自清的代表作,主要讲述了在家庭遭变故的情况下,父亲送别远行的儿子的经过。作者选择背向的特定角度,以饱含深情的笔触,全力抒写父亲的背影,令人拍案叫绝。

这个片段写的是父亲临别送行时的场景。这段文字从父子两方面着手:父亲这一面,考虑再三,觉得非亲自送儿子不可;儿子那一面呢,却不以为然,他想的是自己"已二十岁,北京已来往过两三次,是没有什么要紧的了",对父亲的送行并不怎么在意,并没有懂得父亲的心思。所以,父亲和脚夫讲价钱,儿子"总觉他说话不大漂亮";父亲嘱托车上的茶房,儿子又暗笑他的"迂"。父亲饱经世故,不会不比儿子更清楚"他们只认得钱,托他们只是白托",但明知不可为而为之,正是爱子心切的缘故。然而儿子却认为父亲的举动讨嫌,以致腹有所诽。这并非儿子不爱父亲,而是做儿子的还不理解父亲。后来背影出现,儿子清楚地看到父亲竟为自己做着力不胜任的事情时,终于理解了父亲对自己的那颗仁爱的心,以致流下泪来。这是交织着感激、悔恨、惭愧的泪。父子在这个过程中内心感情的差异及变化,使文章起伏有致,也显示出父亲背影的感人力量。

第二步:设身处地。

朱自清的父亲固然伟大,我们自己的父亲对我们的爱也如山似海。我们可以借助想象与联想,把稿件中的场景融入亲眼所见、亲耳所闻、亲身经历的具体事件中,产生我就是文中的"我"的感觉,真切体验现场情景带来的情感上的触动。

比如:父亲爬上那边月台的时候,他身上穿什么衣服,他是怎样走到铁道边,穿过铁道,爬上那边月台的。在眼见这个背影的时候,还应想到父亲不肯让自己去买橘子,是因为仍旧把自己当小孩看待,这和不放心让茶房送,一定要他亲自来送,以及他忙着照看行李,和脚夫讲价钱是一样的。

又如:父亲下车走出去,"他的背影混入来来往往的人里,再找不着了"。这一个消失在人群里的背影对儿子的爱是无微不至的,叮咛再三,只因舍不得和儿子分别。

第三步：触景生情。

当我们随着稿件文字的描述产生深刻的理解、细致的感受时，我们的内心情感也在不断发生变化。

前段文字中，父亲嘱托车上的茶房好好照应儿子等行为，含蓄地表达出父亲爱护儿子的深情。后段文字中，父亲为了给儿子买橘子，情愿在铁道两边爬上爬下，做出自己几乎不能胜任的举动，儿子满心的愧疚与感动。最后一句话，父亲现在不得不"混入来来往往的人里"去了，儿子自然又有一种不可名状的心绪，说不清是悲伤还是惆怅。这个背影表现出了这样的感情：为父爱感动得情不能已，一旦别离，格外依恋、惆怅，想到父亲前程艰难，又格外悲悯、辛酸。

特别是父亲在火车站爬月台时"用两手攀着上面，两脚再向上缩；他肥胖的身子向左微倾，显出努力的样子"。这个背影，是在一个特殊环境下活动的背影，是这篇散文的聚光点。父亲的慈爱和迂执、艰难和努力、困顿和挣扎，都凝聚在这一点上；父子之间分离时深沉的爱也倾注在这一点上。抓住这特殊的情感，把儿子对父亲百感交集的思绪都向这个中心集中、组合、强调，熔铸成一个有机的艺术整体。背影，犹如电光火石，一下子照亮了父亲丰富的内心世界，也促使我们作出积极的情感反应。

第四步：现身说法。

触景生情之后，那种向受众诉说的愿望就更加强烈了。朗诵时，文稿中的情景不断浮现，形成连续活动的画面，并反复不断地出现在朗诵者眼前。这时，要抓住具体的细腻的感受，用富于色彩、富于变化的有声语言表达出来。进而，我们的语言引起受众的共鸣，在受众内心形成积极的反应，受众通过我们的讲述感受到文字描述的画面似乎就在眼前，文字如同有了生命一般，变得鲜活生动起来。这就达到了我们话筒前创作的最终目的，即走入情境、感悟文本、情景交融、升华情感、感染受众。

2. 言外之意　意外之旨——内在语

内在语是指在有声语言表达中不便表露、不能表露或没有完全表露出来和没有直接表露出来的语句关系和语言本质。[①] 稿件中的文字常常是"言有尽而意无穷"，作者不可能也没有必要把稿件包含的所有内容和思想感情全部写成文字。但我们在朗诵时，必须由表及里，将语言蕴含的无尽之意挖掘出来，读出语言的"言外之意"。

内在语的作用有两方面：揭示语句本质和语言链条。

---

① 付程.实用播音教程第 2 册——语言表达[M].北京：中国传媒大学出版社，2002：74.

语句本质是指结合语言环境和上下文确定的语句的深层含义。稿件文字的表面意思与语句的深层含义存在两种情况：一种情况是语言表达的内容就是文字本身的意思，例如，"小陈，谈对象没有啊？"意在询问小陈有没有对象；另一种情况是语言表达的内容和文字本身的意思有一些偏差，例如，"大哥，你最近手头宽不宽裕？"文字本意就是一句简单的问询，但语言表达的深层含义是如果大哥手头宽裕的话，能不能借我一点。所以，在具体的文稿中，需要联系上下文，准确把握语句本质。

语言链条是指语句间的逻辑关系。揭示语言链条就是弄清句与句之间、段与段之间、层次与层次之间如何衔接成一个有机整体，从而明了文章上下文衔接、前后照应的承续关系。

根据性质与作用的不同，内在语大致可分为六种类型①：

(1) 发语性内在语

发语性内在语就是在语句、段落、层次、稿件的开始处，加上适当的词语作为开头，在我们的内心读出来，并与文稿自然地衔接，将其带发出来。

例：(亲爱的读者朋友们)我常想读书人是世间幸福人，因为他除了拥有现实的世界之外，还拥有另一个更为浩瀚也更为丰富的世界。

(2) 寓意性内在语

寓意性内在语即稿件文字中的"弦外之音"，是隐含在语句中的深层含义，是结合上下文语言环境挖掘出来的语句本质与语句目的。特别是那些在意向色彩或程度分寸上，与文字表面非截然对立而又有细微差别的语句本质。

例：孔乙己是站着喝酒而穿长衫的唯一的人。(孔乙己穷困潦倒而又死要面子)

(3) 关联性内在语

关联性内在语是指那些没有用文字表示出来的语句关系，具体地说，就是那些体现逻辑关系和语法意义的隐含性关联词和短语。

例：我在这头，(可是)大陆(却)在那头。

(4) 提示性内在语

提示性内在语用于语句、段落、层次之间，也是为了解决上下句衔接的问题。但与关联性内在语有所不同，它不是以关联词短语的形式出现，而且内容上也更加丰富多彩。

---

① 付程.实用播音教程第2册——语言表达[M].北京：中国传媒大学出版社，2002：75-76.

例:我接过来一看,(嘿!可不是嘛!)针脚整齐,横是横,竖是竖,补得就是不错!

(5)回味性内在语

回味性内在语是指在稿件文字段落、层次和全文结尾处设置相应的词语,提示朗诵者的语气或回味、或思考、或想象、或憧憬,给人以语已尽、情尚存的印象。

例:春天像健壮的青年,有铁一般的胳膊和腰脚,领着我们上前去。(多么催人奋进的春天!)

(6)反语性内在语

反语性内在语是指语言文字的表层意思与深层含义为对立关系或者对比关系。

例:正因为这样,所以马克思是当代最遭嫉恨和最受诬蔑的人。各国政府——无论专制政府或共和政府,都驱逐他;资产者——无论保守派或极端民主派,都竞相诽谤他,诅咒他。(这一切反倒说明,马克思是最伟大的人!)

示例分析

都走了

(在很久以前)有位大夫姓陈,(陈大夫)医术很好,(可)就是不会说话。

(在)陈大夫六十岁生日那天,(他特意)在临街的一家饭铺里举行宴会(就是为了)为自己庆祝生日,(这天)他请了好几十位朋友,可临到宴会开始时,(没想到的是)客人只来了一小部分。(这下)陈大夫急得一个劲儿地搓手(不知如何是好):"唉,应该来的还没来。"客人们一听(他这话什么意思?),多心了。他们以为主人是说自己"不应该来",很难为情(来了又不受主人欢迎),于是走了二十多人(可真遗憾啊)。

(这些客人刚走出大门)陈大夫一看,急得搓手顿脚(这可怎么办呀),说:"不该走的又走了。"剩下的十位客人(一听这话)以为自己是"应该走的",于是又走了几个(太遗憾了)。(直到最后)只剩下一位最好的朋友没走。他对陈大夫说:"你说话太不注意了,把这么多客人都气走了。"(以后可不能这样说话了)陈大夫似笑非笑地说:"那些话我不是冲他们说的啊!"(这都是他们理解错了)这位朋友一听心想,(怎么)不是冲他们说的,(明摆着)那一定是冲我说的。于是,这最后一位客人也走了。(只留下可怜的陈大夫一个人呆呆地站在那里,看来这说话可真是一门大学问呀!)

(注:文中加括号的文字为内在语)

3. 目中无人 心中有人——对象感

朗诵中的对象感是指朗诵者必须设想和感觉到对象的存在与反应,必须从感觉上意识到受众的心理、要求、愿望、情绪等,并由此而调动自己的思想感情,使之处于运动状态。①

对象感的把握,必须从量和质两个方面进行,两者相辅相成,不可孤立。

量的方面,主要是指对象的性别、年龄、职业、人数等一般情况;

质的方面,主要是指环境、气氛、心理、素养等个性因素。

对象感是为了解决朗诵中"由己达人"的问题。因为语言不仅仅是我们沟通交流的载体,更是我们思想的外化。当我们与别人交流时,必须考虑到对方的存在,在朗诵时流露出与文稿相应的态度、眼神、语气、姿态,从而增强朗诵的感染力。

考生在培养对象感时,应尽量选择一些本身就具有交流感的素材进行练习(如生活服务类节目文本、晚会主持词、具有对象感的台词稿件等)。同时也可以面对镜子、摄像头、同学、家人进行有针对性的练习,并结合模拟考试等方式来训练自己的对象感。

例稿练习

千里共良宵(节选)

岁月在电波中流淌,人生在音乐中升华。每天午夜时分,《千里共良宵》与您共赴心灵之约。(片花)

朋友,在这寂静的子夜时分,您的老朋友姚科在今天的第一时间和您相约,让我们一起聆听回荡在我们心中的旋律,感受人生的无尽滋味。生命中的酸甜苦辣,有我与您一同分享。在节目进行的过程中,您可以通过新浪微博和我交流,我的微博是@姚科,科是科学的科。不方便上网的朋友可以给我写信,来信请寄:中央人民广播电台中国之声姚科收,邮政编码是100866。分享您的喜悦,倾听您的诉说,您的心情有人懂,夜晚的灵魂不设防。

(播放歌曲:香香《恭喜恭喜》)

这里是正在为您直播的中央人民广播电台中国之声《千里共良宵》,主持人姚科感谢全国朋友深夜的守候。又是一年春节到,每到过年的时候,最快乐的应该就是孩子了,穿新衣、有压岁钱,还有各种平时吃不到的美食。不知不觉我们长大了,突然觉得年味儿淡了,这个时候我们就会不由得回想起小时候的年。今天晚上和您聊的话题

---

① 张颂.播音创作基础[M].3版.北京:中国传媒大学出版社,2011:77.

是:曾经的年。说说您小时候的春节,欢迎和我交流。今天晚上的第一篇文章来自莫言的《过去的年》。

我小的时候特别盼望过年,好像春节是一个遥远的、很难到达的目的地。

退回去几十年,在我们乡下,是不把阳历当年的。那时,在我们心目中,只有春节才是年。这一是与物质生活的贫困有关——因为多一个节日就多一次奢侈的机会,当然更重要的还是观念问题。

春节是一个与农业生产关系密切的节日,春节一过,意味着严冬即将结束,春天即将来临。而春天的来临,也就是新一轮农业生产的开始。农业生产基本上都是大人的事,对孩子们来说,春节就是一个可以吃好饭、穿新衣、痛痛快快玩几天的节日,当然还有许多的热闹和神秘。

我小的时候特别盼望过年,往往是一过了腊月,就开始掰着指头算日子。对于我们这种焦急的心态,大人们总是发出深沉的感叹,好像他们不但不喜欢过年,而且还惧怕过年。他们的态度令当时的我感到失望和困惑,现在我完全能够理解了……(中国之声《千里共良宵》2020年1月29日)

三、外部技巧

1. 停连

在有声语言的表达过程中,声音中断、停止的地方就是停顿;不中断、不休止的地方,特别是文稿中有标点符号而不中断、不休止的地方,就是连接。简单地说,声音中断处就是停顿,声音延续处就是连接。停顿和连接都是有声语言中显示语意、抒发情感的方法。[①]

有声语言中的停与连常常是同时存在的,这既是生理需要,也是心理需要。思想感情的运动需要在哪里停顿,就要在哪里停顿,需要停顿多长时间,就要停顿多长时间,需要在哪里连接,就要在哪里连接。只有这样,才能发挥出有声语言运用停连表达思想感情的组织、区分、转折、呼应、回味、想象等作用,达到吸引人、感动人的目的。所以,在有声语言的表达过程中,停连应该服从思想感情运动的需要。在停连的运用上,生理必须服从心理需要,不能因情断意。停顿不是思想感情的空白与中断,恰当的停

---

① 付程.实用播音教程第2册——语言表达[M].北京:中国传媒大学出版社,2002:151.

顿可以使有声语言未尽之意更加明确。声音的停顿处往往是情感的汇聚处与爆发点。

(1) 停连的三个原则

①标点符号是参考

标点符号显示了文字语言的停连关系，如句号、问号、感叹号等，段落之间以另起一行作为标志等。而停顿和连接是有声语言的"标点符号"。我们必须强调：大胆打破标点符号的束缚，掌握我们有声语言自己的标点符号——停连。

②语法关系是基础

我们对文字稿件的理解感受及有声语言的表达，只有通过符合语法规范的作品词句才能变成现实，也就是说，每一句话都有语法，它是我们进行有声语言创作的基础。

③情感表达是根本

文字稿件的内容、结构、语言等形之于声，是传情达意、明志省人的过程，是一种综合性的思想感情的表露，究竟在哪里停顿、在哪里连接还是要根据稿件内容和情感表达的需要，联系稿件的上下文来决定。总体来说，停连必须按文意、合文气、顺文势。

(2) 停连的十种类型

①区分性停连

区分性停连就是通过停连的安排区分语言序列各成分，表达出清晰的语意。

例：输油管道经过河北省、天津市、北京市∧所属的十三个县市，穿越河流、铁路和公路∧一百多处，全长三百五十公里。

②呼应性停连

呼应性停连是在有呼有应的句子里体现呼应关系的停连。要理清句子成分中哪个是呼哪个是应，是一呼一应，还是一呼几应。

例：我们要拿来，我们要∧或使用或存放或毁灭。（鲁迅《拿来主义》）

③并列性停连

并列性停连是指在稿件中属于同等位置、同等关系、同等样式的词语之间的停顿及各成分内部的连接。凡属并列关系之间的停顿，要求位置类似、时间近似，以显示并列关系，而它们各自内部的连接较紧密，有时有些小停顿，时间也不可长。

例：山∧朗润起来了，水∧涨起来了，太阳的脸∧红起来了。（朱自清《春》）

④分合性停连

在并列关系之前，往往有领属性词语；在并列关系之后，往往有总括性词语。在领属性词语之后或总括性词语之前，都有较长时间的停顿，比并列关系之间的停顿要长。这样就形成了"合—分—合"的分合关系。分合性停连包括先分后合、先合后分两种情况。先合后分再合是这两种情况的联合。

例：不能∧完成计划与没完成计划∧一个样。

⑤强调性停连

在句子、词组或词之间，为了强调某个句子、词组或词，就在前边、后边或者前后同时停顿，使所强调的词句凸显出来，而其他不必强调的词句中，即使有停顿，也可以相对缩短一些时间，这就是强调性停连。

例：胜利∧——不惜一切代价也要赢得胜利。

⑥判断性停连

既然是判断性停连就应该有思维过程，在思维过程中的感受就应该明显。因此，如果稿件中有判断的过程，就应在判断、思索的地方进行判断性停连，以表达出此时的思维过程。

例：他看到远处的河面上好像有个人影，∧"有人落水了"，他边脱衣服边急速奔向岸边。

⑦转换性停连

有声语言由一个意思变成另一个意思，一种感情变成另一种感情，这中间应该有相应的停顿，显示出转换的过程。因此，为了表现语意、文势、感情的转换，就要运用转换性停连。

例：早晨出发的时候，天气晴朗，∧没想到中午突然刮起了大风，下起了大雪。气温急剧下降。

⑧生理性停连

在某些稿件中，由于人物生理上的异态，产生语流不畅、断断续续的情况，此时就要运用生理性停连，表现人物的感情或状态。需要注意的是，运用生理性停连时，只要给以必要的、象征性的表现即可，不必过于强调夸张的呼气和吸气声音。如：语噎、哽咽、口吃、生命垂危等。

例："党……派我……到兰考……工作，我……没有……完成……党交给我的……任务。"

⑨回味性停连

有的词、句、段播完之后需要给受众留有想象、回味的时间，这样的停连就是回味性停连。回味性停连的关键在于"回味"。这种回味是朗诵者具体的思想感情运动延续下去的结果，是受众从有声语言中产生具体感受之后的心理反应。

例：我懂得母亲没有说完的话。妹妹也懂。我俩在一块儿,要好好儿活……(史铁生《秋天的怀念》)

⑩灵活性停连

灵活性停连是针对生搬硬套地运用停连而言的。任何停顿和连接都不是生硬的,停连位置、时间没有固定的模式,只要语意清晰、语言链条完整、思想感情运动活跃,就能"活而不乱"。语言艺术的生命力就在于"变化"二字,只要内容允许,又符合思想感情运动的需要,就可以灵活地运用停连。

例：你∧是翠兰吧?

你是∧翠兰吧?

以上谈到的十种停连的类型,在朗诵中并不是孤立的,它们是交错使用、融会贯通的。我们既不能拘泥于标点符号,也不能胡乱发挥,而要从思想感情的运动状态中去确定和把握停连。

(3)停连的方法

停连的方法大致可分为落停和扬停、直连和曲连。

①落停

落停一般在一句话、一个层次或一篇文章结束后使用,常用于较平稳、舒缓的内容,声音是缓缓收住的。

例：叶子底下是默默的流水,遮住了,不能见一些颜色,而叶子却更见风致了。(朱自清《荷塘月色》)

②扬停

扬停一般用于呈上扬趋势的语句,在表现较雄壮、自豪、坚定的情节时常使用扬停。

例：暴风雨!暴风雨就要来啦!这是勇敢的海燕,在闪电中间,在怒吼的大海上高傲地飞翔。这是胜利的预言家在叫喊:——让暴风雨来得更猛烈些吧!(高尔基《海燕》)

③直连

直连一般用于有标点符号而内容联系又比较紧密的地方,它的特点是顺势连带,不露接点。

例：老遛听到一声似乎是树倒的声音,不好,有人偷树了。他一边大声喊："谁?站住!"一边追了上去。

④曲连

曲连一般用于没有标点符号,但内容又要有所区别的地方,它的特点是声断意连,环环向前。

例:在逃去如飞的日子里,在千门万户的世界里的我能做些什么呢?只有徘徊罢了,只有匆匆罢了;在八千多日的匆匆里,除徘徊外,又剩些什么呢?(朱自清《匆匆》)

例稿练习

爱
张爱玲

这是真的。

有个村庄的小康之家的女孩子,生得美,有许多人来做媒,但都没有说成。那年她不过十五六岁吧,是春天的晚上,她立在后门口,手扶着桃树。她记得她穿着一件月白的衫子。对门住的年轻人同她见过面,可是从来没有打过招呼的。他走了过来,离得不远,站定了,轻轻的说了一声:"噢,你也在这里吗?"她没有说什么,他也没有再说什么,站了一会,各自走开了。

就这样就完了。

后来这女人被亲眷拐了,卖到他乡外县去作妾,又几次三番被转卖,经过无数的惊险的风波,老了的时候她还记得从前那一回事,常常说起,在那春天的晚上,在后门口的桃树下,那年轻人。

于千万人之中遇见你所遇见的人,于千万年之中,时间的无涯的荒野里,没有早一步,也没有晚一步,刚巧赶上了,那也没有别的话可说,惟有轻轻的问一声:"噢,你也在这里吗?"

2. 重音

在稿件中,词或者短语在语句中的分量有着主次之分。那些根据语句目的、思想感情的需要而加以强调的词或者短语就叫重音。读准重音能使语意更加清楚准确,语句目的更加突出,逻辑关系更加严密,感情色彩更加鲜明。

例如:我明天晚上请大家吃烧烤。

如果语句目的需要回答的是"谁请"的问题,那么重音就应该放在"我"上;如果语句目的需要回答的是"哪一天"的问题,那么重音就应该放在"明天"上;如果语句目的需要回答的是"明天什么时候"的问题,那么重音就应该放在"晚上"上;如果语句目的需要回答的是"请谁"的问题,那么重音就应该放在"大家"上;如果语句目的需要回答的是"吃什么"的问题,那么重音就应该放在"烧烤"上。

重音不等于重读。"重读"是加重声音朗读,如果都用加重声音来强调重音,既呆板单调,也不符合思想感情运动的需要。除了加重声音外,我们还可以使用放慢、提高、放轻、停顿等方式来表现重音。

(1)重音的十种类型

①并列性重音

当段落、语句中有并列关系的词或词组、短语时,用并列性重音可以显示出它们之间的并列关系。

例:那一张张面黄肌瘦的脸庞,那一个个衣衫褴褛的背影,把理想挥作引路的旗帜,把信念闪成前进的明灯。

②对比性重音

作者在创作中,常常把一些对立的事物放在一起,通过比较、对照,使事物的特征更加突出,事物的形象更加鲜明。

例:有的人活着,他已经死了;有的人死了,他还活着。(臧克家《有的人》)

③呼应性重音

停连中有一呼一应、一呼几应等类型。呼应性重音可以使文章层次清晰、结构严谨,也是揭示上下文呼应关系的一种有力方法。

例:谁是我们最可爱的人呢?我们的战士,我感到他们是最可爱的人。(魏巍《谁是最可爱的人》)

④递进性重音

稿件描写的对象一步步向前发展,一步步深入。表达这种递进结构的语句时,我们用的是递进性重音。

例:竹叶烧了,还有竹枝,竹枝断了,还有竹鞭,竹鞭砍了,还有深埋在地下的竹根。(袁鹰《井冈翠竹》)

⑤转折性重音

递进性重音揭示的是向同一方向发展的内容,而转折性重音正和它相反,转折性重音是通过对相反方向的内容变化的揭示,表现说话者的意图。

例:他的事迹是平凡的,但他奉献爱心的精神是许多人想做、能做而没能做到的。

⑥肯定性重音

稿件在表达对事物的肯定态度时,一般都用肯定性词语,如是、有等。有声语言表达不能单纯地看这些肯定性词语,而要看整句话的意图是什么。一般有两种情况:一种要肯定"是什么",一种要肯定"是"还是"不是"。

例:"我们的落后是明摆着的。"1993年,南仁东提出要争取把国际大射电望远镜建到中国来,他要表达的正是,因为"落后"才应该"奋起"。(王宏甲《南仁东和中国天眼》)

⑦强调性重音

强调性重音即对句子中表达感情色彩的词或词组加以强调,以突出某种感情。

例:我,这场大屠杀中唯一的幸存者,便成了可可西里最后的一只藏羚羊。(彭波《最后一只藏羚羊》)

⑧比喻性重音

比喻可以化抽象为具体,变深奥为浅显,使语言顿生情趣,令受众难以忘怀。那些做重音的比喻性词语,就叫比喻性重音。

例:大运河穿过威尼斯,像反写的"S",这就是大街。另有小河道418条,这些就是小胡同。轮船像公共汽车,在大街上走。(朱自清《威尼斯》)

⑨拟声性重音

拟声性重音就是句子中的象声词。注意,不是所有的象声词都可以做重音,而要看它在句子中的位置是否重要。

例:"咚咚咚",外面传来一阵急促的敲门声,似乎不开门就要闯进来似的。

⑩反义性重音

为了揭露事物的本质,作者有时会使用正话反说或反话正说的修辞手法,目的是把要肯定、赞美的事物的特点表现得更鲜明,从而渲染作者喜爱、欢乐的感情;或者把要否定的事物的不合理性表达得更充分,将作者的愤怒和憎恨之情表达得更强烈。我们在表达这样的语句时就需要抓住反义性重音,把赞成或反对的态度表达出来。

例:狼在吃了小羊之后,还要表示自己是善良的。

(2)重音的表达方法

重音的表达方法大致可分为强弱法、快慢法和虚实法三种。

①强弱法

强弱法是一种用声音的轻重、高低变化来表现重音的方法。

例:只要有一线希望,我们就要尽百倍努力。

②快慢法

快慢法是一种用声音的缓急、长短变化来表现重音的方法。

例:漓江的水真静啊,静得让你感觉不到它在流动。(陈淼《桂林山水》)

③虚实法

虚实法是一种用声音的虚实变化来表现重音的方法。

例：大江东去，浪淘尽，千古风流人物。（苏轼《念奴娇·赤壁怀古》）

例稿练习

港珠澳大桥

邵　悦

55公里的长度，乘以
年年岁岁跨海往返的里程，就等于
两岸同胞心手相连的长度
33节钢筋混凝土沉管对接的海底隧道
加上后浪推前浪的奔涌，就等于
两岸同胞世代相融的深情
千百年了，我们心中早就架起
这座连心桥，互通不老的乡愁

梦想，从来不会主动走向我们
我们必须大步向它走过去，风雨兼程
无需铺垫，无需语言，无需隐喻
港珠澳大桥，横空出世
——起于海，又止于海
超越此岸，归于彼岸
大海洋上的漫游者，海底隧道的
穿行者，给世界以最大难度的
"深海之吻"——
5664米长，75 000吨重

伶仃洋的波澜，涌动了那么久

却没有谁在我们之前
敢去"跨"它一下，更没有谁
敢去"深吻"它一下
伶仃洋里，不再叹伶仃
我们以最长、最大、最重的气运
书写中国新时代的格律诗
以精心、精细、精准的崛起
给世界一个平平仄仄的韵律

没有比桥，更直达希望的路
没有比跨越海潮，更澎湃的激情
大海洋，一座桥梁的臣服者
跨海大桥，一个大国崛起的丰碑

建造者、筑梦者——
我们以静水流深
降服万物，又恩泽万物
大洋之上，"一国两制"框架之下
港珠澳大桥，这枚闪光的奖章
别在华夏民族昂首阔步的胸前

3. 语气

在《现代汉语词典》中，语气是指"说话时流露出来的感情色彩"。在有声语言表达中,语气是指具体的思想感情运动状态支配下语句的声音形式。① 语气以句子为单位,存在于句子之中。

具体的思想感情包括两个方面的内容:一是指语气的感情色彩,二是指语气的分量。语气的感情色彩是指语句包含的喜、怒、哀、乐、欲、惧、爱、憎、疑、冷等态度感情方面的具体性质。我们对于感情色彩的把握要准确贴切、丰富细腻。语气的分量是指"在把握语气感情色彩的基础上,区分是非、爱憎的不同分寸的'度'。强调语气的分量,就是要求我们掌握感情色彩的分寸、火候,表达时不温不火,恰到好处"②。

语气的声音形式就是语气的躯体,语气的感情色彩和分量可以通过恰当的声音形式体现出来。正因为语气的思想感情是丰富多彩、不断变化的,所以它们的声音形式也应该是曲折多样、不断变化的,否则声音形式就无法包容那色彩各异的思想感情。声音形式的变化主要是由口腔状态、气息状态和声音各要素的变化决定的。表达不同的思想感情,口腔的松紧、开合,吐字力度的强弱,气息的深浅、强弱,声音的高低、强弱、长短和音色都会有所不同。③ 如表2-1 所示:

表2-1 语气色彩与声音形式的关系④

语气色彩	声音形式
爱的感情	气徐声柔:口腔松宽,气息深长
憎的感情	气足声硬:口腔紧窄,气息猛塞
悲的感情	气沉声缓:口腔如负重,气息如尽竭
喜的感情	气满声高:口腔似千里轻舟,气息似不绝清流
惧的感情	声提气凝:口腔像冰封,气息像倒流
欲的感情	气多声放:口腔积极敞开,气息力求畅达
急的感情	气短声促:口腔似弓弦,飞剑流星;气息如穿梭,经纬速成
冷的感情	气少声平:口腔松懒,气息微弱
怒的感情	声粗气重:口腔如鼓,气息如椽
疑的感情	气细声黏:口腔欲松还紧,气息欲连还断

这些语气色彩的不同造成了声音形式的丰富变化,使语流呈现出波澜起伏的状态。我们把一个句子在思想感情运动状态下声音的态势,或者说有声语言的发展趋势

---

① 付程.实用播音教程第2册——语言表达[M].北京:中国传媒大学出版社,2002:202.
② 付程.实用播音教程第2册——语言表达[M].北京:中国传媒大学出版社,2002:203.
③ 付程.实用播音教程第2册——语言表达[M].北京:中国传媒大学出版社,2002:203.
④ 张颂.朗读学[M].3版.北京:中国传媒大学出版社,2010:165.

称为语势。①

语势的五种基本类型②：

(1)波峰类：有声语言的发展趋向是由低到高再向低。语句的句头、句尾较低，句腰较高。

例：这是一个不幸的女人，在一个风大雨大的夜晚，一辆肇事车将她从斑马线上撞飞出去，又在茫茫夜色中逃逸。(《母爱的光辉》)

(2)波谷类：声音呈由高向低再到高的态势。语句的句头、句尾较高，句腰较低。

例：美哉我少年中国，与天不老；壮哉我中国少年，与国为疆！(梁启超《少年中国说》)

(3)上山类：声音的发展趋向为由低到高。语句的句头较低，而后逐渐上行，句尾最高。

例：俱往矣，数风流人物，还看今朝。(毛泽东《沁园春·雪》)

(4)下山类：声音由高向低发展。语句的句头较高，而后顺势下行，句尾最低。

例：但愿上帝保佑你，另一个人也会像我一样爱你。(普希金《我曾经爱过你》)

(5)半起类：声音的发展趋势也是由低向高发展，但上到一半就止住了。语句的句头稍低，中间稍高或有曲折，句尾气提声止，却又不在最高点上，只起来一半。

例：我们究竟要一个什么样的中国？五千年了，我们一直在寻问，用轩辕的博大和神农的沧桑。(陆天明《我们究竟要一个什么样的中国》)

例稿练习

小欢喜

徐玉娟

有人在钓鱼。我坐在对岸静静地看着他

将一条又一条小鱼

收上来，放进身旁的红色塑料桶里

有时候，鱼儿活蹦乱跳的声音

隐隐在我的心里响起，我羡慕钓鱼人

有足够的耐心

---

① 付程.实用播音教程第2册——语言表达[M].北京：中国传媒大学出版社,2002:203.
② 付程.实用播音教程第2册——语言表达[M].北京：中国传媒大学出版社,2002:203.

把自己坐成另一只蓝色的塑料桶。有风吹来

小桃树、小槐树的枝叶

正在岸上摇曳生姿。不知道是风的缘故

还是鱼儿的原因,河面上生出了不少的涟漪

但我内心的欢喜并非来自这些

当天色将晚,钓鱼的人在对岸

收起鱼竿,我看见他

弯身将桶里的鱼儿一条一条放回河里

我似乎听见小鱼活蹦乱跳的声音

从我的心里回到水中,小小的涟漪

仿佛我的小欢喜

被夕光镀上了一圈一圈闪闪的金边

4. 节奏

节奏"是由全篇稿件生发出来的播音员思想感情的波澜起伏造成的抑扬顿挫、轻重缓急的声音形式的回环往复"[①]。我们可以从四个方面来具体分析:

第一,节奏是以思想感情运动为依据的声音运动形式。朗诵者能动地接受文稿刺激,使自己的思想感情处于积极的运动状态,产生生理节奏的适度变化,唤起心理节奏的相应变化。

第二,节奏的外部表现形式为声音形式的抑扬顿挫、轻重缓急。有声语言中声音高低、强弱、快慢、停连等方面的变化是组成节奏的基本要素。

第三,节奏是具有一定特点的声音形式的回环往复。"回环往复"是节奏的核心,声音形式的多数性和相似性是"回环往复"的必要条件。相似的语气、相似的转换形式构成了一篇朗诵作品主导节奏回环往复的态势,从而使节奏鲜明地显现出来。

第四,节奏是由全篇稿件生发出来的,它立足于全篇,被基调制约。一篇稿件的基本节奏具有相对稳定的特点,同时又富有变化,寓变化于具体的语句中。

(1) 节奏的类型

一般来讲,节奏大致可分为六种类型,见表2-2[②]:

[①] 张颂.播音创作基础[M].3版.北京:中国传媒大学出版社,2011:110.
[②] 张颂.朗读学[M].北京:中国传媒大学出版社,2010:193.

表 2-2 节奏的基本类型

节奏类型	具体声音表现形式	代表文章
轻快型	多扬少抑,声音轻不着力,语言中顿挫少,且顿挫时间较短,语速稍快,轻巧明朗,有一定的跳跃感。全篇重点处的基本语气、基本转换都比较轻快	冯骥才《珍珠鸟》、朱自清《春》、汪国真《我喜欢出发》
凝重型	多抑少扬,多重少轻,声音强而有力,色彩多浓重,语势较平稳,顿挫较多,且时间较长,语速偏慢。重点处的基本语气、基本转换都显得分量较重	王愿坚《草地夜行》、叶挺《囚歌》
低沉型	声音偏暗偏沉,语势多为下山类,句尾落点多显沉重,语速较缓。重点处的基本语气、基本转换偏于沉缓	史铁生《秋天的怀念》、吴瑛《十里长街送总理》
高亢型	声音多明亮高昂,语势多为上山类,峰峰紧连,扬而更扬,势不可遏,语速偏快。重点处的基本语气、基本转换都带有昂扬积极的特点	毛泽东《沁园春·雪》、茅盾《白杨礼赞》、高尔基《海燕》
舒缓型	声音多轻松明朗,略高但不着力,语势有跌宕,但多轻柔舒展,语速徐缓。重点处的基本语气、基本转换都比较舒展徐缓	老舍《济南的冬天》、欧阳修《醉翁亭记》、杨爽《月光曲》
紧张型	声音多扬少抑,多重少轻,语速快,气较促,顿挫短暂,语言密度大。重点处的基本语气、基本转换都比较急促、紧张	闻一多《最后一次演讲》、屠格涅夫《麻雀》、列夫·托尔斯泰《跳水》

(2)运用节奏的方法

运用节奏技巧,需要掌握"欲 A 先 B,欲 B 先 A"四种方法:

①欲抑先扬,欲扬先抑。声音向高的趋势发展,称为"扬";声音向低的趋势发展,称为"抑"。它们是对比而言的,没有绝对的标准。无论声音高低的表现有多少层次,以抑作扬的铺垫,或以扬作抑的衬托,就能加大抑扬变化的幅度。在抑扬之间,显示出不同层级的抑扬变化。

②欲停先连,欲连先停。在有声语言中,停与连要有机结合。在连接时要考虑停顿,在停顿时要注意连接。

③欲轻先重,欲重先轻。轻重主要用来处理语句重音,在声音形式上表现为轻、重、虚、实。在加重声音之前,一般要先弱化声音;在弱化声音之前,一般要先强化声音。

④欲快先慢,欲慢先快。重点语句需要慢读,前后语句则需稍快;重点语句需要快读,前后语句则需适当放慢。这里的快慢并不是单指一个语节,而应该扩大些,甚至可

以是多个句子。在加快与放慢时,不可使疏密度千篇一律,要注意变化的多样性。

以上四种方法不是割裂开的,而是浑然一体的。四种方法的核心是:加强对比,纵控有度,在对比中展现节奏。

📝 例稿练习

母爱的光辉

这是一个不幸的女人,在一个风大雨大的夜晚,一辆肇事车将她从斑马线上撞飞出去,又在茫茫夜色中逃逸。她又是幸运的,"交通事故绿色生命通道"让她在第一时间得到最好的医疗救护,也没有医疗经费上的后顾之忧。

自从入院以来,她一直昏迷不醒,医生说她脑部神经受到损伤,也许永远也醒不了了。可是她还有身孕,已经五个多月了,出于治疗上的需要,应该考虑引产。可当她从神经外科转到妇产科的时候,医生却迟迟下不了决定实施这个手术,她腹中的胎儿不仅发育正常,而且在一些生命指数上,高于同孕期胎儿,这简直就是个奇迹。

她的身世也是个谜,她从哪里来?要到哪里去?她匆匆旅程是与谁相约?她腹中胎儿的父亲又是谁?这其中有着怎样的故事?只要她不清醒,这些问题都将无从得知。更没人知道,她在出事之前,日子是快乐,还是忧伤……

时光就这样在她的昏迷中一天天地过去了,终于有一天,她被推进了产房,然后医生骄傲地宣布:5公斤重的男婴,健康极了。

护士把孩子抱给她看,她们觉得虽然母亲是植物人,但也应该让母子见见面。她们惊喜地发现她胸前濡湿一片,有乳汁在一点点地分泌。

三个月后,又一次让孩子吃得饱饱的,她终于平静安详地离开了人世。护士长说,她入院时体重121斤,分娩后体重86斤,临终前的体重只有63斤。她是在用自己的血肉孕育和哺育这个孩子。本来她生下孩子后就可以"走"的,可是她怕自己的孩子孤单,又坚持着在人生路上陪他走了一段。

后来,我们给她买了一块平价墓地,没有她的名字,也没有她的生平,简单的墓碑上只有一行文字:一个浑身闪烁着母爱光辉的女人。

第二节　朗诵的基本要求

一、表达出形象

朗诵的形象,就是朗诵者通过有声语言将所要表达的事物描述得生动具体,在受众脑海里勾勒出清晰的人物或事物形象,使受众不仅听得见,还能看得见、摸得着。

例如舒婷的《致橡树》一诗,诗中采用"木棉树"与"橡树"两种意象来抒发情感。橡树是一种木质紧实而高大的树,体现了男性的阳刚之美;红硕的木棉则象征着女性的青春美和柔韧气质。作者运用了拟人化的表现手法。朗诵者可以结合对日常生活的感悟来激发联想,在脑海中产生形象,并用具有强烈形象感的语言来体现男女之间平等和谐的爱情观。

在朗诵过程中,想象力是非常重要的。它能在考生脑海里形成连续不断的活动画面,使考生感受到橡树与木棉的情感依存,看到寒潮、风雷、霹雳和雾霭、流岚、虹霓等种种意象,产生相应的、具体的内心体验,并通过有声语言将心中的形象表达出来。

1. 通过不同词性的词语表达形象

（1）动词要有强烈的动态

比如郭沫若《雷电颂》里的段落:"电,你这宇宙中的剑,也正是,我心中的剑。你劈吧,劈吧,劈吧！把这比铁还坚固的黑暗,劈开,劈开,劈开！虽然你劈它如同劈水一样,你抽掉了,它又合拢了来,但至少你能使那光明得到暂时的一瞬的显现,哦,那多么灿烂的、多么炫目的光明呀！"这里面的"劈"字,可以有轻重强弱的不同处理方式。轻重强弱力度的不同,直接反映出考生情绪运动变化的状态。在这里,作者是想表现内心强烈的不满与愤怒,所以可以把三个"劈吧"、三个"劈开"用逐渐加强音量和语势上扬的方式来表达,用由弱渐强的表达方式来体现作者内心情绪的强烈程度。反之,如果都处理成由强渐弱的表达方式,那就表达不出作者内心的不满与愤怒了。所以在表达的过程当中,动词要有强烈的动态。

（2）形容词、名词要有鲜明、具体、生动的形象

例如朱自清先生的名篇《荷塘月色》中有这么一段:"曲曲折折的荷塘上面,弥望的是田田的叶子。叶子出水很高,像亭亭的舞女的裙。层层的叶子中间,零星地点缀些白花,有袅娜地开着的,有羞涩地打着朵儿的;正如一粒粒的明珠,又如碧空里的星

星,又如刚出浴的美人。微风过处,送来缕缕清香,仿佛远处高楼上渺茫的歌声似的。"这一小段文字当中,出现了很多形象,比如"曲曲折折的河塘""田田的叶子""亭亭的舞女的裙"等。考生在表达这些形象的时候,应该调动自己的感觉、知觉,用心去体味字里行间的意韵,用饱满的情绪由衷地赞美,仿佛整个人都融入了迷人的夜色之中。

关于名词的表达,我们可以将每个名词都看作一个符号,通过语言生动地还原和再现符号代表和对应的形象。这就要求我们带着态度去处理事物的形象,用鲜明的态度将事物的形象传递清楚。以黄莺、乌鸦这两个名词为例,人们往往听到黄莺的鸣叫就感到心情愉悦,并且毫不吝啬地将"歌唱家"这样的美名安在它的身上;而听到乌鸦的叫声,人们往往会烦躁不安,甚至会张嘴咒骂,说乌鸦的声音不吉利。所以当稿件中出现黄莺和乌鸦这两个名词时,我们便可以根据生活中的经验将基本态度融入有声语言中。比如可以用暖色调的声音、明快的节奏说出"黄莺"这个词;而说"乌鸦"这个词时,可以用冷色调、偏暗的声音色彩来表达。

(3)趋向词要有准确的方向,方位词要有准确的方位

例如:进来、出去、上边、下边、外面、里面、桌上、地下,等等。这类词的方向与方位可以通过声调的抑扬、语势的高低来表现,还可以通过副语言来表现。如李白的《静夜思》:"床前明月光,疑是地上霜。举头望明月,低头思故乡。"这里的床前、地上、举头、低头除了可以通过声调和语势来区分外,还可以通过朗诵者的手势、眼神、动作来表现。方向和方位的明确,能使朗诵者的语言表达更加准确。总的来看,我们可以运用表达技巧来体现形象,但是切记,任何处理一定要建立在对内容正确理解的基础上。形象的区别是由具体内容决定的,切不可为了处理而处理,为了变化而变化。

2. 运用感觉器官感受形象

朗诵是一种有声语言的艺术表达,应该注意真听、真看、真感觉,运用视觉、听觉、嗅觉、味觉、触觉来感受形象。这里仍以《荷塘月色》为例:

曲曲折折的荷塘上面,弥望的是田田的叶子。叶子出水很高,像亭亭的舞女的裙。层层的叶子中间,零星地点缀些白花,有袅娜地开着的,有羞涩地打着朵儿的;正如一粒粒的明珠,又如碧空里的星星,又如刚出浴的美人。(视觉)

微风过处,送来缕缕清香,(嗅觉、触觉)

仿佛远处高楼上渺茫的歌声似的。(听觉)

考生在表达这些感觉的时候,要把自己放进内容描述的环境当中,调动生活素材的记忆与积累,去丰富和充实自己的表达。在这段文字里,考生可以想象自己真的闻到了花香,真的看到了美景,真的听见了远处那若隐若现的歌声,这样就能通过有声语言,还原真实世界,将这些感觉表达得形象生动。

3. 注意层次变化

考生应梳理清楚稿件的层次,有意识地加强层次之间的起伏变化,使自己的朗诵更富有变化,层次更清晰,形象更生动。

例如:舒婷的《祖国啊,我亲爱的祖国》结尾部分:

我是你十亿分之一,
是你九百六十万平方的总和;
你以伤痕累累的乳房
喂养了
迷惘的我、深思的我、沸腾的我;
那就从我的血肉之躯上
去取得
你的富饶、你的荣光、你的自由;
——祖国啊,
我亲爱的祖国!

诗中"迷惘的我、深思的我、沸腾的我"和"你的富饶、你的荣光、你的自由"以及末尾句"祖国啊,我亲爱的祖国!"这些排比的成分,考生应在准确理解的前提下,在语势上多安排几个层次,通过声音上扬、平推、落下等不同语势的交替变化,将思想感情层层推进,使稿件内容层层深入,以便更好地诠释作品的内涵,体现朗诵的魅力。

二、表达出情感

1. 朴实是朗诵之本

关于朗诵的情感,最基本的要求就是朴实。有些考生在初学时误认为朗诵就是用较为夸张的方式把作品大声地读出来,只要声音好听,普通话基本标准就行了。应该说,这种认识是片面的。大家不妨回忆一下,生活中我们聆听一些业余爱好者的朗诵,在需要用情的地方,有的朗诵者是不是就会用极为夸张的表情和语气,像喊口号般地大声将情感宣泄出来呢?当朗诵者自认为动人的表演结束后,又有几个人能真正听之动容、闻之有感呢?我们可以对比回忆一下,以往在广播电视里听过的专业朗诵,是不是大多都是用讲话的方式娓娓道来呢?正是这种看似平淡的表达,却蕴涵着作品的深刻思想以及朗诵者的人生体悟,听后让人回味无穷。正所谓,"最好的朗诵就是不是在朗诵,而是在说话"。

为什么说接近说话状态的朗诵是好朗诵呢?因为"朴实是朗诵之本"。生活中,我们经常会被很多看似普通的细节感动、震撼。因为越平常、越普通的事情越贴近生活,传达出来的情感也越真挚,而真挚的情感往往才是最动人、最让人难忘的。所以考生在朗诵时应做到于平淡之中见真情,用朴实的语言说出不平常的事情。

2. 动心、动情,才能动人

朗诵,是将文字语言转化为有声语言的一门艺术,需要考生有很强的理解能力。但光有理解还不够,我们还必须将这种理性认识转变为自己的感性认识,刺激内心的情感运动,在心中形成强烈的感受,并以此作为表达的内在支撑。

感人心者,莫先乎情。当生活中的某些画面在脑中浮现时,我们一定要调动自己全身的器官去感受、去想象。许多稿件都是寓情于事、于景当中的,这就要求我们善于想象并感受画面,善于调动情感,使自己的内心情绪始终处于活跃状态。只有这样,才能通过对人物、事物、景物的描述,将作品中蕴涵的情感传递出来。

播音主持专业考试要求考生在朗诵时动心动情,就是要求考生对自己准备的作品感兴趣,为作品的内容所打动,并在心中产生强烈的朗诵欲望,变"我说"为"我要说",将自己内心丰富的感受附着在语言当中传递给受众。朗诵者只有动真心、动真情,朗诵的作品才能打动受众、感染受众,才能真正做到传情达意。

三、表达出分寸

在专业考试以及一些朗诵比赛中,我们时常听到一些考生和选手陷入两种极端:一种是为了表现自己恢宏博大的情感,不顾一切声嘶力竭地"吼";一种是为了表现自己浓郁深沉的情感,一味地用虚声来表现柔和深情,以至于连声音都听不到了。出现这两种情况时,朗诵者往往声泪俱下,不能自已,受众却觉得莫名其妙,无动于衷,好不尴尬。究其原因,就在于这些考生和选手没有把握好分寸。

播音时,播音员主持人播讲每一句话都要注意表达出分寸感。如新闻中这样一句话:"外交部发言人洪磊今天在例行记者招待会上表示,中国对日本近日在钓鱼岛的一系列举动表示强烈谴责!"这里的"强烈谴责",如果读得过轻,就不能表现出中国政府对日本侵犯我国主权的行径严正抗议的态度;如果读得过重,可能会给受众造成一种误导,那就是中日之间形势已经非常紧张,达到了剑拔弩张的地步。所以,在播读这句话时,既要庄重严正地表达中国政府和人民强烈谴责的态度,但又不能过于激烈,因为中国政府一直以来主张和平解决钓鱼岛问题,希望日方冷静对待。

艺术是细腻的东西,多一点少一点都不行,要拿捏分寸,恰到好处。用情过满则显虚假,有喊的痕迹;用情过少则显平淡,有不入作品意境之嫌。也就是说,克制的情感加上恰当的语言表达技巧定会使作品增色不少。比如在朗诵屠格涅夫的散文《麻雀》时,文中有这样一句:"它嘴角嫩黄,头上长着绒毛,分明才出生不久,是从窝里摔下来的。"有同学在读这句话时,为了强调表示判断的"分明"二字,用带有思考感觉的很慢的声音用力地读。仔细一想,生活中我们看到一只嘴角嫩黄、头上长着绒毛的小麻雀,肯定会不假思索地想到它刚出生不久,还用得着深思熟虑它刚出生不久吗?还有同学为了表现这只小麻雀从树上摔下来,用很大的音量与力度来读。试想,这只小麻雀既然从树上摔下来还在"挥动着小翅膀",这里的摔就应该是轻轻地摔,我们在朗读时应用轻不着力的略显痛惜的声音表达出来。

朗诵时,如何表达出分寸:

1. 表达舒展自然

生活中,人们说话的语调一般都是平缓的,有高低起伏但不是特别大,语速相对比较舒缓。因为生活中我们大多数时候就是处于一种安稳恬适的状态,随着社会的发展进步,我们变得越来越理性,越来越平和。

朗诵时,一定要结合生活中的语言,因为朗诵本身就是说话的一种。当受众听起来觉得舒展自然了,这篇文稿的神韵也就慢慢地展现出来了。

2. 善于挖掘生活中的"分寸"

很多时候,朗诵者之所以朗诵不出"分寸感",是因为没有结合生活中的语言揣摩思考,而是想当然地为了表达而表达。

如小说《孔乙己》中,孔乙己在被人指出他偷东西的丑事后说:"你怎么这样凭空污人清白……"可能很多同学在处理这句话时会理直气壮地大声谴责对方,以为这样才能表现出孔乙己在人格受到污辱后的极度愤怒。但仔细一想,孔乙己的确偷了别人的东西,有点做贼心虚,说这句话只是为了辩解而已,不太可能理直气壮地大声呵斥。因此读到"你怎么这样"时应稍高,表现出听到别人对自己的"污蔑"时的愤慨;在读到"凭空"二字时应稍加重语气,表现出空口无凭你有何证据的据理力争;最后在读到"清白"二字时应放慢放轻,因为自己本身"不清白",害怕对方真的拿出证据让自己颜面扫地。

再如《再见了,亲人》中,小金花跺着脚说:"妈妈,这个仇我一定要报!"初学者往往读得快而高昂,像在喊口号。但仔细体验小金花内心的沉痛后我们会发现,一字一句读得缓慢而低沉,字字有声,声声有情,更富感染力。

第三节 朗诵常用标注符号

朗诵常用标注符号是指在文稿中具有某种代表意义的标识。这些符号是为了便于朗诵者对文稿中一些需要停顿、重读、转换的地方进行简单标注。

(1)▲挫号[1]。表示停顿时间较短,用于没有标点符号的地方。例如:

我使劲伸手去拉他,可是▲什么也没有抓住。他陷下去了,已经没顶了。

(2)∧停顿号[2]。表示停顿时间稍长,无论有无标点符号均可使用,如用于有标点符号处,表示停顿时间再长些。例如:

酒不醉人人自醉,∧花不迷人人自迷。

(3)⌒间歇号[3]。停顿时间更长,一般用于层次、段落之后。

没有见过海,真想不出她是什么样的。

⌒眼前这哪里是海呢?只有水,水的天,水的地,水的色彩,水的造型。

(4)⌣连接号[4]。用于有标点符号但内容联系又比较紧密的地方。例如:

一只饿得头晕眼花的狐狸远远地闻到了肉的香味,⌣迫不及待地跑过来。

(5)//层次转换。表示意思的转换。例如:

没有花香,没有树高,我是一棵无人知道的小草。//从不寂寞,从不烦恼,你看,我的伙伴遍及天涯海角。

---

[1] 张颂.播音创作基础[M].3版.北京:中国传媒大学出版社,2011:96.
[2] 张颂.播音创作基础[M].3版.北京:中国传媒大学出版社,2011:96.
[3] 张颂.播音创作基础[M].3版.北京:中国传媒大学出版社,2011:96.
[4] 张颂.播音创作基础[M].3版.北京:中国传媒大学出版社,2011:96.

(6)"·"重音。表示应强调的词或词组。例如：

当船靠近时,我闻到了饭菜的香味,听到了孩子的嬉笑。这时我恍然悟到,船就是渔民的家。

(7)↗语气上扬。表示喜悦的情感,语势上扬。例如：

春天像健壮的青年,有铁一般的胳膊和腰脚,领着我们上前去。↗

(8)↘语气下抑。表示低落的情感,语势下抑。例如：

女儿不知父亲为何如此拼命,却知道父亲的白发她已经再也数不清了……↘

需要注意,这些符号仅仅是朗诵的辅助手段,企图完全依靠朗诵符号去表达文章的主题思想,实现朗诵目的,是不可行的。

第三章 诗歌朗诵

第一节 诗歌朗诵概述

诗歌是起源最早的文学体裁,它文字虽少却气象万千。它是文学艺术金字塔的塔尖,是诗人的语言"魔术"。诗歌用凝练的语言、充沛的情感以及丰富的意象高度集中地表现社会生活和人类精神世界,是文学艺术百花园中最具艺术表现力的文体。"诗以声传,行之久远",因为诗歌具有感情浓烈、想象丰富、韵律和谐、语言精练、节奏鲜明等特点,所以特别适合于有声语言艺术的创作。我们在朗诵诗歌作品时,应该注意以下几个问题。

一、选好作品,了解背景

诗歌是社会的折射,内容是背景的产物。这里的背景是多方面的,包括作品的内容背景、人物背景、写作背景、朗诵背景等,只有对这些背景有一个全方位的了解后,才能够明确朗诵目的,做到心中有数。

对于这些背景资料,我们可以查阅各类评论赏析、作者生平及创作经历等。如余光中与席慕蓉都写了题为《乡愁》的诗歌,同是表现离愁别绪与思乡之情,但是创作背景与所表现的内容却有很大的不同,实为"不一样的吟唱,一样的乡愁"。

乡 愁
余光中

小时候，
乡愁是一枚小小的邮票；
我在这头，
母亲在那头。

长大后，
乡愁是一张窄窄的船票；
我在这头，
新娘在那头。

后来啊，
乡愁是一方矮矮的坟墓；
我在外头，
母亲在里头。

而现在，
乡愁是一湾浅浅的海峡；
我在这头，
大陆在那头。

乡 愁
席慕蓉

故乡的歌是一支清远的笛
总在有月亮的晚上响起

故乡的面貌却是一种模糊的怅惘
仿佛雾里的挥手别离

离别后
乡愁是一棵没有年轮的树
永不老去

对故土的眷恋可以说是人类共同而永恒的情感。远离故乡的游子、漂泊者、流浪汉，即使在耄耋之年，也希望能叶落归根。余光中虽然身居宝岛，但作为一个挚爱祖国传统文化的诗人，他的《乡愁》从内在感情上继承了我国古典诗歌中的民族感情传统，具有深厚的历史感与民族感。同时，台湾和大陆长期隔海相望，漂流到岛上的人满怀思乡情怀，客观上具有特定的广阔视域。"小时候""长大后""后来啊""而现在"，时间线索像一条红线贯串全诗，概括了诗人漫长的生活历程和对祖国的深切怀念。诗人把无形的乡愁比喻为"邮票""船票""坟墓""海峡"四种事物，把抽象的乡愁变成具体可感的东西，形象而传神地表达出思乡之情。特别是最后一段，诗人把乡愁比喻成海峡，客观描述了大陆母亲和游子台湾的实际状况，一湾浅浅的海峡，虽然隔开了大陆和台湾在地理上的联系，却割不断两岸血浓于水的深厚感情。诗人个人的悲欢与巨大的祖国之爱、民族之恋交融在一起，表达了作者渴望与亲人团聚，渴望祖国统一的强烈愿望。

席慕蓉的这首《乡愁》，第一节写乡音的清远，仅用两句，就将故乡与中国人对于思乡的意象"月亮"联系在一起。第二节写乡情的怅惘,时间的推移模糊了故乡的轮廓,仅剩一种淡淡的怅惘,如雾里别离,浓似血却又隔着一层迷蒙的云雾。第三节写乡愁的永恒。层次的渐进使主题由模糊到逐渐鲜明。诗人用没有年轮的树比喻情深似海的愁绪和怀念、怅惘的情感,充分表现出"思乡之情"不会因为人的老去而渐失,而将永具活力。语言贴切自然、朴素优美,使整首诗具有牧歌式的情调。

对两首诗的这些背景资料进行深入剖析,摸清作者的创作意图,有利于找准朗诵的基调与落脚点,更好地表现出作品的内涵。

二、深入心灵,以情感人

诗传情,诗言志。诗歌的本质在于抒情。朗诵者要朗诵好一首诗歌,首先要对内容产生真情实感,由此激发自己强烈的朗诵欲望与激情。[①]

我们以艾青的《我爱这土地》来做分析:

我爱这土地
艾　青

假如我是一只鸟,
我也应该用嘶哑的喉咙歌唱:
这被暴风雨所打击着的土地,
这永远汹涌着我们的悲愤的河流,
这无止息地吹刮着的激怒的风,
和那来自林间的无比温柔的黎明……
——然后我死了,
连羽毛也腐烂在土地里面。

为什么我的眼里常含泪水?
因为我对这土地爱得深沉……

---

① 陈爱仪、雷抒雁在《朗诵艺术谈》中说:"作为一种艺术形式的朗诵,不只是表达,它同时意味着对作品进行解释。仅仅是表达,仅仅是没有曲解,那还不够,它必须给听众更多的东西,是他们用眼睛阅读文字时得不到的东西,使听众跟随着朗诵者,更快、更直接地进入作家提供的情境与意境、作家敞开的内心世界。这就是说,朗诵者不只是把文字搬到口头,把无声的文字化为有声的语言,而且需要对作品的艺术内容有自己的体验、自己的理解。"

这首诗写于抗日战争全面爆发后的 1938 年。当时日本侵略军连续攻占了华北、华东、华南的广大地区,所到之处疯狂肆虐,妄图摧毁中国人民的抵抗意志。然而,中国人民奋起抵抗,进行了不屈不挠的斗争。在国土沦丧、民族危亡的紧急关头,艾青向祖国捧出一颗赤子之心,满怀对祖国的挚爱和对侵略者的仇恨,写下了这首慷慨激昂的诗作。

"假如我是一只鸟",诗人借用鸟儿倾泻他的感情。"嘶哑的喉咙"已不能唱出悦耳动听的歌,但这"嘶哑"的歌声能抒发作者的真诚和执着。

土地、河流、风、黎明是鸟儿歌唱的对象,它们都寄托着作者对这片土地深挚的爱。

"这被暴风雨所打击着的土地",是正在遭受日寇侵略的国土的写照。

"这永远汹涌着我们的悲愤的河流",象征着长期郁结在中国人心中的悲愤如江河一般汹涌奔流。

"这无止息地吹刮着的激怒的风",象征着中国人心中对侵略者暴行的愤怒。

"来自林间的无比温柔的黎明",预示着中国人为之奋斗献身的独立自由的曙光,必将降临于这片土地。

"然后我死了,连羽毛也腐烂在土地里面",小鸟活着时,倾尽全力为土地而歌唱,死后,"化作春泥更护花",又将自己的全身投入土地的怀抱,连羽毛都与土地融为一体。

"为什么我的眼里常含泪水",这样一个静态的特写,表现了悲愤痛苦的情感恒久萦绕于"我"的心中。"因为我对这土地爱得深沉",目睹山河破碎、人民涂炭的现实,对祖国爱得愈深,诗人心中的痛苦也愈强烈。最后两句是全诗的精华,它是那个苦难的年代,爱国知识分子对祖国最真挚的爱的表白。这种爱刻骨铭心,至死不渝,不仅来自诗人的内心深处,更是全民族普遍的爱国情绪的浓缩。"深沉"一词似乎还达不到与实际感情相应的表达强度,于是,其后紧跟省略号,仿佛涌动着潜流地火般的激情,更为沉重地叩击着读者的心房,激起读者持续的共鸣,留下不尽的余韵。

仔细分析这首诗以后,我们不难发现,看似平常的几句话却涌动着诗人对祖国最真挚、深沉的赤子情怀。当我们心中有了这些情感后,发出的声音自然就会饱含深情,在感动自己的同时感动受众。

三、节奏鲜明,韵律和谐

节奏是诗歌的生命。著名诗人、文学评论家何其芳曾说:"诗是一种最集中地反映社会生活的文学样式,它饱含着丰富的想象和感情,常常以直接抒情的方式来表现,而且在精练与和谐的程度上,特别是在节奏的鲜明上,它的语言有别于散文的语言。"

节奏是诗歌中至关重要的因素。古人有云:"无韵不成诗。"诗歌鲜明的节奏及和谐的韵律,有如音乐的节拍和旋律:节拍轻重徐疾、抑扬顿挫,旋律行云流水,金声玉振,令人动心悦耳、回味无穷。歌曲没有节拍就不能唱,诗歌没有节奏就不容易念上口。朗诵时不能用固定的腔调从头读到尾,要有起伏变化,有抑扬顿挫。

汉字的抑扬顿挫具有音符一样的特性,在长短相间的跃动中具有无限的可能。很多优秀诗歌被谱成动人的歌曲。如刘半农的诗作《教我如何不想她》谱上曲后,被各级各类音乐院校收录在教材中,成为音乐会上常选的歌曲之一,并被广为传唱。在现代诗中,许多作品都可以借助韵律给读者传达美感。诗歌的平仄、句式的长短等体现着诗歌的音乐美。说到诗歌的节奏美与音乐美,徐志摩的《再别康桥》可以说是经典之作。

再别康桥

徐志摩

轻轻的我走了,
正如我轻轻的来;
我轻轻的招手,
作别西天的云彩。

那河畔的金柳,
是夕阳中的新娘;
波光里的艳影,
在我的心头荡漾。

软泥上的青荇,
油油的在水底招摇;
在康河的柔波里,
我甘心做一条水草!

那榆荫下的一潭,
不是清泉,是天上虹;

揉碎在浮藻间,
沉淀着彩虹似的梦。

寻梦?撑一支长篙,
向青草更青处漫溯,
满载一船星辉,
在星辉斑斓里放歌。

但我不能放歌,
悄悄是别离的笙箫;
夏虫也为我沉默,
沉默是今晚的康桥!

悄悄的我走了,
正如我悄悄的来;
我挥一挥衣袖,
不带走一片云彩。

康桥,即英国著名的剑桥大学所在地。1920年10月至1922年8月,诗人曾游学于此。康桥时期是徐志摩一生的转折点。1928年秋,徐志摩再次到英国访问,旧地重游,诗兴勃发,便将自己的生活体验化作缕缕情思,融汇在康桥美丽的景色里,也驰骋在诗人的想象中。《再别康桥》是一首优美的抒情诗,宛如一曲优雅动听的轻音乐。诗中那鲜明的意境、流动的画面无不给人以美的享受。

从节奏美的角度讲,全诗共七节,结构形式严谨整齐,排列错落有致,每节四句,每句两顿或三顿,韵式上严守二、四押韵,抑扬顿挫,朗朗上口。这优美的节奏涟漪般荡漾开来,既是虔诚学子寻梦的足音,又契合诗人感情的潮起潮落,有一种独特的审美快感。韵律在其中徐行缓步地铺展,形成优美的节奏,体现了诗人感情的起伏变化和审美主张。

从音乐美的角度讲,这首诗像一首肖邦的小夜曲。四行一节,每一节诗行的排列两两错落有致,每句的字数基本上是六七字(间有八字句),于参差变化中见整齐;每节押韵,逐节换韵,追求音节的波动和旋律感。此外,"轻轻""悄悄"等叠词的反复运用,增强了诗歌轻盈的节奏。诗的尾节与首节句式相似,遥相呼应,给人一种梦幻般的感觉。全诗的韵脚有:来、彩、娘、漾、摇、草、虹、梦、溯、歌、箫、桥。从韵脚上看,每节押韵,节与节之间又换韵。这种韵律安排使诗歌既具有优美的韵律,又避免了重复之感。

正是因为这首诗语言清莹流丽,音节抑扬合度,节奏轻柔委婉、和谐自然,将至深的情怀幻化为西天的云彩,用虚实相间的手法,描绘了一幅幅流动的画面,构成了一处处美妙的意境,细致入微地将诗人的情感表现得真挚、隽永。多少年来,引得无数朗诵爱好者竞相倾情演绎,成为各种朗诵活动中历演不衰的节目。

四、丰富想象,加深意境

想象,托起诗歌美丽的翅膀!没有想象、联想和幻想,也就没有诗。的确,诗歌内容凝练,感情丰富,篇幅短小,只有通过想象才能将复杂的社会生活、深沉而抽象的情思化为具体的艺术形象生动地表现出来。谢冕在《重新创造的艺术天地》一文中说:"想象不仅对于诗人的创作是一种必要,对于读者的欣赏也是一种必要。"因为"诗歌的欣赏活动更是一种确切意义上的再创造",而"再创造的方式就是想象活动"。想象是诗歌与生俱来的伴随者,诗歌离不开想象。诗歌只有插上想象这一双美丽的翅膀,才能展示它无限的魅力。

"一千个读者就有一千个哈姆雷特",这是因为"各以其情而自得"。《红楼梦》中,香菱和黛玉谈她读王维诗感受时说道:"我看他《塞上》一首,那一联云:'大漠孤烟直,长河落日圆。'想来烟如何直?日自然是圆的:这'直'字似无理,'圆'字太俗,合上书一想,倒像是见了这景的。若说再找两个字换这两个,竟再找不出两个字来。"考生不妨合上书想象一下,那雄浑寥廓的边塞风光便可扑面而来:广阔无边的大沙漠中,远远地升起一根直指苍天的烟柱;万里黄河自西向东,像玉带一样从大漠里涌来,一轮浑圆的红日,正悬挂在西边的河面上。倘若没有这一想,那只不过是十个普通的汉字,而正是这合书一想,那十个字便有了无尽的意蕴。

诗歌的创作离不开想象,诗歌的朗诵同样也离不开想象。诗人在创作诗歌时,头脑中肯定有极为生动的形象;考生在朗诵诗歌时,只有再现诗人脑海中的形象,才能和诗人产生共鸣,而这和想象是分不开的。

朗诵时,需用丰富的想象、大胆的联想和幻想,突破物我之间、时空之间的界限,最大限度地将人的心灵感受和丰富情感表现出来。对于诗歌朗诵而言,想象、联想和幻想,不仅是意象的连缀、运动,更是意象的创造、境界的拓展、情感的释放。

我们以郭沫若的《天上的街市》来做分析:

天上的街市

郭沫若

远远的街灯明了,
好像闪着无数的明星。
天上的明星现了,
好像点着无数的街灯。

我想那缥缈的空中,
定然有美丽的街市。
街市上陈列的一些物品,
定然是世上没有的珍奇。

你看,那浅浅的天河,
定然是不甚宽广。
那隔河的牛郎织女,
定能够骑着牛儿来往。

我想他们此刻,
定然在天街闲游。
不信,请看那朵流星,
是他们提着灯笼在走。

1921—1923年,郭沫若三次从日本回国。这时,五四运动高潮已过,面对黑暗的现实,郭沫若感到极大的苦闷与感伤,但他并没有悲观失望,依然不倦地探索和追求心中的理想。在一个夜晚,诗人走在海边,仰望美丽的天空、闪闪的星光,心情变得开朗起来,写下了这首想象丰富的诗歌。诗人由现实中的街灯联想到天上的明星,再由天上的明星联想到街灯,进而想象天上的街市,想象天上美丽的景色,想象天上街市里的珍奇,想象过着幸福生活的牛郎织女。通过对天上美好生活的描绘,表现了诗人对旧时代黑暗现实的痛恨以及对理想生活的向往。

诗人没有按民间故事那样写牛郎织女,而是把他们写得很自由,诗人甚至看到了他们手里提着的灯笼。这是因为他希望人间也能出现自由幸福的世界,诗人是借改造后的牛郎织女的形象来寄托自己的理想,表达对美好生活的追求。

这首诗用自然清新的语言、整齐的短句、和谐优美的旋律,表达了诗人纯真的思想,意境恬淡、节奏缓慢,如细流、如涟漪,正是这恬淡的意境,带给了我们丰富的想象。朗诵时,要注意运用合理而丰富的想象随着诗歌在遥远的天际漫游,尽情驰骋美好的梦想。

第二节　示例分析与朗诵提示

示例 3-1

青春万岁(序诗)

王　蒙

所有的日子,所有的日子都来吧,
让我编织你们,用青春的金线,
和幸福的璎珞,编织你们。

有那小船上的歌笑,月下校园的欢舞,
细雨蒙蒙里踏青,初雪的早晨行军,
还有热烈的争论,跃动的、温暖的心……

是转眼过去了的日子,也是充满遐想的日子,
纷纷的心愿迷离,像春天的雨,
我们有时间,有力量,有燃烧的信念,
我们渴望生活,渴望在天上飞。
是单纯的日子,也是多变的日子,

浩大的世界,样样叫我们好惊奇,
从来都兴高采烈,从来不淡漠,
眼泪、欢笑、深思,全是第一次。

所有的日子都去吧,都去吧,
在生活中我快乐地向前,
多沉重的担子我不会发软,
多严峻的战斗我不会丢脸;

有一天,擦完了枪,擦完了机器,擦完了汗,
我想念你们,招呼你们,
并且怀着骄傲,注视你们。

分析与提示: 长篇小说《青春万岁》是王蒙 19 岁时创作的,是其进入文坛的代表作品。1953 年,是国民经济"一五计划"的开局之年,全国人民都投身于大力建设新中

国的热潮中。小说给人印象至深的不是精心描绘的天真烂漫的北京女中学生的生活故事，而是作者对"生活的爱"的一次次喷涌。作者谱写了一首赞美生活的歌。这首诗以鲜明的意象、饱满的激情、燃烧的信念、乐观豪迈的语言和明快优美的旋律，唱出了一个19岁青年学子对美好生活的向往。

全诗诗句简短，节奏明快，结构首尾照应，很适合朗诵。诗中第一节已经成为广为传诵的名句。朗诵时，自始至终都要饱含激情，热情澎湃。因为作者是一个正处于青春期的热情洋溢的19岁青年，写出来的作品自然也就充满了浓郁的青春气息。特别是在读到"都来吧"时，应通过富有召唤力的语气，读出作者洒脱、乐观、豪迈的心境。第二节，诗人借助小船上的歌笑、月光下的欢舞、细雨中的踏青、晨雪里的行军、热烈的争论等场景或意象，形象生动地描绘出青年人饱满的、沸腾的生活图景。朗诵时，应运用虚实结合的声音，将这种生活图景表现出来。第三、四节，面对火热的生活，青年人对一切都感到新鲜，感到惊奇、激动、兴奋，因此所有的一切，包括眼泪、欢笑、深思，都是全新的。朗诵时，应读出新鲜感与愿意为理想而奋斗的信念感。第五节，"所有的日子都去吧"与第一节的"所有的日子都来吧"并不矛盾，"都来吧"表现出对新生活的无限渴望与向往，"都去吧"表示对过去的日子不留恋，同样表现出对未来美好生活的追求。首尾照应，共同表现对未来新生活的呼唤。最后一节，朗诵时应用相对轻松的语气，表现出在奋斗的激情过后，由衷生发出的那种轻松与怀念，以展现出作者对生活的无比热爱、对人生的无限憧憬和对未来的坚定信念。

示例 3-2

十八岁畅想曲（节选）

十八支蜡烛，被轻轻吹灭，
深情的注视，留给昨天未眠的青春。
今天的我们，被阳光召唤，
奔腾的热情，汇成明天引吭的高歌。

历史的又一个驿站，
有十八岁的憧憬，十八岁刚刚发芽的梦，
有十八岁绽开的美丽，十八岁缤纷的向往，
向着展现在眼前的七彩之路，

说一声——十八岁，让我们上路！

初升的太阳，再次温暖地披在肩头，
我们的翅膀，已经长成茂盛的丛林，
阳光如风掠过，勃勃的朝气延伸天际。
十八岁，让我们追逐太阳。

为了昨天的纯真，为了今天的责任，
为了明天的理想，我们成长，我们上路，
我们将托起明天的太阳！

分析与提示：这首诗内容相对比较简单，语言晓畅，通俗易懂，通过对人生最美好的年华——十八岁的热情畅想与美好展望，引导青年朋友们热爱生活，追求理想。朗诵时应自始至终贯穿着主动、热情、积极的感情基调。但要注意的是，积极主动的感情基调并不是说从头到尾都要激情澎湃，应利用虚实声的变换、声音高低的变化、声音强弱的转换等来表现层次与节奏。除了整体四节文字应读出变化外，每一节的文字也应该读出变化来。如第二节，可通过"落下→扬起→落下→扬起→再扬起"的语势表现。还要注意的是，在读一些相关词语时，应读出这个词语本身蕴含的深层含义来，如"我们成长，我们上路"，"成长"应读出向上发展的生长感，"上路"应读出为了理想矢志不渝的信念感以及前路漫漫的召唤感与延伸感。

示例 3-3

我微笑着走向生活

汪国真

我微笑着走向生活，
无论生活以什么方式回敬我。

报我以平坦吗？
我是一条欢乐奔流的小河。

报我以崎岖吗？
我是一座大山庄严地思索！

报我以幸福吗？
我是一只凌空飞翔的燕子。

报我以不幸吗？
我是一根劲竹经得起千击万磨！

生活里不能没有笑声，
没有笑声的世界该是多么寂寞。

什么也改变不了我对生活的热爱，
我微笑着走向火热的生活！

分析与提示：汪国真的诗歌具有篇幅短小、明白晓畅、乐观向上、感情真挚等特点。这首诗也一样，诗人一开始就开门见山地表达出在生活中，不管我们面对怎样的境遇，都应该"微笑着走向生活"。然后用四组对比兼设问句告诉读者，无论生活报我们以"平坦"还是"崎岖"，"幸福"还是"不幸"，我们都应该勇敢地坦然微笑面对。最后两段再次阐明诗人的观点，那就是我们应该永远热爱生活，用微笑面对生活、面对世界。

朗诵一开始，就应保持"微笑"的状态，流露出热爱生活、微笑面对生活的乐观态度。朗诵第一节时，应注意重音"微笑着"，从而开篇点题；当读到"无论以什么方式"时，应该稍加重语气，以突出态度的坚定明确。朗诵二至五节时，应读出"平坦"与"崎岖"、"幸福"与"不幸"在语势、语气上的对比来;当读到"欢乐奔流的小河""凌空飞翔的燕子"时,应读出作者在面对生活顺境时的愉悦畅快的心情;当读到"庄严地思索""经得起千击万磨"时,应读出作者在面对生活逆境时所表现出来的理性思考与不屈信念。读第六节时,应通过前句的扬起与后句的下抑,表现出不敢想象"没有笑声的世界"的"寂寞"生活。最后一段阐述了诗人对"微笑"的深刻理解,前呼后应,升华主题,朗诵时应用一种略带总结式的语气,坚定地表现出诗人"对生活的热爱"。特别是在读到"什么"时,可采用加重语气并在读完这两个字后稍停顿的方式来表现没有什么可以阻挡诗人对生活的热爱。在读结尾"火热的生活"时,应酣畅而充满信心地读出"火热"二字,然后用实声收住"生活"二字,坚定而有力地再次宣告诗人对生活的赤诚热爱。

示例3-4

我为少男少女们歌唱

何其芳

我为少男少女歌唱。
我歌唱早晨,
我歌唱希望,
我歌唱那些属于未来的事物
我歌唱正在生长的力量。

我的歌呵,
你飞吧,
飞到年轻人的心中
去找你停留的地方。

所有使我像草一样颤抖过的

快乐或者好的思想,
都变成声音飞到四方八面去吧,
不管它像一阵微风
或者一片阳光。

轻轻地从我琴弦上
失掉了成年的忧伤,
我重新变得年轻了,
我的血流得很快,
对于生活我又充满了梦想,
充满了渴望。

分析与提示:这是一首热情洋溢的抒情诗,赞美青春的无限美好。在这首诗中,作者通过"为少男少女们歌唱",表达了自己渴望年轻的心情,对新生力量给予了由衷的赞美。

朗诵时,可以尝试从一个中老年人的角度,回首感悟青春的美好,渴望与青年朋友们心灵交流和互动,并借此使自己更年轻、更富有活力。注意要情绪饱满、声音富于变化、节奏鲜明。第一节写歌唱的是什么,诗人认为青少年好比"早晨",好比"希望",好比"属于未来的事物",好比"正在生长的力量",朗诵时应着重强调歌唱的内容,四句话应为上扬语势,节奏一浪高过一浪,以表现诗人激动、炽热的深情。第二节中,诗人要他为少男少女们唱的歌展翅飞翔,飞到年轻人的心中去寻找归宿。这段文字在朗诵时应舒展开阔,带着一种希冀,因为诗人希望他的歌声能感动广大青少年,引起少男少女们的共鸣。第三节着眼于"飞",用了两个美好的意象——"微风"和"阳光"。第四节是诗意的进一步深化。在歌唱的过程中,诗人重新变得年轻了,又充满了对生活的"梦想"和"渴望"。朗诵这一节时,心情应无比激动,体现出诗人对青春的赞美之情。

示例 3-5

生活是多么广阔

何其芳

生活是多么广阔,
生活是海洋,
凡是有生活的地方就有快乐和宝藏。

去参加歌咏队,去演戏,
去建设铁路,去做飞行师,
去坐在实验室里,去写诗,
去高山上滑雪,去驾一只船颠簸在波涛上,
去带一个帐篷在星光下露宿。

去过极寻常的日子,
去在平凡的事物中睁大你的眼睛,
去以自己的火点燃旁人的火,
去以心发现心。

生活是多么广阔,
生活又是多么芬芳。
凡是有生活的地方就有快乐和宝藏。

分析与提示:这首诗写于1941年,是何其芳在延安时期创作的诗歌代表作,为我们描绘了一幅美丽的生活图景,是一曲生活的赞歌。整首诗格调明朗开阔,富有朝气,迸射出对新生活热切希望的火花,表现了诗人在新的理想照耀下对生活、对人生意义的全新理解和感受。这是一首自由体诗,不注重压韵,节奏轻快,意境清新。

第一节是总起,第一句开门见山点题,写的是诗人对生活的渴望与歌颂。第二句是对第一句的深化和延伸,也是第一节的总括。第三句是对第二句的注释:生活是海洋,海洋里有无尽的宝藏,所以生活中也有无尽的宝藏。朗诵时应富有朝气、满怀憧憬,整体语言应环环相扣、节节向前。在读到"广阔""海洋""快乐""宝藏"这些词语时应读出文字内涵,表达出旺盛的生命活力。

第二节是分述,是全诗的重点。它承接上一节而来,是对"海洋"的"快乐和宝藏"的挖掘。这一节排列了一系列生活图景,是诗人对新生活的诗化和理想化。在读到每一种生活图景时,应读出新鲜感与热情的向往。这几句话语势基本一致,但应根据每一种生活图景的具体内容读出相应的变化,总体上呈现出一种上升的趋势。

第三节是升华,是对深一层生活的歌颂。在这里,人人都把自己的光和热奉献给他人,在社会中建立起一种心心相印的新型人际关系。朗诵这段文字时,整体节奏可稍慢下来,以体现全诗整体的节奏美。

第四节是总结,基本是第一节的重复,仅中间"生活又是多么芬芳"一句不同,正是这一句,点明了理想生活的诱人之处。要重点读这一句,以突出与第一段文字的不同,同时应读出热切的希望与热情的鼓励。

示例 3-6

南方和北方

汪国真

南方的水 温柔明丽
北方的山 豁达粗犷
两行飞转的轮子
曾载我几度南来北往

我出生在南方
心,热恋着我生长的北方
我爱北方汉子的性格
像北方秋季的天空
——天高气爽
我爱北方姑娘的容颜
像北方冬天的雪花
——皎洁漂亮
呵,我的北方

我生长在北方
心,常常思念我出生的南方
我赞美南方的土地
镶嵌着数不清的鱼米之乡
我赞美南方的山水
曾孕育了多少风流千古的
秀女和才郎
呵,我的南方

我爱北方 也爱南方
我赞美南方 也赞美北方
长江两岸的泥土和山水呵
都像母亲一样亲切、慈祥

分析与提示：这首诗秉承了汪国真诗歌明白晓畅、清新隽永的特色，通过对祖国南北方差异的客观描述与"我"对南北方深挚的爱，表达了对祖国山河的赞美之情。

朗诵时，总体基调应为深情的描绘与热情的赞颂，应读出"南方"和"北方"的区别。不仅要读出"南"和"北"方位上的差异：北向上走，南往下抑，更要读出南方和北方自然人文方面的差别。如南方自然风光秀丽清新，北方自然风光大气豪放；南方人的性格细腻温柔，北方人的性格爽朗豁达。特别是在第二、三节中，两段文字语势相同，应读出它们细节上的不同来。最后一节应重读"南方"和"北方"两个重音，无论是南方还是北方，都是祖国的一部分，"我"都深爱着它们。朗诵时感情应深情、真挚，最后一句延展开去，用落停的方式处理。

示例 3-7

山 民

韩 东

小时候，他问父亲
"山那边是什么"
父亲说"是山"
"那边的那边呢"
"山，还是山"
他不作声了，看着远处
山第一次使他这样疲倦

他觉得应该带着老婆一起上路
老婆会给他生个儿子
到他死的时候
儿子就长大了
儿子也会有老婆
儿子也会有儿子
儿子的儿子也还会有儿子
他不再想了
儿子也使他很疲惫

他只是遗憾
他的祖先没有像他一样想过
不然，见到大海的该是他了

分析与提示：如果说《愚公移山》是一则古代寓言，那么韩东的《山民》就是一则用诗歌写成的当代寓言。世居山区的父辈只知山外是山，对群山以外的世界茫然无知，使人自然地联想起偏远山区里传统农民那种安于现状、固守乡土而不知向外寻求发展的保守和惰性。《山民》表现的是在社会转型时期，一个群体乃至一个民族冲破闭塞走向开放，摆脱狭隘乡土步入宽广天地的强烈渴望，以及在这个过程的种种艰难与困惑。

这首诗语言直白,呈现出口语化、生活化特征,整体就如同讲述一个故事,所以应用一种讲述的口吻来朗诵。第一节中,"他"的语言应带有疑惑的语气,特别是三个"那边",语气应逐渐加重,以表现出"他"想知道答案的急切心情。"父亲"则为麻木的平实语气,以表现出安于现状的心理。第二节为"他"的联想,所以语速可稍快,一层跟进一层地沉醉于联想世界中,甚至语言里可以带着一种对未来的美好憧憬:希望在下一代身上得到传递和延伸。第三节的"他"又回到现实,实现理想的漫长过程使他感到遗憾,语言中应读出一种痛苦而热切的呼唤:走吧,父亲!走出这大山……

示例 3-8

春天的第一缕阳光(节选)

李小雨

这是春天的第一缕阳光

她笑着,跑着

穿着最美的衣裳

她是春天的女儿

有着春风的温柔

春雨的热烈

她把五彩的光芒

铺在大地上

这是春天的第一缕阳光

她是飘着奶香的摇篮

让婴儿的小脚丫,一步

就稳稳地站在大地上

她是母亲怀里的针线

缝啊,扯啊

连接着上个世纪的夜晚

和明天的向往

她是太阳发来的一封信,一声催促

快到广阔的生活中去吧

劳动,快乐,甚至流泪

让活力四射

让长发飞扬

分析与提示:这是一首春天的颂歌,作品清新晓畅,节奏明快,语言富有节奏感与音乐性。全诗文字简单,容易理解,通过对春天的一系列美好意象的描绘,体现了作者对于春天的热切期盼与春天到来的万分欣喜。正如作者所言:"诗歌要体现一种温情、一种真情,这样你才能打动读者。"

朗诵时,语气应始终满怀幸福甜美的感受,带着对春天的渴望与赞美,对未来的生活充满信心,语调亲切、明快、热情。文中有两处"这是春天的第一缕阳光",朗诵时要着重强调"第一缕"三个字,读出热切期盼这第一缕阳光到来时的激动喜悦。紧随其后的文字应读出语言的形象感,如"她笑着,跑着","笑着"要读出发自内心的幸福感,"跑着"要读出延伸感;"婴儿的小脚丫",要读出温馨可爱的感觉;"快到广阔的生活中去吧",要读出热情的召唤感。当读到第二节的"缝啊,扯啊"时,要注意语气词"啊"在两处的变调处理。练习时可选用班得瑞的《春天第一朵玫瑰》作为背景音乐。

示例 3-9

春天的后面不是秋

郭小川

春天的后面不是秋,
何必为年龄发愁?
只要在秋霜里结好你的果子,
又何必在春花面前害羞?

有时候我也着急,
那是因为工作的不顺利;
有时候我也发愁,
那是因为我的祖国还很落后。

我曾踏遍人生的领土,
最后才知道,
这是人生唯一正确的道路——

人民的事业与世长久,
谁的生命与它结合,
白发就上不了他的头。

我不再有别的什么希望,
只希望人民不再受苦难;
我不再有什么别的要求,
我的要求就在大家的要求里头。

啊!朋友,
春天的后面不是秋,
何必为年龄发愁!

分析与提示: 郭小川是我国文学界一位富有才华的诗人,他的诗激情澎湃,具有丰富的想象和深刻的哲理。诗歌在形式上借鉴了古代诗歌和民歌的特点,语言直白,节奏流畅。在诗人的眼中,青春流逝只是美好的年华不再,但那不代表人的生命就要为此踟蹰不前,大好的光阴还在后面。我们应该将人生的理想和勇气放在奋斗中,而不是畏首畏尾,顾影自怜,悲叹年华流逝。

这首诗充满希望,振奋人心。朗诵时,整体基调应铿锵有力,激情洋溢,带着一种对生活的执着和坚定。仔细看诗文不难发现,前两段文字特别富有韵律感,可分别采用"抑→扬→抑→扬"和"扬→抑→扬→抑"的格式朗诵。第三节文字的意思是:虽然我们身处不同的岗位,但只要脚踏实地,甘于奉献,就能保持"青春"。在读"这是人生唯一正确的道路——人民的事业与世长久,谁的生命与它结合,白发就上不了他的头"时,应读出做这种选择时的赤诚、无悔。第四节中,诗人崇高的理想在此绽放,应读出诗人关切人民生活与乐于奉献的精神。最后一节与前文相呼应,要读出酣畅舒展之感,以体现出全诗的主旨:鼓励人们努力奋斗,为人民的事业多作贡献,只要不虚度年华,就不必把年龄放在心上。

示例 3-10

我的"自白"书
陈 然

任脚下响着沉重的铁镣,
任你把皮鞭举得高高,
我不需要什么自白,
哪怕胸口对着带血的刺刀!
人不能低下高贵的头,
只有怕死鬼才乞求"自由"。

毒刑拷打算得了什么?
死亡也无法叫我开口!
对着死亡我放声大笑,
魔鬼的宫殿在笑声中动摇。
这就是我——一个共产党员的自白,
高唱凯歌埋葬蒋家王朝!

分析与提示:1948 年 4 月,中共地下党员、《挺进报》特别支部书记陈然被捕。在狱中,陈然受尽种种酷刑,但始终只承认《挺进报》从编辑、印刷到发行,全部是他一人所为——他决心牺牲自己,保护组织和同志们。他利用敌人让他写自白书的机会,写下了这首诗。这是一首构思完整、语句精练、韵脚整齐、节奏铿锵有力的诗。读起来朗朗上口,激情澎湃,感染力强,在专业考试中经常被考生选用,尤其适合声音大气豪迈的男生朗诵。

朗诵时,应始终保持语气坚定沉着,以表现一个共产党人的浩然正气与视死如归的英雄气概。全诗虽然一气呵成,但也应读出层次感来。前六句为第一层次,应用重音突出"沉重""带血的刺刀",以表现敌人的凶残,而"任""不需要""哪怕"几个词语则可以用虚声拖出,表现出作者坚贞不屈、视死如归的精神。"自由"二字,可采用一字一顿与嘲笑的语气读出,表现出宁死也不要这种"自由"的决心。第七至十句为第二层次,主要讲作者面对死亡的乐观坦然。七、八句要通过前句的低与后句的高表现出作者宁愿死也不向敌人屈膝投降的态度,因此,面对明晃晃的刺刀,面对死亡,他"放声大笑"。最后两句为第三层次,在读完"这就是我"后,可做稍长停顿,说明这就是作者最后的不悔选择。在读到"共产党员"四个字时,可采用一字一顿的方式,显示出革命者舍生取义的情怀。"高唱凯歌埋葬蒋家王朝!"语气豪迈坚定,酣畅淋漓地展现出革命者视死如归的豪迈气概。

需要特别注意的是,这里的语气坚定并不是说一定要咬牙切齿、字字千钧。因为这首诗表现的是共产党人面对死亡乐观坦然的鲜明态度,也是作者在历尽种种酷刑后的从容下笔,因此要把蓄之已久的情感张力有力有节地释放出来,而不是从头至尾面对敌人慷慨激昂地大声呵斥。

示例 3-11

别人家的小孩
邢佳嘉

妈妈,
在您的口中,
住着一个别人家的小孩。
她练琴不倦,
拿奖拿到手发软。
她奥数天才,
没有难题解不开。
她乖巧可爱,
从不给您添麻烦。

哈哈,妈妈,
告诉您一个秘密,
在我的心里,
也住着一位别人家的妈妈。

她酷爱锻炼,
总保持完美身材。
她厨艺精湛,
常烧出精美小菜。
她人意善解,
从不絮叨和唠烦。

其实,
我俩都很平凡,
但我们依然,
是彼此的最爱。
让我们多一些忍耐,
用浓浓的爱,
将小小的缺点冲淡。

分析与提示:这首充满童趣的诗歌让很多同学读来会心一笑,因为很多同学也如同诗中的"我"一样,在成长的路上生活在"别人家的小孩"的阴影之中。这首诗的作者是一位六年级的小学生,妈妈关于"别人家的小孩"的唠叨让她不胜其烦,她便以此为灵感创作了这首诗歌。她从自己熟悉的日常生活入手,活灵活现地描写了妈妈心目中的好孩子和孩子眼里的好妈妈。

这首诗构思巧妙、语言活泼,比较适合声音俏皮甜美的女生来朗诵。朗诵时,要结合自己的生活场景与经历，甚至回想起这个"别人家的小孩"具体是谁，这样才能在情景再现中准确把握这首诗的立意。诗歌的第一节，语气中略带埋怨色彩，将"您的""别人家的""从不"等重音词语拎出来。"别人家的小孩"三个优于自己之处，应读出一种层层递进的层次感，展现出"她"在各个方面的完美表现。第二节从自己的角度将"别人家的妈妈"的优点诠释出来，与第一节呈现出一种对比。第三节抒发出作者的真情实感，"我"和"妈妈"都不是完美无缺的，但我们可以用爱和包容将我们的缺点慢慢"冲淡"。

备稿时可将诗中一些字词稍作改动调整，如"不倦"、"人意善解"和"絮叨和唠烦"可改为"从不疲倦"、"善解人意"和"絮絮叨叨说个不停"，使得有声语言表达更加自然与生活化。

示例 3-12

初　春

舒　婷

朋友，是春天了
驱散忧愁，揩去泪水
向着太阳微笑
虽然还没有花的洪流
冲毁冬的镣铐
奔泻着酩酊的芬芳
泛滥在平原、山坳
虽然还没有鸟的歌瀑
飞溅起万千银珠
四散在雾蒙蒙的拂晓
滚动在黄昏的林荫道
但等着吧
一旦惊雷起
乌云便仓皇而逃
那是最美最好的梦呵

也许在一夜间辉煌地来到

是还有寒意
还有霜似的烦恼
如果你侧耳倾听
五老峰上，狂风还在呼啸
战栗的山谷呵
仿佛一起嚎啕
但已有几朵小小的杜鹃
如吹不灭的火苗
使天地温暖
连云儿也不再他飘

友人，让我们说
春天之所以美好、富饶
是因为它经过了最后的料峭

分析与提示：舒婷的诗歌抒写着人生的理想，表达了对现实问题的思考。在这首诗中，诗人心中的春天代表着希望，代表着新生。初春，花儿未开放，河流未完全解冻，风儿还带着寒意，但是，冬天已经过去，春天就要来了，一切都充满了希望。

朗诵这首诗时，应怀着满腔希望和热情。全诗分为三节，第一节中，"朋友，是春天了／驱散忧愁，揩去泪水／向着太阳微笑"这句应读出欣喜感，表现春天终于在期待中来临，一切都充满了希望。要强调"是"字，以表现出千真万确、不容置疑之感。"虽然还没有花的洪流……滚动在黄昏的林荫道"这几句话的意思是：虽然春天还没有完全到来，但是一切都在酝酿中，都在为春天的到来做最后的准备。要读出形象感，因为洪流、鲜花、镣铐、平原、山坳、瀑布、鸟儿、银珠，都具有形状、色彩等外观形态。"但等着吧"这句话，应着重强调"等"字，以突出春天的到来只是时间问题，因为"一旦惊雷起"，春天便会"在一夜之间辉煌地来到"。第二节的意思是，在初春时节，的确还有些许寒意，但这都是暂时的，仍有吹不灭的火苗，使天地温暖。诗人在最后一节作了总结，朗诵这段文字时一定要有对象感，就如同对朋友的诚挚劝慰一般：只要有梦想，"寒意""烦恼"都是暂时的，只有经历这些，生命之花才会永葆绚烂。

示例 3-13

祖国啊，我要燃烧

叶文福

当我还是一株青松的幼苗，
大地就赋予我高尚的情操！
我立志做栋梁，献身于人类，
一枝一叶，全不畏雪剑冰刀！
不幸，我是植根在深深的峡谷，
长啊，长啊，却怎么也高不过峰头的小草。
我拼命吸吮母亲干瘪的乳房，
一心要把理想举上万重碧霄！
我实在太不自量了：幼稚！可笑！
蒙昧使我看不见自己卑贱的细胞。
于是我受到了应有的惩罚——
迎面扑来旷世的风暴！

啊，天翻地覆……
啊，山呼海啸……
伟大的造山运动，
把我埋进深深的地层，
——我死了，那时我正青春年少。
我死了！年轻的躯干在地底痉挛，
我死了！不死的精灵却还在拼搏呼号：
"我要出去！我要出去！我要出去啊——
我的理想不是蹲这黑暗的囚牢！"
漫长的岁月，
我吞忍了多少难忍的煎熬，
但理想之光，依然在心中灼灼闪耀。

我变成了一块煤,还悲愤地捶打地狱的门环:
"祖国啊,祖国啊,我要燃烧!"
地壳是多么的厚啊,希望是何等的缥缈!

我渴望:渴望面前闪出一千条向阳坑道!
我要出去,投身于熔炉,化作熊熊烈火:
"祖国啊,祖国啊,我要燃烧——"

分析与提示:叶文福的诗是生命激情的直接流泻,是内心深处奔突的岩浆喷发。这首诗以煤为抒情主人公,深切地表达了要冲破漫长的岁月,与坚硬的地壳搏斗,把缥缈的希望变成现实的愿望。这首诗以第一人称来写,诗歌充满激情,读来让人心潮澎湃,适合语言表现力强的男生选用。朗诵这首诗时,需要注意两个问题:

第一,不要一直充满激情,要在感受的基础上读出变化。一些考生一看到这个题目和内容就抑制不住内心的激动,声嘶力竭一口气从头吼到尾,这是不对的。一首诗歌的整体基调可能是高亢、激动型,但是在这总基调的引领下,有重点、非重点、次重点之分,有抑扬顿挫的节奏变化,有轻重缓急的语气、重音变化。

第二,不要流于表面,要读出精神实质。这首诗描写了一株植物化为煤的过程,在漫长的蜕变过程中,一个坚定的信念支撑着"我",沧海桑田的变化,终止不了内心热烈的期待。诗人寄情之物,虽然是平凡的:深深的峡谷中青松的幼苗、沉埋在地底的煤块,但是作者却赋予其全新的人格——当代中国知识分子的人格。这种不怕牺牲,渴望为人民燃烧,为祖国贡献热能的呼喊,正是广大知识分子的心声。朗诵时,只有透过文字表面的内容,洞悉诗歌的精神实质,才能做到真正意义上的理解诗歌,进而动情、动心、动人。

示例 3-14

让我怎样感谢你

汪国真

让我怎样感谢你
当我走向你的时候
我原想收获一缕春风
你却给了我整个春天

让我怎样感谢你
当我走向你的时候
我原想捧起一簇浪花
你却给了我整个海洋

让我怎样感谢你
当我走向你的时候
我原想撷取一枚红叶
你却给了我整个枫林

让我怎样感谢你	我原想亲吻一朵雪花
当我走向你的时候	你却给了我银色的世界

分析与提示：一年有四季，"我"写尽了四季，却写不尽"我"深深的感谢。作者将自己饱满的深情蕴涵于四季最美的景色之中，真挚地表达了平实动人的感谢之情。

这首诗语言简单朴实，朗诵时，应饱含深情，读出对象感和节奏感，把"我"对"你"的感谢淋漓尽致地表现出来。全文的对象是"你"，这个"你"可能是父母、老师、长辈、朋友等，朗诵时脑海中一定要有所指，只有有了具体的感谢对象，才能读出真切的感谢之情。全诗对仗工整，用词准确，读来朗朗上口，朗诵时，一定要读出层次变化，突出节奏感。每节文字的第一句话都一样，但要读得不一样，以避免听觉上的重复与单调。四句"当我走向你的时候"，应读出往外"走"的感觉。朗诵时，"收获""捧起""撷取""亲吻"这四个词语要表达出作者的深情，"春风""浪花""红叶""雪花"这四个词语要表达出形象感。而四段文字中都有的"我原想……，你却给了我……"应读出感受上的由简单的向往，到得到意想不到的惊喜和收获的较大的起伏变化。

示例 3-15

面朝大海，春暖花开
海 子

从明天起，做一个幸福的人	我将告诉每一个人
喂马、劈柴，周游世界	
从明天起，关心粮食和蔬菜	给每一条河每一座山取一个温暖的名字
我有一所房子，面朝大海，春暖花开	陌生人，我也为你祝福
	愿你有一个灿烂的前程
从明天起，和每一个亲人通信	愿你有情人终成眷属
告诉他们我的幸福	愿你在尘世获得幸福
那幸福的闪电告诉我的	我只愿面朝大海，春暖花开

分析与提示：这首诗是海子的抒情名篇，以朴素明朗而又清新隽永的语言，设想了尘世间新鲜可爱、充满生机活力的幸福生活，表达了诗人真诚善良的祈愿。朗诵时，应满溢着对幸福生活的憧憬。

第一节中,两个"从明天起"语气可稍显坚定,表明这是经过慎重考虑的结果。"做一个幸福的人"这句话可略带憧憬期盼的语气,特别是"幸福"二字可用虚声拖出,表现出对这种生活的深情向往。而读诗人向往的具体生活内容时,语言应平实自然,因为他向往的幸福生活就是充满诗意的田园牧歌式生活,不是基于物质的,主要是精神的富足。

第二节中,以一个"从明天起"呼应第一章的幸福生活,通过写信来阐释幸福,诗人要把自己的幸福传递给熟悉的人。所以在朗诵时,语势可稍上扬,用细腻的"暖声"表达出诗人简单而真诚的祈愿。

最后一节中,诗人与人分享幸福的激情甚至蔓延到要给"每一条河""每一座山"取一个"温暖的名字",即使是陌生人,他都会真诚地祝愿他们"在尘世获得幸福"。朗诵时,一定要有对象感,因为在诗人眼里,"每一条河""每一座山"都是富有生命力的。三句"愿你……"在停顿上应读出不一样的感觉,以突出节奏感,比如可这样停顿:"愿你/有一个灿烂的前程,愿/你有情人终成眷属,愿你在尘世/获得幸福。"而最后一句话,应读出一种恬然自得、脱离尘世纷扰、自由宽阔的感觉,句末用虚声拖出,给人意犹未尽之感。

示例 3-16

小草的心

许德明

在所有的生命中间
我是一个弱者
谁也无法计算出
我受过的磨难与委屈
但我从不因此而赢得怜悯
虽然在漫长的夜里
我的四肢挂满泪滴
但生命的繁衍却并不因为季节的变化而终止
生命的天平是公正的
从诞生到死亡,谁都属于这个规律

生不带来,死不带去
还有什么值得叹息

如果心的世界里只有自己
那么活着也等于死去
为此,我宽恕过去的一切
一切对于我的不公,一切对于我的踩躏
不是我的,我从不奢望
属于我的,我绝不放弃
与世无争,不是埋没自己
谁也不能夺走我生存的权利

虽然我活着并不鲜艳,但活着也有自己的
颜色
我不爱打扮自己,我却打扮了大地
每一颗心都有自己的太阳
每一颗太阳都有自己照耀的领域

只要我还活着
只要我纤瘦的双臂还能在晨风中扬起
我就有绿色的歌唱
在向阳的山坡,在清冽的泉边
开放我的生命

分析与提示:这是一首震撼人心的精美诗作,诗人通过小草来表达自己孤独高傲的内心世界。虽经磨难与蹂躏,却从不向命运屈服,那种弱小却坚强、朴实无华却甘愿自我奉献的精神让人们无法忘怀。备稿时可借鉴著名语言表演艺术家乔榛老师朗诵的版本练习。

朗诵这首诗时,一定要在深刻理解的基础上加以联想,把自己想象成那株"小草",并把自己或者他人的人生经历和稿件内容相结合。这首诗总体表达的思想是即使如小草一般微不足道,也要保持生命的尊严;既甘于默默奉献,又不能容忍被肆意践踏蹂躏。漫漫长夜中的哭泣、不公的待遇、无端的蹂躏,一切都可以过去。当清晨来临,"我"仍然要站在清冽的泉边,大声歌唱,绽放"我"美丽的生命。整体朗诵语气要保持适度的低沉。前半部分,以低沉为主,因为这是内心独白;后半部分,因为表达的是生命的坚强,所以语气要从低沉向沉稳转变,节奏向明快转变。值得注意的是,虽然这首诗表现的是"小草"不惧命运安排的坚强与高洁的心灵,但表达时,声音一定不要太"重"。有时,这种相对比较深沉的稿件在处理上需要向反方向走,"欲强先弱""欲重先轻"的表达方式与内心情感的真挚抒发更能够打动人心。

示例 3-17

预　言

何其芳

这一个心跳的日子终于来临!
你夜的叹息似的渐近的足音,
我听得清不是林叶和夜风私语,
麋鹿驰过苔径的细碎的蹄声!
告诉我,用你银铃的歌声告诉我,
你是不是预言中的年轻的神?

你一定来自温郁的南方,
告诉我那儿的月色,那儿的日光,
告诉我春风是怎样吹开百花,
燕子是怎样痴恋着绿杨。
我将合眼睡在你如梦的歌声里,
那温馨我似乎记得,又似乎遗忘。

请停下来,停下你疲劳的奔波,
进来,这儿有虎皮的褥你坐!
让我烧起每一个秋天拾来的落叶,
听我低低地唱起我自己的歌。
那歌声将火光一样沉郁又高扬,
火光一样将我的一生诉说。

不要前行!前面是无边的森林:
古老的树现着野兽身上的斑纹,
半生半死的藤蟒一样交缠着,
密叶里漏不下一颗星。
你将怯怯地不敢放下第二步,
当你听见了第一步空寥的回声。

一定要走吗,等我和你同行!
我的脚知道每一条平安的路径,
我可以不停地唱着忘倦的歌,
再给你,再给你手的温存。
当夜的浓黑遮断了我们,
你可以不转眼地望着我的眼睛。

我激动的歌声你竟不听,
你的脚竟不为我的颤抖暂停!
像静穆的微风飘过这黄昏里,
消失了,消失了你骄傲的足音……
呵,你终于如预言所说的无语而来,
无语而去了吗,年轻的神?

分析与提示:《预言》是诗人的成名作,当时他才19岁。1930年,何其芳考取了清华大学英语系,但不久因没有高中文凭而被学校劝退。失学期间,他还经历了一次"无希望的爱恋",何其芳被失学与失恋的双重痛苦煎熬着,直到1931年秋天他才被北京大学破格录取。而就在这年秋天,日本侵略者制造了震惊中外的九一八事变,何其芳不可能不受到时局的影响。因此,这首诗是时代的郁积和个人的郁积两种情绪酿成的果实。

这首诗构思十分精致,语言凝练,比喻贴切,一个序曲、一个尾声与中间的四个乐章组合成一首优美的梦幻交响曲。中间的四个乐章既有相对的独立性,又同首尾两节有着内在的联系,开头意外的惊喜与末尾无尽的惆怅自然呼应,余韵无穷。这首诗朗诵起来韵律感强,犹如小夜曲似的满带柔情的旋律。

一开始,我们就被诗人引入一种梦幻般寂静而美好的境界。诗人期待已久的时刻终于到来,幻想世界中年轻的神和现实世界中的年轻人接近了。朗诵时,语言应在柔和亲切的同时,表现出急切的期待和满怀欣喜的心情。

第二、三、四节写他对"年轻的神"隆重地接待、热烈地倾诉、恳切地挽留、谆谆地告诫、缠绵地依恋,并把她引为知己。语言应富有想象力、形象感与对象感,读出诗人深层的内在情感。

诗人在最后一节委婉幽怨地诉说了自己的怅惘和眷恋。这一切只是徒劳,她如行云、如轻风、如流水般终于弃他而去。朗诵时内在情感应由激动变为缓和,然后趋于无奈甚至绝望。最后一句"你终于如预言中所说的无语而来,无语而去了吗,年轻的神?"应读出在绝望的煎熬中,喃喃自语般的失落之情。

示例3-18

热爱生命

汪国真

我不去想是否能够成功　　　　　　　我不去想身后会不会袭来寒风冷雨
既然选择了远方　　　　　　　　　　既然目标是地平线
便只顾风雨兼程　　　　　　　　　　留给世界的只能是背影

我不去想能否赢得爱情　　　　　　　我不去想未来是平坦还是泥泞
既然钟情于玫瑰　　　　　　　　　　只要热爱生命
就勇敢地吐露真诚　　　　　　　　　一切,都在意料之中

分析与提示:这首诗是汪国真的成名作之一,特别是"既然选择了远方,便只顾风雨兼程"这句话更是成为千万人的座右铭。

这首诗通过四个肯定的回答说明为何要热爱生命的哲理。诗人热爱的不是最终的成功,不是爱情的获得和奋斗目标的实现。诗作里溢出的热爱,其实是一个过程、一种追求,"风雨兼程""吐露真诚"……这些都是热爱的种种表现。热爱生命,不是因为想要获得而去热爱,而是因为热爱而最终获得。这首诗非常适合作为应试作品,由于诗歌本身就和考生选择报考艺术类专业的经历相吻合,考生不能预知结果,能做的就是"风雨兼程"地努力学习,因此读起来容易获得共鸣。

这首诗为分总式结构,分别从成功、爱情、目标、未来四个意象着手,细腻地描绘了对生命义无反顾的不悔追寻。朗诵前三节时,因为句式基本一致,所以应该读出层次对比。朗诵第一节,语言应坚定有力,表现出为了成功奋斗,不畏惧艰难险阻,面对任何困难都不会回头的决心;朗诵第二节,语言应稍虚化深情,表现出在生活中要勇敢表达自己真实的想法;朗诵第三节,语言应从容不迫,表达出对于目标的坚毅执着,将用坚定的步伐追逐远方,不可阻挠。朗诵最后一段文字,应将"执着"灌注于字里行间,表现出诗人的观点:只要热爱生命,用自己的热忱、勇气去奋斗,所有的梦想都会有一个好的结局。

示例 3-19

再等一等

霜 白

冰总会融化，
再深的伤口总会愈合。

被埋藏的种芽拱出地面，
一粒草籽也可以创造一片草原。

一群蜷蚁也能消灭一头狮子，
那么，眼泪也能够穿透石头。

烧红的铁在淬火后变得更冷更坚硬，

而一棵老树无声地消化了扎在身上的铁钉。

漫长的寂寞，
有时比我们的耐心更长。

而每一封信都有一个地址，
每一首诗总有一个和它相遇的人。

一切正在来临。我提醒自己——
别担心，再等一等……

分析与提示：当我们历经艰辛努力奋斗之后，会发现没有任何捷径可以走，唯有自己一步一步踏踏实实地努力才能走向成功。

这首诗前四节主要讲述了不同的事物默默坚持的例子，朗诵时可回忆一些介绍植物种子发芽的过程、雄性帝企鹅孵蛋的过程等动植物生长的纪录片画面来增强形象感受。因为每一项事物的蜕变都需要经过时间的淬炼，所以每句话前半句咬字相对较重，以实声为主，后半句虚声稍重，用气托出，凸显出对整个过程的不可思议与深深折服。后面三节为诗人感情的抒发，相信寂寞和苦难都是让人成长的试金石，只要我们甘于寂寞，努力坚持，一切美好都将翩然而至。朗诵时可结合自己的艺考过程，回想自己在应对学习挑战时的态度与行动，用真实感受来表达对未来的美好期许。最后四个字"再等一等"可采用重复的方式来处理，第一遍语速稍快，重复时，"再"字稍作停顿后缓慢读出"等一等"，在保持结束感的同时使得作品主题升华、意境隽永。

第三节　推荐应试作品

赞 美

欧 震

当我挥动风的手指
弹响阳光的竖琴

当我骑着梦的白马
飞越时间的草原

当我放飞心的鸽子
翱翔在广袤的天空
当我以白云的高度俯瞰蓝天下的祖国
我发现,我发现有那么多的风景值得赞美

一朵花,一只恋花的蝴蝶
一棵树,一片树上的绿叶
一座城,一个城市的传奇
一片田野,一颗像稻穗一样闪烁的汗珠

是的,有太多的风景值得赞美
山林起伏的松涛,河流的波浪
襁褓中婴儿的啼哭,夕阳里老人的笑容
毕业季的学生,芬芳的桃李
军营里的战士,无畏的青春

还有慈善的捐助,爱心的接力
还有窗口的面孔,春天的温度
还有舌尖的美食,故乡的味道
还有耳边的旋律,激情的歌声
这一切的一切都是风景
这一切的一切都值得赞美

我对今天的祖国由衷地赞美
我常常觉得他就像一个父亲

而我就是他的孩子
他的肩膀扛着沉重的担子
却依然给我们坚强的依靠
他的胸怀流淌着对儿女无私的爱
谁也不能取代
他的伟岸和不凡的气质
让我引以为荣无比骄傲

我知道我的祖国也会有些微的瑕疵
我知道我们还有一些尚未根除的症结
但我想,如果把正在成长的祖国当成一个孩子
而你和我、我们就是她的父亲和母亲
我们就会有足够的耐心相信幸福的到来需要时间
我们就会满怀热爱对她的明天充满期待
我们就会为她的每一个小小进步而鼓掌加油
我们就会流出激动的泪水陪伴她一同走向美丽的未来

因为这是一个让人崇敬的伟大的时代
我必须对今天的祖国由衷地赞美!

喊故乡

田 禾

别人唱故乡,我不会唱
我只能写,写不出来,就喊
喊我的故乡
我的故乡在江南
我对着江南喊

用心喊,用笔喊,用我的破嗓子喊
只有喊出声,喊出泪,喊出血
故乡才能听见我颤抖的声音

看见太阳,我对着太阳喊

看见月亮,我对着月亮喊
我想,只要喊出山脉、喊出河流
就能喊出村庄
看见了草坡、牛羊、田野和菜地

我更要大声地喊。风吹我,也喊
站在更高处喊
让那些流水、庄稼、炊烟以及爱情
都变作我永远的回声

茅 屋

〔丹麦〕安徒生/周枫 译

在浪花冲打的海岸上,
有间孤寂的小茅屋,
一望无际,辽阔无边,
没有一棵树木。

只有那天空和大海,
只有那峭壁和悬崖,
但里面有着最大的幸福,
因为有爱人同住。

茅屋里没有金和银,
却有一对相爱的人,
时刻地相互凝视,
他们多么情深。

这茅屋又小又破烂,
伫立在岸上多孤单,
但里面有着最大的幸福,
因为有爱人作伴。

我

我怀念童年的我
那个穿着小褂裤衩的野丫头
坐在梧桐树杈儿
唱着信口编的儿歌
我想哭就哭
只要我觉得难过
我的泪是心灵的泪珠
尽管有时只为了一枚野果
我想笑就笑
笑声像极了叮咚流淌的小河
这笑声是我心灵的欢歌
连石头也会被它逗乐
我敢恨
从不掩饰闪躲

为了发泄心中的怒火
我敢扑上去把对手的鼻尖咬破
我敢爱
没有半点羞涩
我的脸是心灵的镜子
红的是血,热的是火

我憎恨现在的我
这个衣冠楚楚、温文尔雅、成熟的我
我学会了无泪的哭
我学会了含泪的笑
我曾唱过言不由衷的赞美
我曾表露过违心的憎恶
世俗编成的罗网像毒蛇紧紧把我缠裹
我窒息,我挣扎,我大喊——

这不是我！这不是我！！
让雷霆把我劈成碎片吧！

让烈火把我燃烧吧！
还我一个童心的、透明无瑕的我！

飞扬的青春(节选)

亲爱的朋友
请你和我一样
抛开旧日生活中所有的忧愁
忘记过去,也忘记失落

把精神抖擞抖擞
只要希望还存活在我们心中
我们就有理由拒绝
这种沉闷的生活

什么梦想我们都可以拥有
你看！新生活正微笑着
向你招手
让我们携手共进吧！

每天初升的太阳

为我们扫去心灵角落的阴霾
串串音符
为我们齐唱一曲奋进的歌

我写的那些不成文的诗
与白云一起在天空飘游
不管今后有没有办法去考究
心中那一片未开垦的净土
永远为梦想保留

永不忘记年少时的浅薄
把感伤隐藏在时光的背后
飞扬的青春
我们一样拥有

中国话(节选)
吴筱峰

有一种语言,它很神秘,
它蕴含着一个民族上下几千年悲喜交加的情感
有一种语言,它很古老,
古老到那刻在甲骨上的文字里都找不到它的起源
有一种语言,它很丰富,
阴阳上去中回荡着慷慨激昂,倾诉着温婉缠绵
这,便是中国话,
一个古老的东方神话。

中国话,是如诗如画的表达,

"树嚓嚓而摇枝,马嘚嘚而驰骋"

——哪一种语言有如此逼真的描摹?

"落霞与孤鹜齐飞,秋水共长天一色"

——哪一种语言能说出如此图画般的美丽?

"春江潮水连海平,海上明月共潮生……"

——哪一种语言能有如此动听的旋律?

"杨柳轻飏直上重霄九"

——哪一种语言能一语译透你丰富的含义?

中国话是中国人心灵深处的吐纳,

是屈原的长叹、项羽的啸吼,

是李白的浪漫、杜甫的激愤,

是"五四"前夜,李大钊在拊掌欢呼《庶民的胜利》,

是面对敌人的屠刀,鲁迅在指斥《无声的中国》,

是迎着特务的枪弹,闻一多拍案而起,弘扬正义,

是礼炮声中,毛泽东庄严宣告:民族站起。

鸿 雁

詹 泽

从远古开始,
就有一种叫作长调的民歌,
它,与生命共存,
用热血酿就,在心胸培育,
以原生态的姿势,
自然地流淌……
高远、空灵、悠扬
在黎明前,被露水打湿;
在夜晚,让篝火点燃。

我满含热泪,
倾听着这天籁之音,
心灵的绝唱。

我喜欢上了一首蒙古长调,
闭上眼睛,用心去听,
心里如此的安静与平和。

额尔古纳乐队的主唱,
一个普通的蒙古小伙子。
他纯净如丝般的声音,
动情地演绎了《鸿雁》这首歌,
歌词曲调,完美结合,
舒缓不失跌宕
静谧不失高潮,
幽婉不失大气。

在天苍苍野茫茫，
风吹草低见牛羊的大草原上，
在望不到天际的尽头，
歌声遥远绵长地回荡。

我最喜欢其中那一句：
酒喝干，再斟满，今夜不醉不还。

悠远的天空中，
南去的大雁排成一字，
飞过额尔古纳河边的芦苇荡，
远远而去。
马头琴，那哀婉的琴声，
静静飘来……

我的西藏(节选)

关　君

一

你是喜马拉雅之下，波涛汹涌的巨浪；
你是苍茫雪域之上，绵延不断的希望。
不惜雨打芭蕉的缠绵，尽显高山流水的酣畅；
不叹大漠孤烟的凄美，独恋风卷落日的悲壮。
一坯泥土凝聚一段记忆，一座雪峰书就一个意向；
一条哈达献上一声祝福，一地格桑盛开一片吉祥。
蓝天、白云、草地、牛羊……
千年如此的雪域高原，万年如此的冰雪天堂。
哦，这就是我的西藏。

二

万物在静穆中生长，信念在天地间茁壮。
神秘在传说中诞生，呐喊在沉默中绝响。
山为你而伟岸，水为你而奔放，地为你而广袤，天为你而透朗。
诱惑无法左右，淫威不能服降。
雅鲁藏布，从未停止独有的铿锵；
布达拉宫，总是在闪烁执着的目光。
以最圣洁的灵魂淡泊尘世，以最虔诚的祈祷跪拜上苍。
在岁月的风霜中展示雄浑，在无尽的天地间屹立阳刚。
纵不见底，横不到边。
哦，这就是我的西藏。

请 求

郑玛丽

妈妈,请放开你的
春天一样温暖的手
让我独个在坎坷的路中
磕磕碰碰向前走

别担心我会跌跤
即使摔破细嫩的皮肉
我也不会拉着你的衣角哭泣
在阳光或风雨里浑身发抖

妈妈,请你相信
我不是一只胆小的狗
在一次次摔跤之后
肩挑泰山也走得过九十九条沟

妈妈,亲爱的妈妈
请松开你慈惠的手
让我踩着坚实的土地
与一切困难一切胜利交朋友……

我和你加在一起

白连春

一只蝴蝶是小的,轻的,
微不足道的,
和花朵加在一起,
就大了,重了,
成了春天的最爱。

一棵草是小的,轻的,
微不足道的,
和马加在一起,
就大了,重了,
成了大地的最爱。

一粒尘埃是小的,轻的,
微不足道的,
和在田里插秧的父亲加在一起,
就大了,重了,
成了我的最爱。

一滴水是小的,轻的,
微不足道的,
和在河边洗衣的母亲加在一起,
就大了,重了,
同样成了我的最爱。

一个我是小的,轻的,
微不足道的,
和你加在一起,
就成了岁月的最爱,
只是加法太简单了……

萤火虫

李 瑛

六月,七月,八月:夜晚——
田野的夜晚,沼泽的夜晚,
萤火虫在飞,一闪一闪。

啊,它们在草丛里寻找什么?
也许,夜深了,找不到它的家门?
也许,风凉了,找不到它的衣衫?

夜风啊,不要吹熄它小小的灯盏,
尽管它的光太微弱,太暗淡,
它的生命却自豪而勇敢。

它心里藏着个大胆的秘密,
它在不屈地向黑暗挑战——
它决心必要探索夜的深浅。

飞起来,像一条绿线,
轻轻地飘忽,没有声音,

难道不像一条热烈的河川!
落下来,像一粒豆子,
却是真实的存在,光芒闪闪,
难道不也像高空的星斗一样灿烂!

世界上应该有光,应该有美,
正像应该有太阳,
应该有生命和生命的尊严。

有人说,天亮了,它变成了露珠,
有人说,天冷了,它变成了种子,
仍然不倦地、不倦地亮在人间……

所有的乐器都要求歌唱它,
所有的灯光都同意承认它,
对于我,它永远是无声的启迪和召唤!

南方的夜

冯 至

我们静静地坐在湖滨,
听燕子给我们讲讲南方的静夜。
南方的静夜已经被它们带来,
夜的芦苇蒸发着浓郁的热情——
我已经感到了南方的夜间的陶醉,
请你也嗅一嗅吧,这芦苇丛中的浓味。
你说大熊星总像是寒带的白熊,
望去使你的全身都觉得凄冷。
这时的燕子轻轻地掠过水面,
零乱了满湖的星影——
请你看一看吧,这湖中的星象,
南方的星夜便是这样的景象。
你说,你疑心那边的白果松,
总仿佛树上的积雪还没有消融。
这时燕子飞上了一棵棕榈,
唱出来一种热烈的歌声——
请你听一听吧,燕子的歌唱,
南方的林中便是这样的景象。

总觉得我们不像是热带的人,
我们的胸中总是秋冬般的平寂。
燕子说,南方有一种珍奇的花朵,
经过二十年的寂寞才开一次——
这时我胸中忽觉得有一朵花儿隐藏,
它要在这静夜里火一样地开放!

崎岖的路

我走过无数条崎岖的路,
那是人生中最好的历练。
我活在冰冷的冬天,
期盼着春天里苏醒的花朵绽放希望。
我铿锵有力地踏上生命的道路,
前方!就在前方!
也许还有更多崎岖的路等着我去踩踏,

我低声告诉自己,
克服心中的恐惧,
勇敢地向前迈步。
也许我会稍作休息,
也许会停靠在港口欣赏自然中的美景。
我不再着急赶路,
我发现崎岖的路也会有美丽的景象!

走向远方

汪国真

是男儿总要走向远方,
走向远方是为了让生命更辉煌。
走在崎岖不平的路上,
年轻的眼眸里装着梦更装着思想。
不论是孤独地走着还是结伴同行,
让每一个脚印都坚实而有力量。

我们学着承受痛苦。
学着把眼泪像珍珠一样收藏,
把眼泪都贮存在成功的那一天流,
那一天,哪怕流它个大海汪洋。

我们学着对待误解。
学着把生活的苦酒当成饮料一样慢慢品尝,
不论生命经过多少委屈和艰辛,
我们总是以一个朝气蓬勃的面孔,
醒来在每一个早上。

我们学着对待流言。
学着从容而冷静地面对世事沧桑,
"猝然临之而不惊,无故加之而不怒",
这便是我们的大勇,我们的修养。

我们学着只争朝夕。
人生苦短,道路漫长,
我们走向并珍爱每一处风光,
我们不停地走着,
不停地走着的我们也成了一处风光。

走向远方,
从少年到青年,
从青年到老年,
我们从星星走成了夕阳。

我是苹果

傅天琳

我是苹果,
我是一只小小的、红艳艳的苹果。

我的微笑,挂在孩子脸上,
我的甜蜜,流进老人心窝。
我给远航的海员充饥。
我给沙漠的行者解渴。
我使病中的人增强信心,
我使健康的人更愉快地生活。

我是苹果,
我是一只小小的、红艳艳的苹果。

我是太阳和大地的女儿,
我是叶子和花儿合唱的歌
我是可以摘来的月亮和星星,
我是可以拾到的珍珠和贝壳。
我是凝固的汗水和结晶的露珠,
我是跳跃的希望和热情的火。

我是苹果,
我是一只小小的、红艳艳的苹果。

假 如

孙桂贞

假如你的青春曾有一段虚度的时光,
请不要以空洞的叹息作为补偿,
面对人生痛苦的回忆,
重要的品质是意志坚强。

明天的时光长于逝去的时光,
行动的动力是我们不死的愿望,
不管何处是生命的尽头,
活一天就要有一天的希望。

只要胸中有不灭的理想,
生命就永远充满新鲜的血浆,
只要每天都为理想做点什么,
再苦的生活也甜如蜜糖。

成功者也要一生在追求中奔忙,
胜利者也要不断把新的目标酝酿,
追求吧!即使从没有获得过名誉,
我们也同样幸福地迎接死亡。

朋友圈

孙莉茜

有一个神奇的圈
大人们叫它
——朋友圈

爸爸在圈里
时不时分享工作的感悟
妈妈在圈里

时不时分享美食的诱惑
阿姨们还在圈里
晒自拍,卖东西……

这个神奇的圈
把大人们的朋友
都圈在了
——手机里

我,没有朋友圈
我更爱和小伙伴们

手拉手,肩并肩
围成一个大大的圈
我们在圈子里
甩大绳,跳皮筋
玩弹珠,捉迷藏
时不时,还会分享一颗
藏在衣兜里的
——甜甜圈

胡杨林
李瑛

在大西北被人遗忘的角落
胡杨林是一片真正的景观
一片最富感情色彩的景观
——那不是一片怒耸的山群吗
——那不是一片暴烈的海吗

它们扭曲的经络,残损的神经
它们痉挛的肌腱,皴裂的皮肤
这群被酷日炼净的灵魂
这群被风暴嚼剩下的躯体
这个庞大的
把痛苦憋在胸腔
把意志举在头顶的家族,它们
一滴滴一滴滴咸涩的泪珠
便是结出的一颗颗一颗颗果子
也许,这是世界上最真实的果子

寂静里
它们互相激励

互相张望着
在痛苦和抗争中成长
并用深情的手
抚摸彼此的伤口

如果你走到它们身边
会听到它们
连骨缝也迸出呐喊
那激昂、悲壮和凄楚
使每个看见它们的人
都会流泪
都会战栗
都会有撕肝裂胆的痛苦
怯懦和耻辱不属于它们
它们用自己的存在,解释
生活和生命
给世界
给雪山、沙海、戈壁……

胡杨林的每一棵树
都是一行屹立的滚烫的诗句
连这些诗句的影子
也是苦涩的,苦涩的
但却是庄严的,美丽的

今 夏

校园里的夏天 有走不完的操场
做不完的笔记 听不完的蝉鸣
谁都以为 青春还绰绰有余
却不曾想 会充满那么多的来不及

如果可以拨动时光机
我真想回到 那些美好的午后
提起暗恋的人 就会忍不住笑
某个少年 成了故事里
最闪闪发光的存在

后来 我付出了到现在为止
都不敢回头看的努力
所有的坚持
都是为了 变成更好的自己

直到迎来高考毕业后的暑假
度过了一段 最自由的时光
快乐恣意 却也百感交集
边如愿以偿地奔向未来
边舍不得那些过去
以及在过去里
还来不及
好好告别的人

我知道
往后生命中还会有无数个夏天
但也许
再也没有一个会如今夏

秋日的思念

汪国真

你的身影离我很远很远
声音却常响在耳畔
每一个白天和夜晚
我的心头
都生长着一片常绿的思念

如果我临近大海
会为你捧回一簇美丽的珊瑚
让它装点你洁净的小屋

如果我傍着高山
会为你采来一束盛开的杜鹃
让春天在你书案前展露笑靥

虽然这里不是北方
但现在却是秋天
那么,我就为你采撷红叶片片
我已暮年的老师啊
这火红火红的枫叶

不正是你的品格

一个字

李　琦

无论对谁 我已很难说出这个字
这个字是我心底的金子
是我眼睛里的瞳仁
是我心灵之花上
那滴一触即碎的露水
这个字说出来
就有一种惋惜
虽是一个字
却吐露了太多太多

这个字是温柔的手指
是我一生的笑容和泪水
我心中深藏着这个字
它的光芒倏尔一闪时
我的心是那么湿润温暖

这个字树大根深

你的情操　你的容颜

结满了最美最甘甜的果子
为了这个字
我甘愿在人间受苦
可以慨然走过
语言的沼泽 目光的荆棘
这个字多么好听

爱——
只需轻轻把口张开
你却必须鼓足
几乎一生的勇气
我这一生其实多么简单
从这个字出发 又向这个字走去
世界　你静下来
听我轻轻吐出这个字

珍　惜

曾　卓

一个失去光明的小姑娘说：
如果问我什么是最大的幸福，
那就是,给我即使一天的光明。
让我看看亲人、朋友，
看看太阳、星星、月亮，
看看旷野、草原、海洋，
看看最美的画、最美的舞蹈，
看看什么是蓝、是绿、是红、是黄，

我想看的东西是那么多，
一天的时间是太少了，
但是,我也将非常感激,
要是能给我一天的光明！

一个不能说话的人多么希望
用自己的声音和朋友谈心，
用自己的声音歌唱。

一个坐在轮椅上的人多么希望
站起来,走过去
和同伴一道散步、爬山。
而一位老人说,
他愿意牺牲一切,
只要能回到青年时光。

是的,朋友,
一切都是值得珍惜的
如果你失去了它。
要时时提醒自己,
应该珍惜的东西。

(注:为考试朗诵需要,本诗略作改动)

假如生活重新开头(节选)

邵燕祥

假如生活重新开头
我的旅伴,我的朋友——
还是迎着朝阳出发,
把长长的身影留在背后。
愉快地回头一挥手!

假如生活重新开头
我的旅伴,我的朋友——
依然是一条风雨的长途,
依然不知疲倦地奔走。
让我们紧紧地拉住手!

假如生活重新开头
我的旅伴,我的朋友——
我们仍旧要一齐举杯,
不管是甜酒还是苦酒。
忠实和信任最醇厚!

时间呀,时间不会倒流,
生活却能够重新开头。
莫说失去的很多很多,
我的旅伴,我的朋友——
明天比昨天更长久!

微笑(节选)

杨钧炜

微笑是心灵无声的问好,
微笑是淡雅友爱的花苞。
微笑是像蓝天一样宁静的小诗,
微笑是试探性的信任和礼貌。

在繁忙的柜台,在拥挤的车厢,
在摩肩接踵的人行道,

越是火星儿容易燃爆的地方,
越是需要微笑、微笑。

探索者对生活微笑,
生活会以光明和信心回报
失足者对劳动微笑
人民会以赤诚和温暖相交

朋友们,微笑吧,微笑是沉静的美,
朋友们,微笑吧,微笑是文明的桥。

让全世界都投来惊喜的羡慕,
在中国充满了微笑。

我想给你写首诗
蓝 邃

我想给你写首诗
没有秦时明月汉时关的幽远
也没有茶马古道的清韵绵长
只是在指尖蘸一滴朝露
晕染透过树梢的晨光

我想给你写首诗
没有唐诗宋词的韵仄
也没有近体诗的跃动
只是在书页翻过的地方
夹上一枚芳郁的紫丁香

我想给你写首诗
没有江河湖海的滔滔
也没有青山古亭的静雅

只是在夕阳的怀抱
骑着单车找寻悠闲的时光

我想给你写首诗
没有人约黄昏后的缠绵
也没有灯火阑珊处的回眸
只是在寂静的午后
啜一口香茗聆听天籁微漾

我想给你写首诗
用我走过四季的眼睛
用我细腻如尘的心灵

我想给你
写首诗

你唱起一支童年的歌
顾 城

在太阳醒来的时刻
你唱起一支童年的歌
那快活的节拍
就像融化的雪水
从屋檐上滴落
从树枝上滴落

那是一个美丽的故事
那是一个遥远的传说

在月亮困倦的时刻
你唱起一支童年的歌
那美好的旋律
就像天真的泉水
从群山间走过
从石缝间走过

那是一个奇特的故事
那是一个迷人的传说

透明的泪水
从你的嘴角滑落
童年的歌曲
从我的心中流过
呵,呵
让我们手拉着手
去寻找每一个时刻

去寻找月亮的声音
去寻找太阳的颜色
去采那故事里的小红花
去摘那传说中的金苹果
呵,呵
去采那最美的小红花
去摘那幸福的金苹果

你是我心底的一首歌
国　风

你是我心底的一首歌,
伴我走过了多少岁月,
歌声在心头萦绕,
梦般地柔婉、迷惘又凄切,
我悄悄地唱着这首歌,
像讲述一个美丽的传说。
也许它不是一首歌,
是心底流淌的一条河。

你是我心底的一首歌,
伴我度过了多少寂寞。
我用心把你歌唱,
歌声里有忧伤也有欢乐。
我轻轻地唱着这首歌,
忘记了孤独也忘记了羞涩。
真的。它不是一首歌——
是心在对你深情地诉说。

春天吹着口哨
刘湛秋

沿着开花的土地,春天吹着口哨;
从柳树上摘一片嫩叶,从杏树上掐一朵小花,
在河里浸一浸,在风中摇一摇;于是,欢快的旋律就流荡起来了。
哨音在青色的树枝上旋转,它鼓动着小叶子快快成长。
风筝在天上飘,哨音顺着孩子的手,顺着风筝线,升到云层中去了。
新翻的泥土闪开了路,滴着黑色的油,哨音顺着犁铧的镜面滑过去了。
呵,那里面可有蜜蜂的嗡嗡？可有百灵鸟的啼啭？可有牛的哞叫？

沿着开花的土地,春天吹着口哨;
从柳树上摘一片嫩叶,从杏树上掐一朵小花,

在河里浸一浸,在风中摇一摇;于是,欢快的旋律就流荡起来了。

它悄悄地掀开姑娘的头巾,从她们红润润的唇边溜过去。

它追赶上了马车,围着红缨的鞭子盘旋。

它吻着拖拉机的轮胎,它爬上了司机小伙子的肩膀。

呵,春天吹着口哨,漫山遍野地跑;

在每个人的耳朵里,灌满了一个甜蜜的声音——早!

致凯恩
〔俄〕普希金

我记得那美妙的瞬间
你就在我眼前降临
如同昙花一现的梦幻
如同纯真之美的化身

我为绝望的悲痛而折磨
我因纷乱的忙碌而不安
一个温柔的声音总响在耳旁
妩媚的身影在我梦中盘旋

岁月流逝,一阵阵迷离的冲动
像风暴把往日的幻想吹醒
我忘却了你那温柔的声音
也忘却了你天仙般的容颜

在荒凉的乡间,在囚禁的黑暗中
我的时光在静静地伸延
没有崇敬的神明,没有灵感
没有泪水,没有生命,没有爱情

我的心终于又觉醒
你又在我眼前降临
如同昙花一现的梦幻
如同纯真之美的化身

心儿在狂喜中跳动
一切又为它萌生
有崇敬的神明,有灵感
有生命,有泪水,也有爱情

星星变奏曲
江 河

如果大地的每个角落都充满了光明
谁还需要星星,谁还会
在夜里凝望
寻找遥远的安慰

谁不愿意

每天
都是一首诗
每个字都是一颗星
像蜜蜂在心头颤动

谁不愿意,有一个柔软的晚上

柔软得像一片湖
萤火虫和星星在睡莲丛中游动

谁不喜欢春天,鸟落满枝头
像星星落满天空
闪闪烁烁的声音从远方飘来
一团团白丁香朦朦胧胧

如果大地的每个角落都充满了光明
谁还需要星星,谁还会
在寒冷中寂寞地燃烧
寻找星星点点的希望

谁愿意

一年又一年
总写苦难的诗
每一首都是一群颤抖的星星
像冰雪覆盖在心头

谁愿意,看着夜晚冻僵
僵硬得像一片土地
风吹落一颗又一颗瘦小的星

谁不喜欢飘动的旗子,喜欢火
涌出金黄的星星
在天上的星星疲倦了的时候——升起
去照亮太阳照不到的地方

我是一个任性的孩子(节选)

顾　城

也许
我是被妈妈宠坏的孩子
我任性

我希望
每一个时刻
都像彩色蜡笔那样美丽
我希望
能在心爱的白纸上画画
画出笨拙的自由
画下一只永远不会
流泪的眼睛
一片天空
一片属于天空的羽毛和树叶
一个淡绿的夜晚和苹果

我是一个任性的孩子

我想涂去一切不幸
我想在大地上
画满窗子
让所有习惯黑暗的眼睛
都习惯光明

我在希望
在想
但不知为什么
我没有领到蜡笔
没有得到一个彩色的时刻

我只有我
我的手指和创痛
只有撕碎那一张张心爱的白纸
让它们去寻找蝴蝶

让它们从今天消失

我是一个孩子

一个被幻想妈妈宠坏的孩子

我任性

妹妹，我想对你说

杨宇涵

妹妹，我想对你说，
你是我生活的侵略者。
在我本命年的十月，
你莫名其妙地入侵了我的世界，
没有我的许可，
闯入得不容分说。

妹妹，我想对你说，
你是我财富的瓜分者。
在你诞生以后，
你有恃无恐地霸占着我的东西，
小到玩具大到房间，
享用得心安理得。

妹妹，我想对你说，
你是我母爱的共享者。
你让妈妈的爱不再是我的专属，
从温暖的怀抱到轻柔的抚摸，
曾经我的私有，
你也赫然在列。

妹妹，我想对你说，
你是我快乐的赐予者。
看着你日渐丰富的表情，
我心中的阴霾便悄然退却，
你的小呆萌，
强烈地感染了我。

妹妹，我想对你说，
你是我永远的陪伴者。
父母终有一天会老去，
而我们互相还会有个最亲的伴儿，
我有我妹，
你有姐。

一句话

闻一多

有一句话说出就是祸，
有一句话能点得着火。
别看五千年没有说破，
你猜得透火山的缄默？
说不定是突然着了魔，
突然青天里一个霹雳

爆一声：
"咱们的中国！"

这话教我今天怎么说？
你不信铁树开花也可，
那么有一句话你听着：
等火山忍不住了缄默，

不要发抖、伸舌头、顿脚，
等到青天里一个霹雳

爆一声：
"咱们的中国！"

华 山

李 东

从大自然的鬼斧神工下走来
从豪迈的历史变迁中走来
华山，从锦绣河山里脱颖而出
巨石成山，抑或山即巨石
被谁的利剑劈出万道悬崖
壁立万仞，闲云浮动
孤松风格迥异，从崖间伸出
用坚毅的臂膀迎接新的挑战

华山，除了苍翠欲滴的绿
就是耀眼的白，直立的震撼

自古华山一条道。拾级而上
要完成一个漫长信念，屏住呼吸
让迈出的脚步小心翼翼
华山孤傲但不寂寞，除了被仰望包围
还有挑山工，串起一路山歌
让英雄气概在山间回荡

雾海茫茫，群山悠远
晨曦镀亮天边，色彩绚丽
太阳露出红彤彤的脸
华山之巅，天地忽入心间

灯

寇宗鄂

在李大钊故居
我一眼便看见炕桌上
一盏小小的油灯

如豆的灯光
曾经点亮一位伟人的思想
利剑般刺破长夜
洞穿那个腐朽的世界
透过这柔柔的光亮

我看到一副眼镜
和镜片后面燃烧的眼神

为夜而照亮
也为黎明而献身
因此我难以忘记
乐亭的这盏油灯
正如那位大胡子伟人
始终是我崇拜的偶像

祈 求

蔡其矫

我祈求炎夏有风，冬日少雨；

我祈求花开有红有紫；

我祈求爱情不受讥笑，
跌倒有人扶持；
我祈求同情心——
当人悲伤，
至少给予安慰，
而不是冷眼竖眉；
我祈求知识有如泉源，
每一天都涌流不息，

而不是这也禁止，那也禁止；
我祈求歌声发自各人胸中，
没有谁要制造模式，
为所有的音调规定高低；
我祈求，
总有一天，再没有人，
像我作这样的祈求！

手

〔葡萄牙〕曼努埃尔·阿莱格雷/郎思达 姚风 译

手创造和平，也挑起战争；
手造就一切，也毁灭一切。
手写下诗歌——它属于土地；
手能打仗——它本是和平。

手撕开大海，也耕种农田
盖起房子的不是石头，
而是双手。
手在果实里，也在词语里；

手是歌唱，也是武器。

手像长矛一样刺进时间，
改变了你所看到的事物，
迎风而飞舞的簇叶：绿色的竖琴。

每朵花、每座城，皆出自双手。
它们是无人能敌的宝剑：
自由从你的双手开始。

馈　赠

舒　婷

我的梦想是池塘的梦想
生存不仅映照天空
让周围的垂柳和紫云英
把我汲取干净吧
缘着树根我走向叶脉
凋谢于我并非伤悲
我表达了自己
我获得了生命

我的快乐是阳光的快乐
短暂，却留下不朽的创作
在孩子双眸里
燃起金色的小火
在种子胚芽中
唱着翠绿的歌
我简单而又丰富
所以我深刻

我的悲哀是候鸟的悲哀
只有春天理解这份热爱
忍受一切艰难失败
永远飞向温暖、光明的未来
啊,流血的翅膀
写一行饱满的诗

深入所有心灵
进入所有年代

我的全部感情
都是土地的馈赠

囚　歌

叶　挺

为人进出的门紧锁着,
为狗爬出的洞敞开着,
一个声音高叫着:
爬出来吧,给你自由!

我渴望自由,
但我深深地知道——

人的身躯怎能从狗洞子里爬出!

我希望有一天,
地下的烈火,
将我连这活棺材一齐烧掉,
我应该在烈火和热血中得到永生!

当你从我的窗下走过

舒　婷

当你从我的窗下走过
祝福我吧
因为灯还亮着

灯亮着
在晦重的夜色里
它像一点漂流的渔火
你可以设想我的小屋
像被狂风推送的一叶小舟
但我并没有沉沦
因为灯还亮着

灯亮着

当窗帘上映出了影子
说明我已是龙钟的老头
没有奔放的手势
背比从前还要驼
但衰老的不是我的心
因为灯还亮着

灯亮着
它用这样火热的恋情
回答四面八方的问候
灯亮着
它以这样轩昂的傲气
睥睨明里暗里的压迫

呵,灯何时有了鲜明的性格
自从你开始理解我的时候

因为灯还亮着

祝福我吧
当你从我的窗下走过……

沐浴新时代的灿烂阳光(节选)
刘国安

我是沉睡在
喜马拉雅山雪被下的
一颗胚芽
新时代的灿烂阳光
伸出温柔的手指
揉开我惺忪的眼眸
催我早早起床
去领略祖国山河的
秀美丰饶

我是飞翔在
杭州湾跨海大桥上空的
一只海鸥
背负青天我轻如薄翼
太平洋的八面来风
折射一个万花筒
让我随时能俯瞰到
神州大地的
处处春潮

我是奔跑在
大兴安岭森林深处的
一头小鹿

轻风是大地均匀的呼吸
欢快是晨露在草尖上舞蹈
我驰骋的每一个角落
都是华夏九州的
温暖怀抱

我是依偎在
天涯海角南天一柱旁的
一朵浪花
时光淘洗着我的思念
记忆发酵着我的牵挂
每一次潮汐都能让我
感受到祖国母亲的
澎湃心跳

我是匍匐在
武广高铁动车底部的
一片飞轮
风驰电掣中有我的倩影
一路高歌中有我的自豪
神奇的中国速度
正吹奏着夸父追日的
崭新号角

我骄傲,我是一棵树(节选)

李 瑛

我骄傲,我是一棵树,
我是长在黄河岸边的一棵树,
我是长在长城脚下的一棵树;
我能讲许多许多的故事,
我能唱许多许多支歌。

山教育我昂首屹立,
我便矢志坚强不移;
海教育我坦荡磅礴,
我便永远正直生活;
条条光线,颗颗露珠,
赋予我美的心灵;
熊熊炎阳,茫茫风雪,

铸就了我斗争的品格;
我拥抱着
自由的大气和自由的风,
在我身上,意志、力量和理想,
紧紧地紧紧地融合。

我是广阔田野的一部分,
大自然的一部分,
我和美是一个整体,不可分割;
我属于人民,属于历史,
我渴盼整个世界
都作为我们共同的家园!

中国气度

王 野

我想以天宫一号的维度,
回望一个东方古国的风度;
我想以神舟飞天的角度,
瞩目我中华大地的气度。

中国气度,
你是长征火箭那一飞冲天的高度,
你是复兴号动车领跑世界的速度,
你是蛟龙探海的深度,
你是航母远洋的风度。

中国气度,
你是可燃冰释放的热度,
你是筑梦雄安的刻度,

你是中国创造的精度,
你是"一带一路"的长度。

中国气度,
你是包容天下的广度,
你是拥抱世界的宽度,
你是不忘初心的厚度,
你是逐梦前行的力度。

中国气度——
不舍昼夜,正在赶路。
中国气度——
复兴路上,风雨无阻。

我有祖国,我有母语

任卫新

我的母语是热血一般的黄河的波涛

我的母语是群星一般的祖先的名字

我的母语是春蚕口中吐出的丝绸古道

我的母语是春鸟舌尖跳动的民歌中国

我的母语是丁香凝结的雨巷

我的母语是傲雪绽放的红梅

我的母语是浓得化不开的乡愁啊

我的母语是划开天幕的雷电、奏响黎明的号角

我的母语是一种连接

我的母语是一种文明

我的母语是一种财富

我的母语是一种骄傲

我有祖国,我有母语

我的母语是小学课本里的看图说话

我的母语是儿时镀满月光的摇篮

我的母语是祖国版图最南端曾母暗沙的名字

我的母语是珠穆朗玛地球最高离太阳最近的地方

我的母语是遨游太空发出的问候

我的母语是奥运升旗奏响的国歌

我的母语是每天新闻联播的准确时间

我的母语是每次放飞白鸽的我的共和国的生日

我的母语是一种血缘

我的母语是一种凝聚

我的母语是一种标志

我的母语是一种精神

我爱母语,我爱母语!我爱祖国!

秋天里的中国

欧 震

我是在京沪线高铁的列车上来阅读秋天的中国的

窗外是如花的村庄、田野

写着金色的诗句,押着阳光的韵脚

城市的大厦高举着蔚蓝的天空、白云

像鸟儿一样飞翔

绿树的方阵、奔流的黄河、巍峨的泰山

江北、江南,一座座桥梁如绚烂的彩虹

跨越大大小小的河流

一切的景色在风驰电掣中目不暇接

所有的所有就像美丽的花瓣在展开、展开

在我们的家园,在这个秋天,在今天的中国

我是在国庆之夜的天安门广场来感受秋天的中国的

朗朗的月光仿佛瀑布在我的眼前飞泻

我和你徜徉在广场上欢呼在人群中

我看见你眼角的泪花如此的晶莹

我感到你的手在颤抖你的热血在奔涌

我们看见了一个辉煌的空中花园

当五彩缤纷的礼花绽放

我们看见姹紫嫣红的春天已经挂在了秋天的枝头

我是在老人的笑声和年轻人的歌声中来聆听秋天的中国的

我听到了流淌在他们心里的旋律

那是回荡在岁月的创业者的誓言

那是嘹亮到天边的后来者的足音

我是在婴儿的啼哭中来聆听秋天的中国的

我听到了生命的呐喊

我听到了远方的呼唤

我听到了浴火重生的凤凰的鸣叫
就像一轮崭新的太阳从东方的地平线喷薄

秋天里的中国有汗水的味道,有果实的飘香
秋天里的中国有凌云的壮志,有创造的气魄
秋天里的中国绿水青山,繁荣富足
秋天里的中国坚定自信,成熟从容
秋天里的中国充实着幸福就像那一粒饱满的稻谷
秋天里的中国辉煌着梦想明亮了千家万家的灯火

第四章　散文朗诵

第一节　散文朗诵概述

散文,是一种以记叙或抒情为主,取材广泛、笔法灵活、篇幅短小、情文并茂的文学体裁。它包容万千,摇曳多姿,表现形式丰富多样,如同五彩斑斓的风景画,让人陶醉,让人喜爱,是"作者心灵弹奏的歌声"。

散文是最自由的文体,不讲究音韵,不讲究排比,没有任何的束缚及限制,也是中国最早出现的行文体例之一。通常一篇散文具有一个或多个中心思想,以抒情、记叙、论理等方式展开。散文取材广泛,给人以思想启迪、美的享受,使人视野开阔、心旷神怡。

"散文,看似平淡,却蕴含着深挚的情感与人生体味。散文朗诵,实则有一定难度,它要在不显山露水之中,让人听出其内涵意味。"[1]散文具有形散神聚、以小见大、短小优美、生动有趣、形式多样等特征。朗诵时,应注意以下几个问题。

一、把握逻辑,娓娓讲述

散文,分为记叙性散文、抒情性散文和议论性散文三类,分别用来记叙事件、描写人物、咏物、抒情、说明事理、发表观点态度。朗诵时,要从整体入手,从宏观上驾驭文章,理清文章脉络,着眼于文章内部的相互关系,体察作者寄寓其中的意,倾注其中的

---

[1] 罗莉.文艺作品演播教程[M].北京:北京大学出版社,2007:14.

情,并将此注入自己的表达当中,使受众受到感染与启发,产生一定的共鸣。

散文的形式比较松散、自由,它运笔如风,不拘成法,似乎散漫无章。但是,它的"神"是凝聚的,是首尾一贯的。备稿时,要梳理文章的逻辑链条,抓住作者的行文线索,用这根线把零散的"珍珠"(材料)穿起来,从而全面把握文章内容。

散文的表达方式以叙述为主。朗诵时,要有讲述感,把文中所写之景、所谈之事、所抒之情在娓娓道来的语调中传递给受众,语言舒展,声音轻柔,气息绵长,用声松弛。

我们以杏林子的作品《朋友和其他》来做分析:

朋友和其他

杏林子

朋友即将远行。

暮春时节,又邀了几位朋友在家小聚。虽然都是极熟的朋友,却是终年难得一见,偶尔电话里相遇,也无非是几句寻常话。一锅小米稀饭,一碟大头菜,一盘自家酿制的泡菜,一只巷口买回的烤鸭,简简单单,不像请客,倒像家人团聚。

其实,友情也好,爱情也好,久而久之都会转化成亲情。

说也奇怪,和新朋友会谈文学、谈哲学、谈人生道理,等等,和老朋友却只话家常,柴米油盐,细细碎碎,种种琐事。很多时候,心灵的契合已经不需要太多的言语来表达。

朋友新烫了个头,不敢回家见母亲,恐怕惊骇了老人家,却欢天喜地来见我们,老朋友颇能以一种趣味性的眼光欣赏这个改变。

年少的时候,我们差不多都在为别人而活,为苦口婆心的父母活,为循循善诱的师长活,为许多观念、许多传统的约束力而活。年岁逐增,渐渐挣脱外在的限制与束缚,开始懂得为自己活,照自己的方式做一些自己喜欢的事,不在乎别人的批评意见,不在乎别人的诋毁流言,只在乎那一分随心所欲的舒坦自然。偶尔,也能够纵容自己放浪一下,并且有种恶作剧的窃喜。

就让生命顺其自然,水到渠成吧。犹如窗前的乌桕,自生自落之间,自有一分圆融丰满的喜悦。春雨轻轻落着,没有诗,没有酒,有的只是一分相知相属的自在自得。

夜色在笑语中渐渐沉落,朋友起身告辞,没有挽留,没有送别,甚至也没有问归期。

已经过了大喜大悲的岁月,已经过了伤感流泪的年华,知道了聚散原来是这样的自然和顺理成章,懂得这点,便懂得珍惜每一次相聚的温馨,离别便也欢喜。

这篇文章文笔温柔感性,自然淳朴,沁人心脾。作者通过生活中细微的平常事来说明朋友相处的一份自然和谐,告诉我们真正的朋友并非武侠小说中的"两肋插刀"或伯牙子期的"高山流水"。真正的朋友可以和你在漫漫人生路上彼此相扶、相承、相伴。真正的情谊,是在平淡的生活中凸显出来的。

从逻辑上看,作者通过在家与朋友的小聚有感而发,进而联想到新老朋友的区别,最后讲出"让生命顺其自然"的人生感悟。作者善于从细微的事物中发掘深刻的人生哲理。

朗诵时,语言应自然流畅,把文中所谈之事娓娓道来,语势平稳、节奏舒缓,联想到生命和生活的体验,结合自身经历向大家阐述作者的人生感悟。

二、细心感受,表达细腻

散文语言简洁质朴、自然流畅,寥寥数语就可以描绘出生动的形象,勾勒出动人的场景,显示出深远的意境。散文力求写景如在眼前,写情沁人心脾。散文的表达,应真切、细腻、自然。作者往往通过生活中一些极小的事情,再联想到一些相应的人物、事物,引发相应的感情。如杨朔的散文《荔枝蜜》,从小时候上树掐海棠花被蜜蜂蛰了一口,进而写到蜂蜜,再写到参观蜜蜂场,从歌颂蜜蜂转到歌颂勤劳勇敢的劳动人民。

散文是心灵的体现,是作者的真情流露。散文无论写人记事,还是写景状物,都应该表达真情实感,说真话、抒真情。因此,散文的朗诵也应该是朗诵者内心真情实感的自然流露。朗诵散文时应力求细心感受作者倾注在作品中的情感,将作品中的人格意象细腻地表达出来。

我们以朱自清的作品《匆匆》来做分析:

匆　匆
朱自清

燕子去了,有再来的时候;杨柳枯了,有再青的时候;桃花谢了,有再开的时候。但是,聪明的,你告诉我,我们的日子为什么一去不复返呢?——是有人偷了他们罢:那是谁?又藏在何处呢?是他们自己逃走了罢:现在又到了哪里呢?

我不知道他们给了我多少日子;但我的手确乎是渐渐空虚了。在默默里算着,八千多日子已经从我手中溜去,像针尖上一滴水滴在大海里,我的日子滴在时间的流里,没有声音,也没有影子。我不禁头涔涔而泪潸潸了。

去的尽管去了,来的尽管来着;去来的中间,又怎样地匆匆呢?早上我起来的时候,小屋里射进两三方斜斜的太阳。太阳他有脚啊,轻轻悄悄地挪移了;我也茫茫然跟着旋转。于是——洗手的时候,日子从水盆里过去;吃饭的时候,日子从饭碗里过去;默默时,便从凝然的双眼前过去。我觉察他去的匆匆了,伸出手遮挽时,他又从遮挽着的手边过去。天黑时,我躺在床上,他便伶伶俐俐地从我身上跨过,从我脚边飞去了。等我睁开眼和太阳再见,这算又溜走了一日。我掩着面叹息,但是新来的日子的影儿又开始在叹息里闪过了。

在逃去如飞的日子里,在千门万户的世界里的我能做些什么呢?只有徘徊罢了,只有匆匆罢了;在八千多日的匆匆里,除徘徊外,又剩些什么呢?过去的日子如轻烟,被微风吹散了,如薄雾,被初阳蒸融了;我留着些什么痕迹呢?我何曾留着像游丝样的痕迹呢?我赤裸裸来到这世界,转眼间也将赤裸裸地回去罢?但不能平的,为什么偏要白白走这一遭啊?

你聪明的,告诉我,我们的日子为什么一去不复返呢?

《匆匆》是朱自清的感性之作,细腻地刻画了时间的流逝,表达了作者对虚度时光的无奈和惋惜之情。

文章一开始,"燕子去了,有再来的时候;杨柳枯了,有再青的时候;桃花谢了,有再开的时候"。作者寥寥几笔就勾勒出一幅淡淡的画面,透露出作者怅然若失的情绪。朗诵时,一定要细心捕捉作者细腻的感受。

文章的细腻之处还体现在:"早上我起来的时候,小屋里射进两三方斜斜的太阳。太阳他有脚啊,轻轻悄悄地挪移了。"接着,作者用一系列排比句展示了时间的飞逝。吃饭、洗手、默思,是人们日常生活中的细节,作者却敏锐地抓住了时间流逝的无力感。当他企图挽留时,时间又伶俐地"跨过",轻盈地"飞去",悄声地"溜走",急速地"闪过"了,时间的步伐走得越来越快。对时间进行拟人化的描写,让读者仿佛听到了时间轻巧、活泼的脚步声,也听到了心灵的颤动。

三、读出韵律美与形象感

散文,清新优美、幽雅明丽、生动活泼,富于形象感。行文如涓涓流水,叮咚有声,如娓娓而谈,情真意切。一些叙事性散文常以对偶、排比等整齐句式出现,文辞优美,音乐和谐,文字本身的光泽就充分体现出语言的魅力。朗诵时,描写要具体逼真,形象生动;议论要有感而发,中肯精当;抒情要真挚饱满,含蓄动人。

散文讲究文采,但并非只使用华美的语言,有的散文家使用最平常的语言,也写出了极美的文章来。散文虽然不像诗歌那样有规整的节奏和严格的韵律,但同样有节奏感和韵律美,散文的局部和某些句子也有对称结构。例如:"风,轻悄悄的;草,软绵绵的。"朗诵时,我们可以用相同的语调来读,将文章的节奏感和韵律美表现出来。

散文以抒情为宗旨,但其感情大多不是直接抒发,而是借助一定的形象表达出来的。朗诵时,我们要先感知形象,把握形象的特征,进而体会作品的思想感情。

我们以泰戈尔的作品《金色花》来做分析:

金色花
泰戈尔

假如我变成了一朵金色花,只是为了好玩,长在树的高枝上,笑嘻嘻地在风中摇摆,又在新生的树叶上跳舞,妈妈,你会认识我吗?

你要是叫道:"孩子,你在哪里呀?"我暗暗地在那里偷笑,却一声不响。

我要悄悄地开放花瓣儿,看着你工作。

当你沐浴后,湿发披在两肩,穿过金色花的林荫,走到你做祷告的小庭院时,你会嗅到这花的香气,却不知道这香气是从我身上来的。

当你吃过中饭,坐在窗前读《罗摩衍那》,那棵树的阴影落在你的头发与膝上时,我便要将我的小小的影子投在你的书页上,投在你所读的地方。

但是你会猜得出这就是你的小孩子的小小影子么?

当你黄昏时拿了灯到牛棚里去,我便要突然地再落到地上来,又成了你的孩子,求你讲个故事给我听。

"你到哪里去了,你这坏孩子?"

"我不告诉你,妈妈。"这就是我那时要和你说的话了。

伟大的作家大多都具备这种才能:善于在人们司空见惯的事物中挖掘出与众不同的奇妙之处。泰戈尔通过孩童般的笔触,借用"金色花",把童稚之心表现得如幻如真。文章洋溢着真挚的母爱和纯洁的童趣,是美与爱的结晶。

从韵律美的角度来讲,如在文章第一段中,简简单单几句活泼细腻的话语,讲述了一个顽童要变作树枝上的一朵金色花,笑嘻嘻地跳着、摇摆着、俯视着妈妈的一举一动,又让妈妈找不到他。这段文字极富跳跃性,通过一层层的递进关系与轻快的节奏将一个可爱调皮的小孩轻松展现在读者面前。朗诵时,应用相对轻快的语气,将这样一幅充满温馨、和谐、欢乐的美丽图画:活泼可爱的孩子、风中摇摆的金色花、沁人心脾的花香、美丽的投影……通过起伏抑扬的声音表现出来。

从形象感的角度来讲,作者用一朵"金色花"将母与子联系起来,用一个小游戏刻画出两个人的形象。如在文章第5~9段中,孩子要将自己金色花的影子投到妈妈读的书页上,伴着妈妈的视点游移,却又不让妈妈猜出这是自己的影子。黄昏的时候,玩闹够了的孩子才从树上下来,落到妈妈的面前,缠着妈妈讲故事。而当妈妈责怪他跑到哪里去了时,孩子却神秘而又自豪地回答:"我不告诉你,妈妈。"这几段文字将一个孩童的天真可爱淋漓尽致地表现出来,极富形象感。这一系列意象组合和高度凝练的典型事例,使得散文中生动有趣的画面和自然唯美的意境得到完美的统一。朗诵时,脑海中应再现这种画面感,将小孩怎样可爱、怎样淘气、怎样在妈妈面前撒娇调皮的形象描绘出来。

第二节 示例分析与朗诵提示

示例 4-1

我喜欢出发

汪国真

我喜欢出发。

凡是到达的地方,都属于昨天。哪怕那山再青,那水再秀,那风再温柔。太深的流连便成了一种羁绊,绊住的不仅有双脚,还有未来。

怎么能不喜欢出发?没见过大山的巍峨,真是遗憾;见了大山的巍峨,没见过大海的浩瀚,仍然遗憾;见了大海的浩瀚,没见过大漠的广袤,依旧遗憾;见了大漠的广袤,没见过森林的神秘,还是遗憾。世界上有不绝的风景,我有不老的心情。

我自然知道,大山有坎坷,大海有浪涛,大漠有风沙,森林有猛兽。即便这样,我依然喜欢。

打破生活的平静是另一番景致,一种属于年轻的景致。真庆幸,我还没有老。即便真的老了又怎样,不是有句话叫老当益壮吗?

于是,我还想从大山那里学习深刻,我还想从大海那里学习勇敢,我还想从大漠那里学习沉着,我还想从森林那里学习机敏。我想学着品味一种缤纷的人生。

人能走多远?这话不是要问两脚而是要问志向;人能攀多高?这事不是要问双手而是要问意志。于是,我想用青春的热血给自己树起一个高远的目标。不仅是为了争取一种光荣,更是为了追求一种境界。目标实现了,便是光荣;目标实现不了,人生也会因这一路风雨跋涉变得丰富而充实;在我看来,这就是不虚此生。

是的,我喜欢出发,愿你也喜欢。

分析与提示:这篇散文体现了汪国真的一贯风格:没有激昂的高调、华丽的辞藻,用清新隽永的文字,让人在不经意间被文章积极向上的主题所打动,堪称一曲催人奋进的真情独白。

这篇散文思路清晰,采用了"提出论点—论证论点—总结论点"的结构,全文分为三个部分。第一段为第一部分,提出论点:我喜欢出发。第二至七段为第二部分,论证我为什么喜欢出发和出发的意义。这一部分又分为两个层次,二至六段为第一层,说明喜欢出发的原因;第七段为第二层,说明出发的意义。第八段为第三部分,总结论点、回应开头。脑海中有了这样清晰的思路,再进一步理解文章主题:鼓励人们勇敢地探索未知的生命旅程,树立高远的志向,用坚强的意志不断攀登。

从作品中我们可以感受到作者面对世界的豁达心胸,因此这篇作品要用乐观、赞扬的态度来表达。朗诵时,态度要鲜明,要有叙述感,让受众听出自己的心理状态与思维活动,可结合自己的人生经历与体会进行表达。

值得注意的是,这篇文章运用了大量的排比铺陈,增强了文章的说服力。比如在第二段中,"没有见过大山的巍峨,真是遗憾……还是遗憾"的排比修辞方法,在层层递进中,使读者对为什么要出发有了更形象、更深刻的理解。又如第六段中运用排比句"我还想……我还想……我还想……我还想……"罗列出了"我想学着品味一种缤纷的人生"的丰富内涵。朗诵这些排比句时,一定要读出环环相扣、层层递进的感觉,使论证更具说服力和感染力。

示例 4-2

祖国,到底是什么?(节选)

路 遥

我曾经不止一次地想过,祖国,到底是什么?我想啊,想啊,每一次想起"祖国"这两个字,心中便泛起一阵温柔的波浪……

世界上有许多美好的地方。但是,那里有黄山么?有黄河么?有长江么?有长城么?有母亲生育我时的衣胞么?有我一步步艰难跋涉过来的足印么?有我和我的亲友们都已经习惯了的那些难以尽说的民风民俗么?有我一开口哼唱就觉得荡气回肠的乡音黄梅戏么?没有。既然这些都没有,那么,祖国就是一个不可替代的地方。

祖国是什么?它是一次次的屈辱,一次次的抗争;它是一次次的失败,一次次的奋起;它是战士手中的枪,志士颈上的血;它是胜利后的狂欢,是史书上一页页不朽的篇章。

祖国,它是一首唱不完的恋歌,一篇写不尽的美文。它是我们祖先繁衍生息的地方,也是我们的子孙生存发展的地方。

分析与提示:"祖国,到底是什么?"这篇散文对这样一个看似简单但又复杂的问题给出了全新的答案、全新的诠释。没有豪言壮语,没有凌云壮志,带给我们的是娓娓道来的深情述说与淳朴真挚的赤子情怀。

朗诵时,应注意把握作品的结构。第一段主要是提出问题,应读出一种急于知晓答案的追问感觉,对两次出现的"祖国"应加重语气突出强调,结尾"温柔的波浪……"应读出一种延展感,犹如海浪一般铺展开去。第二段主要是作者对祖国、对家乡的深切回忆。记忆是美好的,因此朗诵时,要用美好回忆的口吻,向受众深情地诉说,进而引发受众对祖国的深深爱恋。连续的8个问号要用高低、轻重、虚实变化等方式读出层次感。"既然这些都没有",这句话要强调"都"字,以突出黄河、长江这些是祖国特有的财富瑰宝。第三段态度转到对祖国艰难屈辱的岁月的回忆,应表达出对那段屈辱历史的愤恨和感慨,和前段文字语气基调有较大变化。这段文字也是整个稿件的高潮,应读出激情澎湃的豪放感。第四段为总结句,要以热情自信的语气,表达出作者对祖国未来的希望,点明全文的中心。

示例4-3

谁是最可爱的人(节选)
魏 巍

在朝鲜的每一天,我都被一些东西感动着;我的思想感情的潮水,在放纵奔流着;我想把一切东西都告诉给我祖国的朋友们。但我最急于告诉你们的,是我思想感情的一段重要经历,这就是:我越来越深刻地感觉到谁是我们最可爱的人!

谁是我们最可爱的人呢? 我们的部队、我们的战士,我感到他们是最可爱的人。

还是让我先来说一段故事吧。有一次,我见到一个战士,在防空洞里吃一口炒面,就一口雪。我问他:"你不觉得苦吗?"他把正送往嘴里的一勺雪收回来,笑了笑,说:"怎么能不觉得! 咱们革命队伍又不是个怪物! 不过我们的光荣也就在这里。"他把小勺干脆放下,兴奋地说:"拿吃雪来说吧。我在这里吃雪,正是为了我们祖国的人民不吃雪。他们可以坐在挺豁亮的屋子里,泡上一壶茶,守住个小火炉子,想吃点什么,就做点什么。"我又问:"你想不想祖国呀?"他笑起来:"谁不想呢? 说不想那是假话。"我接着问:"你们经历了这么多危险,吃了这么多辛苦,你们对祖国、对朝鲜有什么要求吗?"他想了一下,才回答我:"我们什么也不要。可是说心里话,我这话可不定恰当啊。我们是想要这么大的一个东西,"他笑着,用手指比个铜子儿大小,怕我不明白,又说,"一块朝鲜解放纪念章,我们愿意戴在胸脯上,回到咱们祖国去。"

亲爱的朋友们,当你坐上早晨第一班地铁驶向工厂的时候,当你扛上犁耙走向田野的时候,当你喝完一杯豆浆,提着书包走向学校的时候,当你向孩子嘴里塞着苹果的时候,朋友,你是否意识到你是生活在幸福之中呢? 你也许很惊讶地看我:"这是很平常的呀!"可是,从朝鲜归来的人,会知道你正生活在幸福中。请你们意识到这是一种幸福吧,因为只有你意识到这一点,你才能更深刻了解我们的战士在朝鲜奋不顾身的原因。朋友! 你是这样地爱我们的祖国,请再深深地爱我们的战士吧,他们确实是我们最可爱的人!

分析与提示:作者以饱含深情和诗意的笔触,报道了抗美援朝战场上战士们的英雄事迹,展现了志愿军战士光照日月的崇高心灵,歌颂了中朝两国人民的血肉情谊。这篇文章在当时一经发表,立刻便激起强烈的反响,并选入中学语文课本,鼓舞、教育了几代人。正是因为这篇文章,"最可爱的人"才成为解放军的代名词。

从作品看,魏巍之所以取得巨大成功,首先在于他对生活的深刻感受,他对战士的深厚感情。在这个片段中,开头和结尾加入了抒情议论,深邃的思想、潮水般的感情交融在一起,通过优美的语言倾流而出。朗诵时,首先要对抗美援朝这个历史事件有所认识,并结合相关资料加深对志愿军战士的了解,再仔细阅读整篇文章,使自己被志愿军战士的真实事迹所感动。只有自己有了深切的感受,才能够把这种感动传递给他人。可在第一句前加一句"亲爱的朋友们",使朗诵更富交流感。在第二段文字中,虽然是自问自答,但提问的感觉要读出来,"我们的部队、我们的战士"要读得坚定有力。

朗诵第三段时,问答的语言要读出对比。魏巍作为记者,语言应有一种急于寻求答案的急迫感,而志愿军战士的语言则要读出淳朴真实感。最后一段文字中,四个"当你……"要读出画面感。这篇文章距离我们隔了几代人,虽然可能很多同学都不了解这个作品了,但这个作品描写的事情都是真实的,越了解这篇文章的写作背景,越会让我们明白现在的平凡生活是多么可贵。这些,正是志愿军战士用鲜血换来的。作为艺考生,作为文化艺术的传承者,我们更应铭记历史,珍惜现在。

示例 4-4

欧仁·鲍狄埃

都 沛

一个灰蒙蒙的早晨,法国巴黎公社的最后一批街垒失陷了,血迹斑斑的烈士们的尸体横卧在街头。市中心广场上,梯也尔匪帮正在焚烧一批批被捕的公社战士,公社战士临刑前的口号声、围观群众的抽泣声、刽子手们的狞笑声回荡在整个巴黎上空。

此时,一辆灰色的四轮马车在市郊疾驰,车内窗帘的一角掀开了。露出一个头发苍白、饱经风霜的沉思面孔。老人望着浑浊的、呜咽的塞纳河,望着那一片片废墟,望着那刚刚熄灭的硝烟战火。不,他是在望着那黑暗世界的最底层。老人多皱的脸上,闪现着激动悲愤的泪水。突然,他抬起头来,一首悲壮的英歌在他胸中升腾,一道闪电划破巴黎阴霾漫漫的长空。"起来,饥寒交迫的奴隶;起来吧,多灾多难的人民!"

他,这位老人,就是全世界无产阶级的战歌《国际歌》的作者欧仁·鲍狄埃。这是一八七一年五月的事情。

分析与提示: 1871年,法国巴黎公社革命爆发,欧仁·鲍狄埃和公社战士一起在街垒浴血战斗。虽然欧仁·鲍狄埃右手残疾,但他仍坚持战斗到5月"流血周"的最后一天。公社革命失败后的第二天,欧仁·鲍狄埃躲过敌人的搜捕,在郊区小巷一所老房子的阁楼上怀着满腔热血和悲痛,用战斗的笔写下了震撼寰宇的宏伟诗篇、一首名为《英特纳雄耐尔》的不朽的无产阶级战歌,即"全世界无产阶级的战歌"——《国际歌》。这篇文章用极其精练的文字,把《国际歌》的诞生背景生动地展现出来。

文章的整体基调应为凝重、低沉,整体语速应较舒缓。第一段文字描写了战争硝烟过后的巴黎街景及焚烧被捕战士的惨烈场面。朗诵时,要将文字描绘的场面在脑海中一一浮现出来,并将这种由凄惨场景引发的悲愤、同情通过声音传递出来。如"血迹斑斑的烈士们的尸体横卧在街头",要重读"横卧"二字,以突出敌人的残暴。在读到"公社战士""围观群众""刽子手们"等不同群体时,应读出对相应群体的鲜明态度,如对公社战士遭遇的同情与激愤,对刽子手们暴行的愤慨与谴责。第二段文字,前面描写欧仁·鲍狄埃出场的语言要读出形象感,动词"疾驰""掀开"应读出动作感。三个"望着……"应层层推进,情绪越来越悲愤,因为对于欧仁·鲍狄埃来说,这是他的祖国遭到沦陷,此情此景,怎能不令他义愤填膺。后面两句国际歌的歌词似从心底发出,应读出悲壮与呐喊的感觉。最后一段为介绍性背景文字,应在平实自然的语气中表达出对欧仁·鲍狄埃深切的敬仰与怀念。

示例4-5

把我埋浅点好吗?

二战时期,在一座纳粹德国的集中营里,关押着很多犹太人。他们遭受着纳粹无情的折磨和杀害,人数在不断减少。

有一个天真、活泼的小女孩和她的母亲一起被关在集中营里。一天,她的母亲和另一些妇女被纳粹士兵带走了,从此,再也没有回到她的身边。当小女孩问大人她的妈妈去哪里了? 大人们流着泪对小女孩说,你的妈妈去寻找你的爸爸了,不久就会回来的。小女孩相信了,她不再哭泣和询问,而是唱起妈妈教给她的儿歌,还不时爬上囚室的小窗,向外张望着,希望看到妈妈回来。

可是,小女孩没有等到妈妈回来。就在一天清晨,纳粹士兵用刺刀驱赶着,将她和数万名犹太人逼上刑场。刑场上早就挖好了很大的深坑,他们将一起被活活埋葬在这里。

犹太人一个接一个地被纳粹士兵残忍地推下深坑,当一个纳粹士兵伸手要将小女孩推进深坑的时候,她睁大漂亮的眼睛对纳粹士兵说:"叔叔,请你把我埋得浅一点好吗? 要不,等我妈妈来找我的时候,就找不到了。"纳粹士兵伸出的手僵在了那里,刑场上顿时响起一片抽泣声,接着是一阵愤怒的呼喊……

虽然最后谁也没能逃出纳粹的魔掌,但小女孩纯真无邪的话语却撞痛了人们的心,让人们在死亡之前找回了人性的尊严和力量。

暴力真的能摧毁一切? 不,在天真无邪的爱和人性面前,暴力让暴力者看到了自己的丑恶和渺小。刽子手们在这颗爱的童心面前颤抖着,因为他们也看到了自己的结局。

分析与提示：本文讲述了二战时期，一个即将被德国刽子手活埋的小女孩，为了让妈妈容易找到自己而请求刽子手把自己埋得浅些的故事。文章简洁生动，表达了作者对法西斯暴行的满腔愤怒与控诉，同时也表达了对爱与人性伟大力量的赞叹。

这篇文章的总体基调是深切的同情、低沉的控诉。文章情节生动，朗诵时要有娓娓道来的讲述感，脑海中要有一个清晰的故事发展的场景感。第一段是整个故事的大背景，犹如一个大全景，朗诵时语速应缓慢低沉，语言里透出对纳粹的疯狂行径的极度愤怒与对集中营里惨遭折磨和杀害的犹太人的深切同情。第二段中，镜头切换到一个集中营里，大人们善意的谎言背后是不忍看到天真活泼的小女孩受到伤害，小女孩天真的歌声与不停地往外张望更衬托出结局的悲凉。第三段文字，应读出小女孩没有等到妈妈的无助失落感与犹太人将要被活活埋葬的痛心感。第四段文字，重点读出小女孩的语言，语言里没有对死亡的恐惧，只有天真与祈求。小女孩的天真无邪和刽子手的凶残相对比，更有力地突出了纳粹的残暴和小女孩的纯真。"僵"字应着重处理，以突出纳粹士兵的心灵受到震撼。第五段文字，应用凝重深沉的语气读出，语速缓慢，特别是"撞痛"二字可用重音加以突出，以表现人们从小女孩纯真无邪的话语中感受到的人性的尊严和力量。最后一段，用一个有力的设问句激发人们的思考，"不"字要读得坚定、不容置疑，表达出暴力不能摧毁一切，爱与人性可以战胜暴力的核心思想，让暴力者看到自己的丑恶与渺小，看到自己的结局必然是失败与灭亡！

示例 4-6

那年我十五岁

张洁纯

"文化大革命"搞得最红火的那一年，我十五岁。那年的冬天特别寒冷，也就是那一年，父亲被抓入狱，造反派们说他是间谍，是特务，那只是因为他在一所中学里教英语！母亲不识字，她不明白为什么会发生这一切，一根绳子结束了她的生命。

最使我难忘的是在一个下雪的早晨，我到关押父亲的牢狱里去看他，远远地，我看见一个头发花白、衣衫褴褛的老人向我走来。啊！是父亲！我伸出双手，尽管隔着铁栅，但我还是想去拥抱他，可父亲却说："你是谁？我不认识你，你走吧，走吧，快走吧！"然后转身离去。我的心崩裂了，我大声地喊道："爸爸，我是你的女儿啊！你为什么不理我？为什么不认我？"可他却没有回头，我只好离开了监狱。

我走在街上，雪花飘进我的衣领，却打在我的心上！我漫无目的地走着，走着，我冷急了,饿急了,可是我的家在哪儿,我的亲人又在哪儿?陪伴我的只有我的脚印和那凛冽的寒风……

分析与提示:这篇文章文笔精练,情节冲突起伏较大,语言表现丰富,是艺考的经典练习及应试篇目。作者用自述的方式,讲述了在"文化大革命"期间的一段悲惨经历:父亲受到诬陷入狱,母亲自尽身亡,孤苦无依、少不更事的她独自去监狱看望父亲,但父亲却因怕拖累、牵连女儿而装作不认识女儿,但女儿却不懂父亲的良苦用心,只能含泪离去。

这篇稿件的总体基调为低沉凝重、深情怀念。因为作者是在若干年后回忆十五岁时的这段经历,所以应以一种回忆的感觉诉说,整体语速较慢。朗诵时,第一段文字应在叙述的语气中透出一种悲痛无奈之感,父亲被诬陷应读出对"造反派"的深恶痛绝以及对父亲真实身份的据理力争,母亲自尽身亡应读出沉痛缅怀的感情。最后一段文字,对"我"来说,父亲的"绝情"远比身体上的受冷挨饿难受得多,语气中应流露出绝望和无奈。文中的对话一定要先"感同身受"才能"有感而发"。"啊!是父亲!"我们可以设想作者那年十五岁,父亲的年龄可能也就四十岁左右,没想到这位衣衫褴褛、头发花白的老人竟然就是父亲,语气中应透出不可思议与对父亲受苦受难的痛心感受。"你是谁?我不认识你,你走吧,走吧,快走吧!"父亲看到女儿来看自己又惊又喜,但又怕连累女儿,不想让别人知道这是自己的女儿。所以"你是谁"语速稍慢,读出父亲的内在语"傻孩子,你怎么能来这儿";"我不认识你",语气应大声坚决,因为父亲要让其他人听到;三个"走吧"要读出层次变化来,第一个"走吧"可同"我不认识你"语气一样,第二个"走吧"语气可低下来,"走"字可拖长,以表现出内心焦灼却有口难言的矛盾心理,第三个"走吧"语气可再次提起来,用命令式的语言让女儿快离开。"爸爸,我是你的女儿啊!你为什么不理我?为什么不认我?"女儿不理解父亲的良苦用心,以为父亲连自己的女儿都不认了,不可控制地情绪爆发,说出这些话。表达时,要表现出女儿的伤心欲绝,特别是两个问号要加重语气,以突出女儿的不解与困惑。

示例 4-7

瞳 孔

屠 岸

幼小的时候,我爱看母亲的瞳孔,那瞳孔里有一个孩子的脸,那就是我自己。年轻的时候,我爱看爱人的瞳孔,那瞳孔里有一个青年的脸,那就是我自己。母亲瞳孔里的孩子常常笑,笑得那么傻气。爱人瞳孔里的青年也常常笑,笑得那么傻气。

如今,我想再看母亲的瞳孔,母亲已经不在了。如今,我想再看爱人的瞳孔,妻子已经衰老了。我努力睁眼去看妻子的瞳孔,却看不见任何人的面孔,因为我的眼睛已经昏花了。

有一个声音说,何必睁眼呢?把眼睛闭上吧。我闭上了眼睛。顿时,我看见了母亲的瞳孔,那瞳孔里有一个孩子的笑脸,那就是我自己。顿时,我看见了爱人的瞳孔,那瞳孔里有一个青年的笑脸,那就是我自己。我看见母亲的瞳孔对我笑,笑得那么慈祥。我看见爱人的瞳孔对我笑,笑得那么美丽。于是,我也笑了,笑得那么傻气。

分析与提示:瞳孔是心灵的窗户,是最真实的一面镜子。它映照着人的一生,从幼小到衰老,它表达着人类最细腻的情感。这篇散文通过母亲、妻子瞳孔里的作者的自我形象,表达了母子、夫妻之间的深切感情。诗歌以"幼小的时候""年轻的时候""如今"的时序变化,表达了光阴流逝、亲情愈深的诗意蕴涵。如今,我的眼睛已经昏花,而母亲已经不在,妻子已经衰老,但"我"只要"闭上了眼睛",依旧能看见她们的瞳孔、看见她们瞳孔里的自我。"我"把她们深情的瞳孔永远珍藏在心灵深处。

朗诵这篇文章一定要有情景再现,在读到每一个场景时,脑海中要活灵活现地出现此情此景。第一段文字,是作者回忆自己幼小、年轻时母亲和爱人的瞳孔,声音应满怀深情,在娓娓道来中表达出对母亲、妻子诚挚的爱恋。第二段中,作者的母亲已经过世,妻子已经衰老,自己也老眼昏花了,应用较为缓慢的声音读出对年华逝去的无奈与痛心。第三段文字,通过联想与想象,表明母亲和妻子深情的瞳孔与爱并没有消失,而是随着岁月的流逝成为"我"生命的寄托与心灵的慰藉。在她们满怀爱意的瞳孔里,"我"是一个永远的孩子、永远的青年。朗诵这段文字时,声音应以虚声为主,表现出作者闭眼想象中的美好意境。

示例 4-8

茶花赋(节选)

杨　朔

想看茶花,正是好时候。我游过华庭寺,又冒着星星点点细雨游了一次黑龙潭,这都是看茶花的名胜地方。原以为茶花一定很少见,不想在游历当中,时时望见竹篱茅屋旁边会闪出一枝猩红的花来。听朋友说:"这不算稀奇。要是在大理,差不多家家户户都养茶花。花期一到,各样品种的花儿争奇斗艳,那才美呢。"

花事最盛的去处数着西山华庭寺。不到寺门,远远就闻见一股细细的清香,直渗进人的心肺。这是梅花,有红梅、白梅、绿梅,还有朱砂梅,一树一树的,每一树梅花都是一树诗。白玉兰花略微有点儿残,娇黄的迎春却正当时,那一片春色啊,比起滇池的水来不知还要深多少倍。

我不觉对着茶花沉吟起来。茶花是美啊。凡是生活中美的事物都是劳动创造的。是谁白天黑夜,积年累月,拿自己的汗水浇着花,像抚育自己儿女一样抚育着花秧,终于培养出这样绝色的好花?应该感谢那为我们美化生活的人。

分析与提示:《茶花赋》是著名散文家杨朔精心构思的名篇,它兼具诗的节奏、赋的文采,同时还具有抒情散文托物明志的特点。这篇散文借助茶花的形象,抒发了作者热爱祖国、热爱普通劳动者的感情。

备稿时,一定要细细品读全文,对文章有一个整体的把握。这篇散文的总体基调是热情欢快、舒展明朗的。这个片段是在描绘景物的同时抒发个人情感,朗诵时语言要生动传情,富有形象感。如第一段文字中,"原以为茶花一定很少见,不想在游历当中,时时望见竹篱茅屋旁边会闪出一枝猩红的花来",要读出出人意料的惊奇感与发自内心的兴奋感。再如第二段开头的文字,要读出引领指向感,如同"华庭寺"就在眼前,你就站在寺门口为受众介绍枝头的梅花以及春意盎然的美好画面。朗诵最后一段,一定要明白文章主旨,作者表面上是在赞美茶花,实则是借景抒情、咏物言志,借茶花来表达对祖国、对劳动者的赞美之情。一定要加强内在情感的引领抒发,表达出对劳动者的真切敬意。特别是最后一句话,在缓缓读出"应该感谢那"后可稍作停顿,进而声音转为热情的抒发与诚挚的赞美。

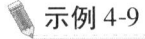
示例 4-9

话说长江(节选)
电视解说词

您可能以为,这是大海,这是汪洋吧?不,这是崇明岛外的长江!

您可能会联想到长长的飘带、洁白的哈达,是啊!多美啊,这也是长江!

如果说是三级跳远的话,那么我们刚才从长江的入海处起跳,中间在三峡落了一脚,现在已经跳到世界屋脊青藏高原了。长江就是从这儿起步,昂首高歌、飘逸豪放地奔向太平洋。

　　长江已经在这个世界上生活了千千万万个春秋,但是她依旧这样年轻,这样清秀,她总是像初生的牛犊一样不知疲倦,永远充满着青春的活力。那么,长江的音容笑貌和性格究竟如何呢?

　　我们准备从长江的源头开始,顺流而下,逐段给您介绍长江的千姿百态,长江流域的山水风光、风土人情、历史文化以及古往今来的变迁发展。

　　我们更热切地希望朋友们看完了这套节目后,能够激起一腔美化中华大地的热血——有如长江之水,惊涛拍岸!那有多好啊……

　　分析与提示:《话说长江》是中央电视台在20世纪80年代最受欢迎的大型电视纪录片,也是中国纪录片在这一时代的巅峰之作。这部25集的关于长江沿岸地理及人文的纪录片,1983年8月7日在中央电视台首播,播出后反响空前热烈,全国观众的反应以及它被赋予的意义已经远远超过了纪录片本身传达的信息,因为这是中国观众第一次全面直观地了解国家的人文地理。这部纪录片通过虹云和陈铎两位艺术家绘声绘色的精妙解说与精美画面的紧密配合,将恢宏壮丽的长江全貌、长江从古到今的传奇故事活灵活现地展现在观众面前。

　　这部纪录片的解说词情感饱满,惟妙惟肖,抒情性强,富有诗意。朗诵这个片段时,应饱含深情,顺着稿件内容在脑海中展现出一幅长江全景图,从而进入一种身临其境的境界,获得深刻体验。第一段文字,通过设问的方式缓缓引出。第二段文字,将长江比喻成"飘带""哈达",应用富于想象力的声音将这些比喻和日常生活中人们熟悉的事物联系起来,拉近长江与人们的距离。第三段文字,朗诵时应在脑海中浮现出长江的大体轮廓,顺着文字从这个轮廓逆流而上,然后又从"青藏高原"顺流而下,语言要有动感,表现出长江恢宏的气势。第四段文字,将长江比喻成富有青春朝气的"牛犊",应读出这种青春的蓬勃朝气与自豪感。第五、六段文字,要用富有亲和力与对象感的声音,概述并展望这部纪录片的内容,展望的语言应读出热情的期待来。

示例4-10

松树的风格(节选)

陶　铸

　　我对松树怀有敬仰之心,不是从现在开始的。自古以来,多少人就歌颂过它,赞美过它,把它作为崇高品质的象征。

你看它,不管是在悬崖缝隙间也好,不管是在贫瘠的土地上也好,只要有一粒种子——这粒种子也不管是你有意种植的,还是随意丢落的,也不管是风吹来的,还是从飞鸟的嘴里跌落的,总之,只要有一粒种子,它就不择地势,不畏严寒酷暑,随处茁壮地生长起来。狂风吹不倒它,洪水淹不没它,严寒冻不死它,干旱旱不坏它,它只是一味地无忧无虑地生长,松树的生命力可谓强矣!

我对松树怀有敬意的更重要的原因却是它那种自我牺牲的精神。你看,松树是用途极广的木材,并且是很好的造纸原料;松树的叶子可以提炼挥发油;松树的脂液可制松香、松节油,是很重要的工业原料;松树的根和枝又是很好的燃料。

更不用说在夏天,它用自己的枝叶挡住炎炎烈日,叫人们在如盖的绿荫下休息;在黑夜,它可以劈成碎片做成火把,照亮人们前进的路。总之,为了人类,它的确是做到了"粉身碎骨"的地步。

要求于人的甚少,给予人的甚多,这就是松树的风格。

分析与提示:这是一篇极富教育意义的散文,文中松树鲜明的形象、崇高的风格,伴随着铿锵有力的语言,扣动着人们的心弦。读时,受到感染,获得力量;读罢,深思遐想,领悟做人的真谛。冬天,万花纷谢,树木凋零,唯独松树"郁郁苍苍、生气勃勃、傲然屹立"。作者见此,敬意之情油然而生。自古以来,松树常被作为歌颂的对象,诗、画、文中常以它来比喻人的崇高品质。作者沿用了这种传统比喻,并赋予其更深的意义,他从松树身上看出许多新的东西,比如共产主义风格。

朗诵时,应读出对松树风格发自肺腑的赞美。第一段文字,应通过坚实有力的声音,表达出松树一直以来都为人们所赞颂。第二段文字,写松树对成长环境没有任何要求,朗诵时应从"不择地势""不畏严寒酷暑",不屈于狂风、洪水等角度赞叹松树旺盛的生命力。"茁壮",准确地刻画出在任何艰难困苦的条件下,松树种子顽强生长的动人景象;"吹不倒""淹不没""冻不死""旱不坏"要读得铿锵有力,描绘出其能冲破一切艰难险阻的气势;"一味",夸赞其专心不二、一个劲儿生长的可贵精神,应重读。第三、四段文字,先一一列举松树的树干、叶子、脂液、根、枝的用途,再指出其夏日遮阳、黑夜做成火把照明的作用。这样叙述,使松树"自我牺牲的精神"具备了充实的内容,有极强的说服力与感染力。朗诵时,应满怀热情,略显激动,着重强调"为了人类""粉身碎骨"两个词,以赞美松树无私的自我牺牲精神。最后一段,"要求于人的甚少,给予人的甚多"是对松树伟大崇高的风格所作的精辟概括,可用一字一顿的方式读出。

示例 4-11

老师,您一生都这样站着(节选)
戴 清

亲爱的老师,在课堂上,您站着的时候,我们坐着,我们看见一棵好大好高的树。您抬起修长的手臂,摇落满树的果实。

这是一个迷人的秋天。老师,您站着,站成一尊最壮丽的雕像,挺立在丰收的季节里。

老师,您说您找到了自己的位置。其实,偌大的一个教室,整整齐齐排列的只是学生的座位。您的位置在哪儿?在我们的心里。老师,您一生都这样站着。

前面是三尺讲台,而后面是一丈宽的黑板。面对学生的座位,您45分钟站了十几年、几十年。很累吧,老师?

我们坐着,比您站着舒服多了。老师,您想坐,但是您却没有坐下。您说只要您坐下,世界上便会少几个站起来的人。

风刮来,浪涌来,您岿然不动;

春雨落,大雪飘,您巍如泰山。

也许,有那么一天,当您再也不能站着而坐了下来,我们都已经站了起来,站成一排排绿树,世界因此而青春更浓。谁在我们坐着的时候站着,谁又在我们站着的时候坐下?只有您,我们的老师。

只有您,老师,一生都这样站着,站在我们面前,站在我们的心里,站成一处风景。

分析与提示:对于老师来讲,寒来暑往在课堂上站着上课已成习惯,并且很多老师一站就是十几年、几十年,而在教室里听课的学生却始终坐着。这篇文章角度新颖,在这样一个小细节中表达出对老师辛勤工作的理解与感悟,篇幅短小却洋溢着真情和爱意。备稿时,应把自身经历与文字结合起来,联想到在自己在校学习期间最敬爱、对自己影响最大的一位老师,想到这位老师最为打动你的某个细节或话语。考生也可以通过观看《放牛班的春天》《死亡诗社》《心灵捕手》《老师·好》等讲述师生关系的影视作品来增强感性认识,在朗诵时做到"心中有形,言之有情"。

朗诵这篇文章,要有一定的对象感,如同在毕业多年后师生聚会,自己当着敬重的恩师的面来表达心中的感恩之情一样情真意切。关于站着与坐着的不同感受,可联想自己平常搭乘公交、地铁时,半个小时以上车程站着与坐着的巨大区别,以此体会老师每天都要这样站着授课的艰辛与不易。

文中多次出现"站着""坐着"这两个词语,朗诵时声音应有一定的指向性。"风刮来,浪涌来,您岿然不动;春雨落,大雪飘,您巍如泰山。"这两句话在处理时,可以采用高低、快慢、虚实对比的方式,两个"您"字与前面的文字紧凑连接,读完后稍作停顿,再缓缓读出后面的文字,使语言显得更加有节奏感与表现力。

示例4-12

天上的草原
阿木古郎

在儿时依稀的记忆中,我是出生在飘着炊烟的白色毡房。茫茫的大草原啊,是我熟睡时的摇篮,是我嬉戏时的玩伴,也是我学习时的殿堂。养育我的这片土地,我当作自己一样爱惜,沐浴我的这江河水啊,你为何总像母亲的乳汁一样醇香?苍鹰在天穹中寻望,黑色的骏马在肆意飞奔,平顶山下,成群的牛羊。还有你,我天上的草原,还有你那悠扬的牧歌,夜夜伴我入梦乡。我喜欢纵马驰骋,放声歌唱,那就像是回到了传说中的时代,我向往着像我的祖辈那样成为一匹苍狼去周游世界,去看看祖父故事中那无边的海洋。

而现在,我是真的离开了你,来到这陌生的地方,不见了蒙古包,不见了牧场,只为心中一个小小的理想而不停地奔忙。其间有欢笑也有泪水,曾经骄傲也曾经气馁。但是,但是我从未曾后悔呀,因为每当我拖着疲惫的身体入睡时,我发现你那悠扬的牧歌又在我的耳边回响;我发现我的那颗心啊,一直跳跃在绿宝石似的草原上。如水晶般清澈的河水啊,我真的发现,那歌声就像是号角,而那颗心源源不断地给我力量与希望!

腾格里塔拉,我天上的草原,直到现在我才明白,为什么我的祖辈千回百转历经艰险,都要重回你的身旁,为什么我身在异乡总觉得你在不住地把我盼望!

蒙古人,是草原的儿子,草原的儿子就是这样地恋乡啊!

腾格里塔拉,我天上的草原,请你听我讲,我也是草原的儿子啊,我也是草原的儿子啊!我今日所做的一切,就是为了有朝一日,能够重回你的身旁,替你抚去脸上的皱纹,替你驱赶那肆虐的风暴,让你昔日的笑容重新绽放!

等着我呀,我天上的草原,我长生天的故乡,我的亲娘!

分析与提示：在第七届齐越朗诵艺术节暨首届中国大学生朗诵大赛上，来自中国传媒大学2002级播音专业本科班的蒙古族学生阿木古郎朗诵了原创作品《天上的草原》。他以磁性的声音、充沛饱满的情感，自然流露且恰到好处的表达征服了在场的每一个人，最终捧得了大赛最高奖"齐越奖"。该作品也成为朗诵中的经典之作。这是一篇描写蒙古草原风光，抒发作者思乡之情的散文。文章感情充沛，情绪激越，文笔自然朴实，字里行间饱含着浓烈的情感，充分表达了作者对家乡、对草原、对亲人的深深依恋和无限热爱。

朗诵此文让人仿佛置身于茫茫苍苍、广阔无垠的大草原，有栩栩如生的画面感，给人一种超凡脱俗的感受，让人体会到草原生活的美好和草原人民的大气、纯朴，充分展现了蒙古族同胞对草原和家乡的热爱。朗诵时，要充分想象辽阔无边的大草原图景，联想到蒙古人对家乡炽热的情感。文章的第一段为作者深情的回忆，语言可稍显虚化，使自己沉浸于草原的美好意境中。第二段文字，表现自己虽已离开大草原，但草原赋予我的那种精神将永远伴随着我，语言中应尽显难舍与留恋，流露出希冀与感恩之情。最后四段文字，通过真挚的情感抒发，把作者对草原的爱酣畅淋漓地表现出来，朗诵时应饱含对草原无比爱恋的深情与不忘草原恩情努力奋斗的赤子情怀。

示例4-13

军 礼

石钟山

天下着鹅毛大雪。一支红军队伍在零下三十多度的酷寒中艰难地行进着。

突然，队伍中有人喊起来："有人冻死啦！"军长一震，急步向前跑去。松树下，一位战士倚着树干，坐在雪窝里，一动也不动。他的左手夹着半截子用树叶卷成的烟，小心地放在胸前，仿佛在最寒冷的时刻还在渴望一支烟的温暖。他右手握着一个小纸包，脸上还挂着一丝早已冷却的笑容。军长用颤抖的手打开了那个纸包，一只红辣椒跳进了军长的眼帘。他轻轻拂去战士肩上的积雪，猛然发现他身上竟然穿得那样单薄，单薄得像一张纸。"棉衣，棉衣呢？为什么没发给他棉衣？"军长两眼发红："军需处长呢？"警卫员在发愣。"给我找军需处长。"还是没有人应声。"快，给我找军需处长！"警卫员"哇"的一声哭了出来："报告军长，他就是刚任命的军需处长。棉衣不够了……每人发的御寒辣椒他也没舍得吃一口……"

军长愣住了，他望着雕像般的军需处长，眼泪成串成串地流了下来。他高高地举起那只鲜红的辣椒,在铅灰色的天穹下,在迷漫的雪雾中,辣椒就像一支燃烧的火炬,照耀着前程。在这火炬下,一只又一只右手缓缓举起,军礼是那样庄重,整个队伍发出一片抽泣声,像一曲悲壮的哀乐,回荡在雪地上空。

人们不知道这位军需处长的名字,可是,永远也忘不了他留给我们的那只鲜红的辣椒。

分析与提示:这是一篇大家公认的朗诵佳作,短小精悍,情节曲折且具有悬念,语言简单却深深地打动人心。

这篇文章以叙述为主,朗诵时应随着内容、情节的变化而生发相应的情感。如第一段是环境描写,要用稍带凝重沉缓的语气表现出内心视象,仿佛看到昏暗的天空、狂风摇拽的枯树、漫天飞舞的大雪,"零下三十多度"应重读,以突出天气的极度恶劣。第二段应在讲述的语气中流露出心酸、痛心的感受。"有人冻死啦!"语势应上扬,声音拖长,形成一种由远处传来的感觉。从人物角色声音塑造来讲,军长的用声应稍靠后,气息深厚扎实,多用胸腔共鸣,说话坚实而有力量。警卫员的声音稚气、靠前、气息稍浅,可用较克制的哭声来处理,以表现出是在强忍悲痛的情况下说出的话。三句"给我找军需处长"应使用不同的处理方法:第一次的语气是愤怒,第二次的语气是强压怒火,第三次是怒不可遏。最后两段文字,要用缓慢凝重的声音读出悲壮肃穆感,表现出对以这位军需处长为代表的革命战士舍己为人的奉献精神的缅怀与崇敬。

示例4-14

携一身轻盈(节选)

天　南

你见过玉兰花吗?

那天,一夜风雨过后的早晨,我走进院子,在一棵玉兰树前伫立凝视。玉兰亭亭玉立在我面前,她挺然而带温情,洁白而不雕琢。一树冰清玉洁,灿然欲笑的玉兰花,有几分清香,有一缕情魂。

突然,"嚓"的一声! 这一声极其细微,如天籁之音,不易觉察;这声音又极其干脆,没有一点犹豫,没有一点余音。

就这么一声,一片雪白的玉兰花花瓣,刹那间离开了枝头,携一身轻盈,在晨风中轻轻坠落,失离芳魂。

这一切,从听到响声,到花瓣落地,也仅仅是几秒钟时间。这一过程,竟是那么平和,那么从容。就在这凝定的瞬间,那一地坠落的玉兰,像静静睡去的倩女,似湛湛一笑的淡然。难怪有人感叹说,玉兰是青春的缩影——短暂,但又无限美好!

面对这一景象,我说不出我此时此地的心境,是伤感吗?是淡然吗?是略有所思吗?

古人说,落花是凄美的,"满地落花,似点点有情泪"。我却不以为如此,我所感慨的,是这一神奇的造化。

花开花落,这正是生命的动转之象。芳华过去了,灿烂过去了,即使残花满地,也会自有其韵吧。

很多时候,我们不如玉兰,该落下时不能从容地落下,总留恋着某一刻的繁华。原来,我们有太多的顾忌,有太多的背负。我们的身子早已不再轻盈了。于是,我们忘记了蓝天白云,忘记了好山好水,忘记了生活中原本的美好和诗意。

我凝视坠落的玉兰,仍洁白如玉,素净清芬,不染纤尘。我俯身捡起一捧,又让它从手指间滑落,如蝶纷飞。

我会记住,在这样一个早晨,在这样一个寂静之地,我看到,玉兰携一身轻盈而来,又携一身轻盈而去。

分析与提示:落花凋零在很多文人的笔下都不免透出惆怅与凄凉,但在作者看来,玉兰花的坠落却是如此的平和从容。这篇散文是针对现实生活中很多人有太多的顾忌、太多的背负,忘记了生活中原本的美好和诗意而写的,文笔细腻,富有哲理,启迪人心。

全文可以分为三个部分:第1~5段为第一部分,这一部分前两段文字为文章的背景,讲述玉兰花冰清玉洁的气质以及作者对玉兰花的喜爱,朗诵时应感情真挚、语速较慢,以舒缓轻柔的语调将作者对玉兰花的喜爱与赞美娓娓道来。后面三段主要讲述玉兰花花瓣坠落的过程与这一瞬间带给作者心灵的震颤。朗诵时要将这短短的一刹那的轻盈形象地描绘出来,用心刻画花瓣坠落时声音极其细微、时间极为短暂、平和而又从容这三个特点,将这一刹那的轻盈与曼妙带给作者的感动抒发出来。第6~9段为第二部分,作者借物喻人,通过这一景象对人生进行思考,表达自己心中的向往与"舍得观"。朗诵时首先要理解文字,花开花落是自然规律,但生活中一些人在得与失之间却忘掉了自己的本心与本性。具体来说,这一部分可细分为提出问题、获得感悟、反思人生三个过程,朗诵时语气应有相应的变化。最后两段为第三部分,首尾相呼应,朗诵语气应平静淡然,表露出玉兰花携一身轻盈的来去间给自己的感触与心灵的坦然。

示例 4-15

浅水洼里的小鱼

清晨,我来到海边散步。走着走着,我发现在沙滩的浅水洼里,有许多小鱼。它们被困在水洼里,回不了大海。被困的小鱼也许有几百条,甚至有几千条。用不了多久,浅水洼里的水就会被沙粒吸干,被太阳蒸干。这些小鱼都会干死。

我继续朝前走着,忽然看见前面有一个小男孩。他走得很慢,不停地在每个水洼前弯下腰去,捡起里面的小鱼,用力地把它们扔回大海。

看了一会儿,我忍不住走过去对小男孩说:"水洼里有成百上千条小鱼,你是捡不完的。"

"我知道。"小男孩头也不抬地回答。

"那你为什么还在捡?谁在乎呢?"

"这条小鱼在乎!"男孩一边回答,一边捡起一条鱼扔进大海。他不停地捡鱼扔鱼,不停地叨念着:"这条在乎,这条也在乎!还有这一条、这一条、这一条……"

分析与提示:这篇文章讲述了一个小男孩以他的纯真、善良、执着,将滞留在浅水洼里的小鱼一条一条不断扔回大海的故事。语言细腻质朴、浅显易懂而富有哲理,充满人文关怀。

文中的一些字词在朗诵时要仔细体会揣摩,使有声语言更加形象贴切。比如"它们被困在水洼里"的"困"字,指小鱼被海水冲上沙滩,如果没有外力辅助只能慢慢死去,这个"困"字将小鱼陷于危险境地无法脱身表现得非常传神。"也许有几百条,甚至有几千条。"句子中的"也许"和"甚至"两个词语用得很准确,因为被困的小鱼太多,"也许"是大致猜测,"甚至"表达了作者的惊叹,惊叹小鱼之多、处境之惨,朗诵时要体会到小鱼的可怜,读出对小鱼的同情。"他走得很慢,不停地在每个水洼前弯下腰去,捡起里面的小鱼,用力地把它们扔回大海。"这句话用了走、弯、捡、扔这一连串动词,表现出小男孩对救小鱼真真切切的执着与专注,朗诵这几个动词时要有动作指向性与连续性。

最后四段对话问答之间非常紧凑,凸显人物内心。"那你为什么还在捡?谁在乎呢?"连续两个问号,充分表达出"我"的疑问。"这条小鱼在乎!"感叹号表明小男孩的坚定态度。最后的三个"这一条"表现出小男孩想救更多的小鱼内心的急切。朗诵时,要通过语势的高低、节奏的快慢、停顿的疏密表达出作者对小鱼的怜惜与对小男孩的敬佩之情。

示例 4-16

燕 子

郑振铎

一身乌黑光亮的羽毛,一对俊俏轻快的翅膀,加上剪刀似的尾巴,凑成了活泼机灵的小燕子。

才下过几阵蒙蒙的细雨。微风吹拂着千万条才展开带黄色的嫩叶的柳丝。青的草,绿的叶,各色鲜艳的花,都像赶集似的聚拢来,形成了光彩夺目的春天。小燕子从南方赶来,为春光增添了许多生机。

在微风中,在阳光中,燕子斜着身子在天空中掠过,唧唧地叫着,有的由这边的稻田上,一转眼飞到了那边的柳树下边;有的横掠过湖面,尾尖偶尔沾了一下水面,就看到波纹一圈一圈地荡漾开去。

几对燕子飞倦了,落在电线上。蓝蓝的天空,电杆之间连着几条细线,多么像五线谱啊!停着的燕子成了音符,谱成了一支正待演奏的春天的赞歌。

分析与提示:春天因为有了燕子更有生机,而燕子因为有了春天的衬托更显可爱。这篇文章描绘了充满生机、如诗如画的春天景色,赞美了活泼可爱的小燕子,表达了对光彩夺目的春天到来的欢欣热爱之情。

第一段主要描写燕子活泼机灵的外形美,使人对燕子产生喜爱之情;第二段用拟人的手法形象地写出了春天树木茂盛、花草繁茂的景象;第三段写出了燕子的轻快灵巧,恰如"微风燕子斜";最后一段用比喻的修辞手法写出了燕子停歇时娴静优雅的静态美。

这是一篇优美的咏物寄情散文,在赏心悦目的同时激发了人们对大自然的热爱,使人们体会到春天带来的愉快心情和蓬勃向上的力量。这篇文章描绘的场景动态居多、画面感强。如第三段文字通过描写燕子在空中、湖面上飞翔的样子,表现了燕子轻盈翻飞、自由灵巧的优美姿态。朗诵时,整体状态应积极热情、情感真挚、节奏明快,同时脑海中要有画面感。最后一段写飞倦了的几只燕子小憩在电线上,就像五线谱的音符。朗诵时应语速稍缓、声音轻柔,营造出静谧温暖的氛围,同时,表达出对燕子、对春天的喜爱与赞美。

示例 4-17

焰火的变奏(节选)

赵丽宏

天上的烟花像什么?在听到有人这样发问时,除了那些美好的回忆,我的脑海中竟出现了一些和此时气氛毫不相干的景象。那是战争中的夜景:枪弹和炮弹在夜空中划出耀眼的弧线,随之而来的,是爆炸,是火光,是惊悸的呼喊和痛苦的呻吟。

从战争年代走过来的人,都有这类恐怖的记忆:飞机在天空中隆隆飞过,炸弹从天而降,如飞蝗,如黑鹅,成群成片,大地摇撼,火光四起,城市仿佛在地震中颤抖。"地震"之后,空中依然白云蓝天,但人间已是惨象遍地:火焰里血肉横飞,到处可以看到死者的鲜血和肢体,连树枝和电线上也挂着血淋淋的生命碎片……

在满天满湖绚烂的焰火中,我默默地为人类的和平祈祷。但愿有这样一天,人间本来用着准备战争的火药,都被改做成了烟花,在一个全人类共庆的夜晚,让象征和平团圆的火焰之花开满地球的上空,万紫千红,此起彼伏。

有什么花朵能比这样的烟花更美丽呢?

分析与提示:炮火是战争、灾难和死亡的象征,而烟花是和平、欢乐、繁华的象征,它们分别指向人类生活中完全不同的两个极端。作者通过烟花联想到炮火,意在提醒人们:在享受今天幸福生活的同时不要忘记苦难的历史,表达了对世界和平、安宁、美好生活的期盼。

这篇文章是从"我"的角度来联想与祈愿的,朗诵时应触景生情,深刻体会作者在看到绚烂烟花场景时的所思所想,并结合文章感悟词句、升华情感。文章以问号开头,应读出疑问与联想感。在描述战争场面时,作者把炸弹比喻成"飞蝗""黑鹅",把战争比喻成"地震",形象恰切。朗诵时应联想到战争年代烟火弥漫、生灵涂炭、血肉横飞的场景,甚至具体联想到战争中惨遭杀戮的无辜平民,读出战争场面的惨烈悲壮感。最后一句反问单设一段,使深刻的道理浅显化。"这样的烟花"不仅形状、颜色美丽,更是和平团圆的象征。这个反问句使文章意蕴深远,提醒人们在享受今天幸福生活的同时要铭记历史、珍爱和平。

示例 4-18

小站歌声

修祥明

子夜时分,山村的小站昏暗静谧。苗兰老师提着行李来到站台,突然,她像触电般浑身颤抖起来。

她本想在夜深人静时悄悄离开山村的,没想到全班40多个孩子全站在这里为她送行。站牌下,放着一篓子山核桃,篓面上贴着个红双喜字。这是山里人祝贺新婚的礼节。

三天前,她去了趟县城,回到山村,她对孩子们说,要和远离千里的男朋友举办婚礼,婚后,她就在那里定居了。孩子们舍不得她,却没张口将她挽留,只将一串串难舍难离的泪水洒下。

远处传来了火车的长鸣。

40多个孩子含着泪水,像一棵棵被雨水浇伤的禾苗一样,悲凄地立着。

班长说:"咱们为苗老师唱一首《好人一生平安》吧。"

歌声在夜空中响起:"有过多少往事/仿佛就在昨天/有过多少朋友/仿佛还在身边/也曾心意沉沉/相逢是苦是甜/如今举杯祝愿/好人一生平安。"

这歌声,低沉而悠扬,热情而悲伤。这是孩子们真诚的祝愿。

列车徐徐地向前开动着,孩子们像一阵旋风一样随车跑着、唱着……

"好人一生平安……"歌声像泪水滤过似的。

在车上,苗老师失声痛哭起来。

孩子们怎么知道,她不是去结婚。三天前,去县城体检,她患了白血病,在人生的旅途上,她只有半年时间了。

分析与提示:这篇文章成功塑造了一位站在善意谎言背后被病痛折磨而又富有爱心的乡村女教师形象,整个故事洋溢着老师与学生之间深沉的爱,这是一个谎言背后的美丽故事。学生们深深地爱着苗老师,他们将这种爱化作了对老师真心的祝福。苗老师要离开小山村,也许以后再也见不到她了,可是孩子们"却没张口将她挽留",只用一串串泪水表达着心中的不舍,在夜深人静时来为苗老师送别,追着列车为苗老师唱《好人一生平安》,让苗老师收获了人间的温暖。

朗诵者首先要被这个故事感动,再把这种感动传递给受众。朗诵时,要用充满感性的声音讲述情节,有一种不知道最后到底会发生什么事情、会有什么结局的感觉,带着受众一起倾听这个故事。班长的声音应带有一种深深的不舍。文中的歌声片段可以用哼唱的方式表现出来,注意歌声要稍慢一些,不一定唱得多好,但一定要透出真挚与不舍,因为这一声声"好人一生平安"都是孩子们发自内心的真挚祝愿。最后一段文字,应用凝重低沉的声音轻轻读出,以表现出苗老师为了不在孩子们心灵上留下伤害,而将痛苦留给自己的无私与伟大。

第三节　推荐应试作品

可爱的中国(节选)

方志敏

朋友!中国是生育我们的母亲。你们觉得这位母亲可爱吗?我想你们是和我一样的见解,都觉得这位母亲是蛮可爱蛮可爱的。以气候而言,中国处于温带,不十分热,也不十分冷,好像我们母亲的体温,不高不低,最适宜于孩儿们的偎依。以国土而言,中国土地广大,纵横万数千里,好像我们的母亲是一个身体魁大、胸宽背阔的妇人。中国许多有名的崇山大岭,长江巨河,以及大小湖泊,岂不象征着我们母亲丰满坚实的肥肤上之健美的肉纹和肉窝?中国土地的生产力是无限的;地底蕴藏着未开发的宝藏也是无限的;废置而未曾利用起来的天然力,更是无限的,这又岂不象征着我们的母亲,保有着无穷的乳汁,无穷的力量,以养育她四万万的孩儿?我想世界上再没有比她养得更多的孩子的母亲吧。至于说到中国天然风景的美丽,我可以说,不但是雄巍的峨眉,妩媚的西湖,幽雅的雁荡,与夫"秀丽甲天下"的桂林山水,可以傲睨一世,令人称美;其实中国是无地不美,到处皆景。中国海岸线之长而且弯曲,照现代艺术家说来,这象征我们母亲富有曲线美吧。咳!母亲!美丽的母亲,可爱的母亲,只因你受着人家的压榨和剥削,弄成贫穷已极;不但不能买一件新的好看的衣服,把你自己装饰起来;甚至不能买块香皂将你全身洗擦洗擦,以致现出怪难看的一种憔悴褴褛和污秽不洁的形容来!这真是我们做孩儿的不是了,因为我们连自己的母亲都爱护不住了!

不错,目前的中国,固然是江山破碎,国弊民穷,但我们相信,中国一定有个可赞美的光明前途。朋友,我相信,到那时,到处都是活跃的创造,到处都是日新月异的进步,欢歌将代替了悲叹,笑脸将代替了哭脸,富裕将代替了贫穷,康健将代替了疾病,智慧将代替了愚昧,友爱将代替了仇恨,生之快乐将代替了死之忧伤,明媚的花园将代替了暗淡的荒地!

这么光荣的一天,决不在辽远的将来,而在很近的将来,我们可以这样相信的,朋友!

生活不是梦

艾明波

生活,不是梦,而是由我们自己托起的一片晴空;生命,不是一个玩笑,而是一次庄严而神圣的旅程。

我相信,你不是在梦中,因为我读懂了你的眼睛,明亮清澈而毫不犹豫。不再迷茫,不再哭泣,用心的能量去注释一个个疑惑的事情。正视现实吧,在时代的热潮前,冬天也不会寒冷。

不再幻想远去的帆会带走所有的烦恼,不再乞望黄昏到来之前会出现黎明,也许另一个"我"会悄悄地告诉你说:"人生如梦,死才是梦的初醒。"狠命咬一下嘴唇吧,只要出血,那么,你还有一个活着的心。面对繁杂的生活,请不要躲在一片灰色的背景里去渲染悲哀的歌声。勇敢地走进生活的大门吧,哀叹和等待都不能说明你还清醒。不是有人在闯世界吗?不是有人在挑战极限吗?是强者总会把路摔倒在自己的脚下,是勇士总不会忘记冲锋!

如今,我历尽沧桑,饱尝冷暖,更明白生活中的真与纯,清与浊。站在这生活的大舞台上,我,不再迷茫,不再属于幻境,浪漫的心期待着找到一片岛屿之后,就去唤醒做梦的人们,就去镀亮龙的图腾!

生活,不是梦。

生命,只是一个过程!

远　方

许多时候,当我伫立着眺望远方,心里总生出无边的疑问:远方,你究竟是什么?

远方有我日夜思念的故乡、亲人和土地;远方有我时常向往的大海、湖泊、名山大川;远方还有蔚蓝的天空、飞翔的大雁、漂浮的白云;远方还有炊烟的舞蹈、牛铃的歌声、灯火的闪烁奏鸣……

在我心里,远方就是未来,就是一种希望。当我把人生的目标寄向远方的时候,我的整个生命,仿佛便有了一种美丽而幸福的牵挂。

在我心里,远方就是彼岸,无论现在是成功,抑或是失败,只要心里有远方,就有彼岸,我生命的风帆,便会不羁地起航,驶向远方那道美丽的风景线。

心存远方,心里便乐生旷达,远方,便离我越来越近了。

福妮儿

收获时节,鲁南山区的小村里降生了一个小女孩。沉浸在丰收喜悦中的爸爸,望着场院上金灿灿的麦穗笑着说:"咱妮儿有福,就叫福妮儿吧!"

转眼七个年头过去了,小福妮儿到了上学的年龄,望着村里一样大的小伙伴们都背上了书包,小福妮儿对妈妈嚷道:"娘,我要上学,我要读书!"可是小福妮儿哪里知道,爷爷去世时欠了许多债,爸爸上山砍柴又砸伤了双腿,家里生活的重担都落在妈妈一个人的肩上。妈妈不忍心让女儿失望,抚摸着福妮儿的齐耳短发说:"福妮儿啊,啥时候你的头发长到齐腰那么长,娘就送你去上学啊!"

盼啊,盼啊,小福妮儿在企盼中又渡过了两个年头,当她终于发现自己拥有一头齐腰的长发时,她再也按捺不住喜悦的心情对妈妈喊道:"娘,你看我的头发长长了,我可以上学读书了!"

妈妈再也不忍心欺骗天真的女儿了,她一把抓起篮子向山上走去,那正是酸枣成熟的季节,漫山遍野都是红红的耀眼的酸枣。妈妈采啊采,摘啊摘,突然她眼前一黑,从山上掉了下去……

当人们把她抬回村子时,小福妮儿趴在妈妈的身上哭道:"娘,我再也不上学了,我不读书了,娘——"

第二天,在通往城里的路上,走着一个梳着短发的女孩儿,手里托着一条长长的辫子,两眼呆呆地望着前方,有人说:"那就是福妮儿!"

一棵树的选择(节选)

一粒种子,一粒干瘪的种子,一粒走投无路的干种子。

你认识到,活就要活出个样子,于是尽力充分利用大自然赐予你的养料、水分,憋足了劲,长成了——

一株苗,一株幼小的苗,一株倔强不屈的幼小的苗。

尽管你的叶疏花迟,身体瘦弱,但你敢于傲对风霜,任雷电轰鸣,任狂风袭击,你永远是那么倔强,永远与生命抗争,渐渐地伸展开稚嫩的四肢,汲天地物华,与太阳微笑,与月亮招手,你在成就自己,在创造一个全新的自我。

时光流逝，岁月蹉跎，你也逃脱不了时间的洗礼，逐渐干挺如铁，叶茂如云。你变成了这样——

一棵树，一棵茁壮的树，一棵令人敬仰的茁壮的树。

悬崖之上，天宇之中，伸展着浓绿的四肢，在寒风中抖擞成长的是你；叫游人赞叹不已的是你；能够在恶劣的环境中求生存的仍然是你。

你选择了悬崖峭壁，就选择了苦难，选择了与风斗，与雨斗，这是你心灵深处执着的追求，你终于成就了自己。在一个风和日丽的日子里，你结出了一颗红红的果。

朋友，与生命抗争是一种美，一种永恒的美。

玻璃花情思

朋友，你喜欢瑞雪纷纷的冬天吗？你喜欢那玻璃窗上形状万千的冰花吗？如果你有兴致，我想告诉你，小小玻璃窗上的冰花将带给你无限情思。

看，这边是一片原始密林。椰子树枝繁叶茂，翠竹笔直参天，漫步林间小径，不时可见金丝孔雀在卖弄彩屏，梅花鹿在奔驰嬉戏。自然界里的一切珍奇，似乎都要在此活现。

瞧，那边又是一片花草世界。湖边溪岸，绿水碧草间，羊儿在叫唤，马儿在长啸，荷花刚刚从水里露出笑脸，顽皮的鱼儿游来游去。小小玻璃窗上的冰花哟，却真正要表尽对春的依恋、夏的报答。

啊，玻璃窗上的冰花，奇异的花，来也匆匆，去也匆匆。由此，我联想到了生命的迅急，也联想到了献身的壮烈，但我更加懂得了生活中的美好事物随处可见，关键在于我们如何发现它、认识它。

朋友，做个生活中的有心人吧！愿一切都给你带来无限的遐想和想象。

风筝的故乡

何 荣

这儿呀，是风筝的故乡，也是我爷爷的故乡。我爷爷小的时候就经常在这儿放风筝。爷爷离开家乡的时候，背包上就挂了一只爷爷的妈妈给他做的风筝。

爷爷到了台湾以后，从一个好帅好帅的小伙子，变成了现在连下楼梯都要人搀扶的老人。可是，他的房间里始终都挂着那只风筝，那只已经只剩下骨架的风筝。

每当过年的时候，爷爷就捧着风筝默默地说着："我想回家，我想回家啊！"当爷爷在台湾发行的唯一大陆刊物——《中国集邮》上看到他的家乡举办了国际风筝节，还发行了一枚风筝邮票的时候,爷爷高兴得像孩子一样,他非说邮票上的那只风筝是他妈妈做的,他做梦都想要!

他等啊盼啊,终于盼来了家乡的来信,可是信却不是爷爷的妈妈写的。信上说,爷爷的妈妈三年前就去世了,她留下的遗物是一屋子的风筝啊!

爷爷捧着信哭了,他说:通邮通商通航啊,能早一天就别晚一天,别等到什么都通了,我们的气却不通了啊!

钟 声

除夕之夜,悠悠的钟声响彻中国大地,这是怎样的钟声啊?洪亮而纯粹、博大而精深。它发自岁月的心脏,悠悠扬扬,震撼大地,气吞山河。而新的一年就在这富有号召力的旋律中拉开了帷幕。

这悠悠的钟声曾在商周祭天的祭坛上响起,曾在枫桥夜泊的游子耳畔响起,曾在沙场点兵的将帅心中响起,如今又年复一年地震荡在中国大地上。几千年来音韵袅袅。

你听懂它发出的召唤了吗?它在说岁月流逝,脚步匆匆,每一个人在逝去的韶光前,都要无怨无悔,因为那韵律像激越的鼓声,催人迈向新的征途。

你听懂它的叹息了吗?它长叹世上某些人的贪得无厌,它叹息某些人的庸庸碌碌,它嗟叹某些人的胆小懦弱,它怨叹某些人的虚掷光阴……

你听懂它的劝诫了吗?它规劝人要努力奋斗,它告诫人要胸襟宽阔、目光远大、志存高远。

太行行吟
张中林

我想知道,是谁给你这样的名字——太行;

那么浩荡,那么雄壮,那么苍茫。

你就是我眼前的这架大山,一头挑起燕赵,一头担起炎黄,一头牵着都市,一头连着农桑。

往北是草原;往南是长江;往西是甘肃的丝路、山西的祠堂、陕西的秦腔;

而往东是山东的煎饼、河南的烩面、河北的粮仓。

你站在中国的中部,亿万年漫漫时光,长成民族不屈的脊梁。

你是多么卓绝的大山,深千尺,高万丈,百里宽,千里长,壁立千仞,无欲则刚;

你是多么率性的大山,生无忌,命无恙,心无奸,爱无疆,活也太行,死也太行。

你是一架山,你是一道梁,你是一盘山路,你是一簇村庄,你是一蓬野草,你是一群牛羊,你是一斗小米,养育了娘,养育了儿郎!

你是你的高傲,你是你的荣光,你是你的名字,你是你的太行。

青春,我们不要孤独(节选)

即使青春是一枝娇艳的花,但我明白,一枝独放永远不是春天,春天该是万紫千红的世界;

即使青春是一株伟岸的树,但我明白,一株独秀永远难抗风沙,成行成排的林木才是遮风挡沙的绿色长城;

即使青春是一叶孤高的帆,但我明白,一叶孤帆很难远航,千帆竞发才有大海的壮观。

真的,自从那一天,我们终于齐刷刷地站成了青春的模样,我也终于深深地体会到,青春,我们不孤独。

青春,我们不设围墙了,让我心中的春天连着你心中的春天。春天处处。

青春,我们放开歌喉呦,让我心灵的歌唱伴着你心灵的歌唱。歌声处处。

也许,我们永远不能像哲人那样孤独地生活,我们永远不能像诗人们那样孤独地吟唱,也许只有这样,我们才能真切地感受到青春的美好、青春的希望。

让哲人们孤独吧,他们有他们深邃的思想;让诗人们孤独吧,他们有他们玄妙的感伤。

青春,我们不要孤独。

改变自己

在威斯敏斯特教堂地下室,英国圣公会主教的墓碑上写着这样一段话:当我年轻自由的时候,我的想象力没有任何局限,我梦想改变这个世界。当我渐渐成熟睿智的时候,我发现这个世界是不可能改变的,于是我将眼光放得短浅了一些,那就只改变我的国家吧。但是我的国家似乎也是不能改变的。当我到了迟暮之年,抱着最后一丝努力的希望,我决定只改变我的家庭、我亲近的人,但是,唉!他们根本不接受改变。

现在在我临终之时,我才突然意识到:如果起初我只改变自己,接着我就可以改变我的家人。在他们的激发和鼓励下,我就可能改变我的国家,接下来,谁又知道呢?也许我连整个世界都可以改变。

麻　雀

〔俄〕屠格涅夫

我打猎回来，走在林荫路上。猎狗跑在我的前面。

突然，我的猎狗放慢脚步，悄悄地往前走，好像嗅到了前面有什么野物。

风猛烈地摇撼着路旁的白桦树。我顺着林荫路望去，看见一只小麻雀呆呆地站在地上，无可奈何地拍打着小翅膀。它嘴角嫩黄，头上长着绒毛，分明是刚出生不久，从巢里掉下来的。

猎狗慢慢地走近小麻雀，嗅了嗅，张开大嘴，露出锋利的牙齿。突然，一只老麻雀从一棵树上扑下来，像一块石头似的落在猎狗面前。它竖起全身的羽毛，绝望地尖叫着。

老麻雀用自己的身躯掩护着小麻雀，想拯救自己的幼儿。可能是因为紧张，它浑身发抖了，发出嘶哑的声音。在它看来，猎狗是个多么庞大的怪物啊！可是它不能安然地站在高高的没有危险的树枝上，一种强大的力量使它飞了下来。

猎狗愣住了，它可能没料到老麻雀会有这么大的勇气，慢慢地、慢慢地向后退……

我急忙唤回我的猎狗，带着它走开了。

活　埋

在南京，在大屠杀纪念馆，一个巨大的头颅、一张巨大的嘴，在呐喊。呐喊声，在无涯的时间和空间里，凝固了。一个被日本人活埋的中国人，一个人，喊出了一个民族的痛。被埋在泥土下的躯体，在反抗，在挣扎，在竭尽全力爆发。血气上涌，眼眶通红，生命在呐喊声中，变得轻盈、飘逸，远离灵魂。

在看到一个人被另一个人埋进泥土，一个民族被另一个民族活埋的时候，会想些什么？

那些木然地，甚至欣喜若狂地挥舞铁锹，用泥土涂抹这幅图的所谓的"人"，他们，挥动着恶之臂膀的他们，还能被称为人？

我无法透过一副骨架，拼凑成一个完整的、有血有肉的人。老的、少的、漂亮的、英俊的，只是看到了骨骼，完整的、白花花的、亮得刺眼的骨骼，人的骨骼。一副、两副、许多副，他们排着队，整齐而又凌乱。

一个从死尸堆里爬出来的人告诉我，日本兵让俘虏自己挖一个坑，然后，面朝土坑跪下。"砰"的一声枪响，人，一个倒栽葱，进了土坑，正好把土坑填满。然后，请下一个,用铁锹,用泥土,把坑抹平,让一个生命的痕迹,从此,在这块土地上彻底消散。

1937年12月13号之后,一百多个,甚至更多个日子里,旧都南京的大街上,走动着来自另一国度的人,这些人嚣张、霸道,腰间挂着钢刀和头颅。这些在腰间晃动的头颅,大张着嘴,呼吸着人世间最后一口空气。惊愕摆在脸上,无论多么用力地呼吸,都无法摆脱死亡的缠绕。呐喊,无声;哭泣,无泪。几个,有时是十几个、几十个,悬挂在一个腰间的头颅,有着一色的表情:剧痛后的麻木,面具一样。

在南京,在活埋者的头颅前,在万人坑的骨架前,我常常感觉到作为一个弱者的无助。我常常替他们挣扎着、呐喊着、逃跑着,可如果把我,放到这样一段日子里,除了挣扎、呐喊、逃跑,我还能做些什么?

我的想象力,如此贫乏。有一个人,或许,是一个作家,为我复原了一幅图:泥屑从头顶纷纷飘落的时候,一位母亲,把自己弯成一张弓,用身体为婴儿,挡住了这个世界强加给他的噩运。

从被活埋的数十万骨架中,突然看到这样一幅图,惊悚之中,一股暖意上升。透过这根月牙一样残缺的脊梁,我分明看到了人性的圆满。

阳光是一种语言

雷抒雁

清晨,阳光与天地万物交谈,使沉睡了一夜的世界重放光彩。阳光以一种最鲜亮、最透明的语言和树叶攀谈;碧绿的树叶立即兴奋得颤抖,通体透亮,像是一页页黄金锻造的彩画,炫耀在枝头。而当阳光微笑着与鲜花对语,鲜花便立即昂起头来,那些蜷抱在一起的花瓣,也立即舒松开来,像一双双恭听教诲的耳朵。

晴朗的日子,漫步校园,你不会留意阳光,普照的阳光,但是阳光却不停地和我们对话,告诉我们光明、温暖、向上和力量。辛勤的园丁谆谆教诲我们,要像锲而不舍的淘金者,从闪动在繁茂树叶上的光点里把握阳光律动语言的节奏;要像朴实憨厚的农民,用锃亮的犁铧翻开松软的泥土,感知阳光温暖语言的力度。蓬勃或深沉的年华里我们都是阳光的亲密朋友,我们都愿有一副灿烂的面容和一个明亮晴朗的心境。

四季轮回并在深情地交替,阳光让我们学会了用跋涉者的脚步踩出深深浅浅的向往,学会了面对阴云,学会了诠释迷惑,懂得了教育理想那绚烂的色彩。

太阳不放弃每一次冲破地平线的坚毅,喷薄出满天灿烂的霞光。

阳光,是一种语言,是一种可以用心灵聆听的语言。

明天,我们又将带上它起航,去迎接新的挑战!

昭君出塞

刺骨的寒风呼啸着从耳边吹过,我默默地站在明月初升的阴山上,遥望那古老的雁门,轻将琵琶拨响。

我有幸生长在屈原故里、宋玉家乡秭归,美丽的香溪伴我长大;我不幸生得容颜姣好偏又出身贫寒,入选宫门却无力与画工行贿,哪知毛延寿添恨害我贬入冷宫。

五年,整整的五年啊,我空望着花开花落,怕看这冬尽春残,奏一曲琵琶也饱含着深深的幽怨!

素指轻抬,拨响琴弦:"我一怨君王无缘相见,二怨父母兄弟不得团圆,三怨红颜消退出头无望。"上苍啊,难道一道宫墙冷院就该锁住我绝世的才情?难道这更漏声声就能让我坐等红颜白发?

不,我不能让一座宫墙锁住一生的岁月!我要和大雁一样,飞出这高高的宫墙,在蓝天白云间自由地飞翔!

让我再着一身汉家装,弹一回《出塞曲》;让我再看一次秭归月,拜一拜香溪水。此一去,江南烟雨再难见,伤心保国仗红颜;此一去,关山明月入梦来,琵琶弦里寄相思;此一去,卸却汉家女儿妆,胡服烈马草原行!此一去,定将我汉家文化传漠北;胡笳声里听乡音;此一去,定保汉匈百姓睦邻好,不负君王临行托!

做一片美的叶子

金 波

远远望去,那棵大树很美。

树像一朵绿色的云,从大地上升起。

我向大树走去。

走近树的时候,我发现,枝头的每一片叶子都很美。每一片叶子形态各异——你找不到两片相同的叶子。

无数片不同的叶子做着相同的工作,把阳光变成生命的乳汁奉献给大树。

绿叶为大树而生。春天的时候,叶子嫩绿;夏天的时候,叶子肥美;秋叶变黄;冬日飘零——回归大树地下的根。

大树把无数的叶子结为一个整体。

无数的叶子在树上找到了自己的位置。

我们每个人都像叶子,为生活的大树输送着营养,让它茁壮、葱翠。大树站在太阳和土地之间。

每一棵大树都很美,每一片叶子都很美。

为了我们的大树,做一片美的叶子吧!

沉睡的海

那是一片涂抹不掉的蓝色,那是一段听不完的歌谣,那是一个梦不尽的天堂。

海,静静地躺在夜色中,沉睡在月光下。

也许是累了,海在挣脱缰绳狂奔喧嚣之后,已经耗尽了所有的体力,现在正安静地睡着,任和煦的风吹拂着面容,任沉静的夜吟唱着天籁之音。海上生明月,天涯共此时。

仿佛置身于大海的怀抱,仿佛在蓝色的海洋中变成一滴海水,仿佛透过一滴海水看清了整个海洋。海沉睡的时候该有怎样的笑容?自己沉睡的时候梦的颜色是否蔚蓝?大海呀,大海,你可是我生长的地方?

"小时候,妈妈对我讲,大海就是我故乡。"一曲传唱久远的歌声告诉我,大海虽然不是我的故乡,但肯定是我的梦想,那梦想悠远而漫长,悠扬而欢畅。我在寻梦的路途上听到了海的歌唱,在诗意的海滨遇到了我沉睡已久的新娘。

沉睡的海呀,该不是倦了的夜晚向你呼唤,该不是暖暖的风儿对你缠绵。我知道,你只是沉睡了倦容,沉睡了足迹,那滚动的热血里依然跳动着青春的气息,那奔腾的热血里期待着又一次的汹涌澎湃。我想,你是海,你是沉睡的海。

假如我是一棵树

柯 蓝

一

假如我是一棵树,我愿意永远生长在美丽的科尔沁草原上。

我的树上开满了红花,我的树上结满了红果,每天有小鸟在树上观望,我的每一片树叶就是一首悠扬的民歌,有微风吹过,我的每一片树叶就会翩翩起舞。

二

假如我是一棵树,我愿意永远生长在美丽的科尔沁草原上。

我的树叶拥抱蓝天上的白云,我的树枝抚摸成群的牛羊。也许你们认为我独自在这广阔的草原上,心中会有百年的孤寂。

但我能够听见远处有马头琴的弹奏和百灵鸟的合唱。

于是,我永远碧绿,拒绝枯萎和凋零,我的每一片树叶就是一片森林。

我已经习惯于在月光下长久地深思,进入一个未来的充满幻想的世界。

选择在春天出发
鲁 橹

轻拍春天的面颊,顺着春天的笑靥上升,至河流、至山川,一个多么鲜活的生命,在大地盛开。

鲜活的生命,盛开的奇迹。除了选择出发,在春天出发,还有什么能让它更有意义?

首先是左脚,接着是右脚,继而是整个的心灵,用十足的信心和勇气成全执着的脚步,将内心最深刻的热爱凝聚成一束火焰,点亮冬的寂静,点亮铺天盖地执着的花朵,点亮由表及里的语言……

千沟万壑,苍天白云,哪怕仅剩下一行苦雨、一缕寒风,回首自己的真心付出,并不绚烂的征途中,也依旧有一杆旗、一声号角,引领生命不断地朝前走……

只能朝前走!

征途上会有美好的事物,在不经意中照亮你长途跋涉的心灵,即使没有轻松愉快,你奋进的姿势、你努力向上的品德,同样是远方的人的风景,同样是远方的人的力量和骄傲,说不定正是你低头皱眉的一瞬,会有人轻握了你的手,会有人轻拍了你的肩,你们就这样相逢在共同前进的路上,为了不负人生,在心底谱一曲跋涉的歌!

是啊,征途上的人啊,只要你选择在春天出发,只要你心中装满信心和勇气,音乐和五谷就是你一生的花朵了,你一浅笑,你就是富有了,你一歌唱便花香满径了。

怎能不选择在春天出发,又怎能不朝前走呢?

桂林山水
陈 淼

人们都说:"桂林山水甲天下。"我们乘着木船,荡舟漓江,来观赏桂林的山水。

我看见过波澜壮阔的大海,欣赏过水平如镜的西湖,却从没看见过漓江这样的水。漓江的水真静啊,静得让你感觉不到它在流动;漓江的水真清啊,清得可以看见江底的沙石;漓江的水真绿啊,绿得仿佛那是一块无瑕的翡翠。船桨激起的微波,扩散出一道道水纹,才让你感觉到船在前进,岸在后移。

我攀登过峰峦雄伟的泰山,游览过红叶似火的香山,却从没看见过桂林这一带的山。桂林的山真奇啊,一座座拔地而起,各不相连,像老人,像巨象,像骆驼,奇峰罗列,形态万千;桂林的山真秀啊,像翠绿的屏障,像新生的竹笋,色彩明丽,倒映水中;桂林的山真险啊,危峰兀立,怪石嶙峋,好像一不小心就会栽倒下来。

这样的山围绕着这样的水,这样的水倒映着这样的山,再加上空中云雾迷蒙,山间绿树红花,江上竹筏小舟,让你感到像是走进了连绵不断的画卷,真是"舟行碧波上,人在画中游"。

落叶,生命的痕迹(节选)

有人说:"落叶飘落瞬间,是天空最美的一道景象。"而我认为,那是一道生命的痕迹,忧伤而凄美。也有人问:"叶子的离去,是风在作孽,还是树的不挽留?"而我认为,那是她最终的宿命——飘零。

落叶,用绿色渲染了整个世界,让人们洋溢在绿色的海洋里。最终,在秋天的童话里,她感觉自己已筋疲力尽,再也无力为世间吐出绵绵的绿丝了,于是,她选择了飘零。

或许人们说得都是对的,"落叶飘落瞬间,是天空最美的一道景象"。随着一阵微微的风拂过,叶子带着满身的尘土,在空中画出了一条优美的弧线,轻轻地飘落在地面,为她生命的旅途画上了一个完美的句号。

人们或许不知道,会把她跟泥土一起踩在脚下,把她踏得粉身碎骨,踩蹋得百孔千疮,但是她不会有任何怨言,因为她知道,这是她最终的宿命……

落叶经雨水洗礼后,已经一尘不染,只见金灿灿的一片,我心灵的每个犄角也跟着金光灿烂起来。我拿出了我最心爱的一本书,把她收藏在书的海洋里。

上帝是公平的,他在创造万物的同时,也奠定了万物要走的路,任何一种人或物都有他们生存的意义,落叶的宿命——飘零,那是一道生命的痕迹。

生命中的感动

感动,是人生中一笔莫大的财富,拥有感动是一种莫大的幸福。

翻书时,一片银杏叶悄然而落,上面写着"朋友,珍重"。那是一片不平常的树叶,是高中时同桌送给我的。当时我可能流过泪,枯黄的叶片上还有滴滴泪痕。这让我想起世上还有一种心情叫感动。

当我们远行,穿上母亲为我们缝的衣服时,我们会为"慈母手中线,游子身上衣"的亲情而感动;当我们听到远方朋友的一声问候时,我们会为"海内存知己,天涯若比邻"的友情而感动;当看到恋人的一个眼神时,我们会为"何当共剪西窗烛,却话巴山夜雨时"的恋情而感动。

步入山野中,呼吸着新鲜的空气,沐浴着温暖的阳光,欣赏着蓝天、白云。采一朵小花,端详着缓缓流淌的溪水……整个人心神俱爽,飘飘欲仙。看到坠落的花瓣,我不禁想到"落红不是无情物,化作春泥更护花"。大自然的神奇魅力让我忘掉了所有的烦恼与忧愁,大自然给予了我们太多的感动。

感动是什么? 一万个人也许有一万个答案,然而,人之所以会感动,是因为生活在爱之中,红尘有爱,人间有情。

感动是一首美妙的诗,感动是一幅绚丽的画。

感动是幸福,感动是快乐。愿我们每一个人都为心灵腾出一点空间,去珍藏那足以让你回味一生的感动。

我的南方和北方(节选)

赵凌云

自从认识了那条奔腾不息的大江,我就认识了我的南方和北方。

我的南方和北方相距很近,近得可以隔岸相望。

我的北方和南方相距很远,远得无法用脚步丈量。

大雁南飞,用翅膀缩短着我的南方与北方。

燕子归来,衔着春泥表达着我的北方和南方。

我的南方,也是李煜和柳永的南方。一江春水滔滔东流,流去的是落花般美丽的往事和芬芳。梦醒时分,定格在杨柳岸晓风残月中的那种忧伤,也注定只能定格在南方才子佳人忧怨的面庞……

我的北方,也是李白和高适的北方。烽烟滚滚,战马挥缰。在胡天八月的飞雪中,骑马饮酒的北方将士,正开进刀光剑影的战场。所有的胜利与失败,最后都化作了边关冷月下的一排排胡杨……

我曾经走过黄山、衡山、峨眉、雁荡,寻找着我的南方。我的南方却在乌篷船、青石桥、油纸伞的深处隐藏。在秦淮河的灯影下,我凝视着我的南方。在寒山寺的钟声里,我倾听着我的南方。在富春江的柔波里,我拥抱着我的南方。我的南方啊! 杏花春雨,小桥流水,莺飞草长。

我曾经走过天山、昆仑、长白、太行,寻找着我的北方。我的北方却在黄土窑、窗花纸、蒙古包的深处隐藏。在风沙走石的戈壁滩,我与我的北方并肩歌唱。在塞外飞雪的兴安岭,我与我的北方沉思凝望。在苍茫一片的山海关,我与我的北方相视坚强。我的北方啊! 大漠孤烟,长河落日,唢呐嘹亮。

都说我的南方富饶，可那万亩稻田、千里水乡，是父辈们用汗水和泪珠浇灌，是改革者用勇气和智慧酝酿。不管是大名鼎鼎的鱼米之乡，还是深圳、温州小港，闪亮的名字，其实是斧凿刀刻一般，拓印在爸爸妈妈的皱纹上。

都说我的北方贫穷，可是我分明听到了，听到了振兴老东北、开发大西北的战鼓隆隆作响，听到了那停产多年的老机床又开始欢快地歌唱，听到了劳动号子、安塞腰鼓响彻九曲黄河旁，听到了爸爸用粗糙的大手拂去汗珠后的步履铿锵。我知道，你醒了，我的北方。

从古到今，那条奔腾不息的大江就像一根琴弦，弹奏着几多兴亡，几多沧桑。

在东南风的琴音里，我的南方雨打芭蕉，荷香轻飘，婉约而又悠扬。

在西北风的琴音中，我的北方雪飘荒原，腰鼓震天，凝重而又张狂。

我的南方和北方，

我的永远的故乡和天堂！

（注：为考试朗诵需要，本诗略作改动）

山里的桥
王明亮

我常常想起山里的桥，那窄窄的桥面，矮矮的桥身，多么平常！

早晨，老师站在桥头，迎接着我们去上学；放学了，老师又护送我们从桥上小心地走过。桥下，溪水叮叮咚咚地流，流走了多少个晨昏？

夏天，桥被雨水打滑了，老师就搀扶着我们一个个从桥上走过；冬天，桥上结了冰，老师就背着我们走。

忘不了那一天，老师把我背过桥头，一遍又一遍叮嘱我："别摔倒了。"可老师自己却摔倒了，眼镜掉进了厚厚的积雪，怎么也摸不着。第二天，老师一步一蹭地走上讲台，眼镜上贴着胶布。

毕业那一天，我们站在桥上和老师告别。我突然发现，老师的背已经弯了，也弯成了一座桥。啊，我们正是从老师的桥上，走向了山外，走向了智慧和成熟。

老师啊，我也要做一座山里的桥。

路
曾林祥

世界上有各种各样的路：大路小路，弯路直路，公路铁路，山路水路，沙路石路……纵横交错。路把高山和河流联结在一起，路把村庄和田野联结在一起，路的花纹镶遍了祖国的大地,使江山更添锦绣,使人生充满活力。

路,有平坦的,有险阻的。平坦的路上,留下了开拓者艰辛的足迹;险阻的路,也拦不住勇敢者前进的脚步。

谁说山间没有路?抓着草根,攀着古藤,抠着石缝,勒着石棱,一步步,一寸寸,爬着攀着,攀着爬着,跳洞越崖,向大自然迈开阔步。前面是理想的山巅,努力吧,朋友,无限风光在险峰。

山顶上看来没有路了,然而,天上还有路,是的,天上还有路!鹰不就是在云天拓路吗?

路啊,没有尽头的路……

想 飞

想飞,是我一直用想象守候着的愿望。

想飞的时候,我是一只鸟。长久的等候最终无法压抑对蓝天的渴望,怯怯地用一对小小的翅膀推开妈妈温暖的双翼,在妈妈殷切的呼唤中,硬起心肠不肯回头看舒适的暖巢,就这么毅然决绝地振翅而去。

想飞的时候,我是一阵风。来时是青天的一缕霞,归去化为大地的一滴露珠。我是山泉的叮咚哼唱,也是红枫的美丽斑斓;我是红尘的匆匆过客,也是天荒地老中不变的永恒,我就是一阵风,一阵无处不与你相逢却无法停住片刻的风。

想飞的时候,我是山野中的一束蒲公英。在夜风的微语中沉沉睡去,把梦想酝酿在心上,等待清晨,打开那把小小的花伞和小伙伴们探寻未知的旅程。风雨和阳光重新塑造我的容颜,却把乡土留给我的质朴固执地珍藏。

只要双脚勇敢地踏出第一步,未来之路就已经开始。虽然有时也会被一望无际的泥泞阻隔,但只要偶尔探头看看初升的太阳,就会拥有一次无怨无悔的青春旅程。

想飞就飞吧,短暂的生命不允许我们一次又一次踟蹰,趁着还年轻,还热情,还憧憬,还坚强,勇敢地去飞吧。

青春的舞蹈(节选)

海水,在远方咆哮;激情,在心中燃烧。

折一根柳枝做琴弦,掬一捧秋风当号角。打开天空的帷幕,我们上演青春的舞蹈。

我们在乡间舞蹈,当蝉鸣和晨露随风而去,大地披上鹅黄的外套,青春不是枯萎是燃烧;我们在城市舞蹈,当高楼与大厦拔地而起,空中布满霓虹的广告,青春不是奢靡是创造。

我们为母亲舞蹈,襁褓中的睡眠、学步的蹒跚以及咿呀的开始,天真烂漫的年华里写下的诗也绝非轻佻。我们是孩子,漫长的人生中,倘若有一堆不熄的火,青春就是对皱纹的回报。我们为心灵舞蹈,曾经的嫩绿孕育无数美丽的梦,至真至善的纸上谱满最初的心跳,我们在纷繁的世界里犹如一支不老的歌,青春就是亘古的曲调。

平凡的日子,我们用舞蹈诠释青春;花开的季节,我们用青春讲述崇高。

舞蹈的青春不是生命的刻意炫耀,青春的舞蹈却是人生进取的火苗!

兄弟,我们不哭

第二次世界大战的一次大战役中,盟军的一队伞兵因飞机偏航而误投绝境。他们被捕了。

在德兵的刺刀下,俘虏们做着苦役,身形憔悴,支撑他们的是盟军一定会打过来的信念。

枪炮声一天天近了,德军脸上的乌云也越来越重了。一天黄昏,一阵急促的号子把俘虏们赶成一长排,周边是荷枪实弹的德国士兵,伞兵们一下子就明白了将要发生的事情。

一位年轻伞兵的手剧烈颤抖着。他想起了爸爸妈妈,还有可爱的未婚妻。他的眼睛湿润了。一位老兵紧紧抓住了他的手:"兄弟,我们不哭!"

一瞬间,所有的伞兵一个接一个地把手拉在了一起。

天地无声,枪炮声突然响了。万分巧合的是盟军在这一刻发动了进攻,正义的枪弹压过了屠杀的子弹,一些伞兵幸免于难,其中就有那位年轻的伞兵。后来,他随大军攻克了柏林,当他凝望着纳粹旗帜降下时,他想起了那位拉着他手的已牺牲的兄长。他噙着泪喃喃自语:"兄弟,我们不哭!"

反法西斯战争已经胜利很多年了,但那种闪耀着人性光辉的精神,依然撼人心魄。

海 思(节选)

梁 衡

没有见过海,真想不出她是什么样的。

眼前这哪里是海呢?只有水,水的天,水的地,水的色彩,水的造型。那如花灿烂的浪,时起时伏的波,星星点点的雨,湿湿蒙蒙的雾,一起塞满了这个蓝天覆盖下的穹庐。她们笑着,叫着,舔食着天上的云朵,吞没了岸边的沙滩,狂呼疾走,翻腾飞跃。极目望去,那从天边垂下来的波涛,一排赶着一排,浩浩荡荡,如冲锋陷阵的大军;那由地里泛起的浪花,沸沸扬扬,一层紧追着一层,像秋风田野上盛开的棉朵。那波浪互相拥挤着,追逐着,越来越近,越来越高。赶来到脚下时便成一道道齐齐的水墙,像一匹扬鬃跃蹄的野马,呼啸着扑上岸来,"啪"的一声,一头撞在那些圆溜溜的礁石上,顷刻间便化作了点点水珠和星星飞沫。

在柏林

〔美〕奥莱尔

一列火车缓慢地驶出柏林,车厢里尽是妇女和孩子,几乎看不到一个健壮的男子。在一节车厢里,坐着一位头发灰白的战时后备役老兵,坐在他身旁的是个身体虚弱而多病的老妇人。显然她在独自沉思,旅客们听到她在数着:"一、二、三……"声音盖过了车轮的"咔嚓咔嚓"声。停顿了一会儿,她又不时重复数起来。两个小姑娘看到这种奇特的举动,指手画脚,不加思索地嗤笑起来。一个老头狠狠地扫了她们一眼,随即车厢里平静了。

"一、二、三……"这个神志不清的老妇人重复数着。两个小姑娘再次傻笑起来。这时,那位头发灰白的后备役老兵挺了挺身板,开口了。

"小姐,"他说,"当我告诉你们这位可怜的夫人就是我的妻子时,你们大概不会再笑了。我们刚刚失去了三个儿子,他们是在战争中死去的。现在轮到我自己上前线了。在我走之前,我总得把他们的母亲送进疯人院啊。"车厢里一片寂静,静得可怕!

天使的吻痕

〔美〕詹姆斯·摩尔

在大学时代,我认识了一个年轻人。他脸上有一块巨大而丑陋的胎记。紫红的胎记从他的左侧太阳穴一直延伸到嘴唇,好像有人在他脸上竖着划了一刀。英俊的脸由于胎记而变得狰狞吓人。但外表的缺陷掩盖不了这个年轻人友善、幽默、积极向上的性格,凡是和他打过交道的人,都会不由自主地喜欢上他。他还经常参加演讲。刚开始,观众的表情总有些惊讶、恐惧,但等到他讲完,人人都心悦诚服,场下掌声雷动。

每到这时,我都暗暗叹服他的勇气。那块胎记一定曾带给他深深的自卑,并不是每个人都能克服这么严重的心理障碍,在众人惊异的目光里言谈自如。

当我们成为最好的朋友后,有一天,我向他提出了藏在心里的疑问:"你是怎么应付那道胎记的呢?"我的言下之意是：你是怎么克服那块胎记带给你的尴尬和自卑的?他的回答我一辈子也不会忘记。他说："应付? 我向来以它为荣呢！很小的时候，我父亲就告诉我：'儿子，在你出生前，我向上帝祷告，请他赐给我一个与众不同的孩子，于是上帝给了你特殊的才能，还让天使给你做了一个记号。你脸上的标记是天使吻过的痕迹，他这样做是为了让我在人群中一下子就能找到你。当看到你和别的婴儿一起睡在婴儿室时，我就立刻知道，你是我的！'"

他接着说："小时候，父亲一有机会就给我讲这个故事，所以我对自己的好运气深信不疑。我甚至会为那些脸上没有红色'吻痕'的孩子难过。我当时以为，陌生人的惊讶是出于羡慕。于是我更加积极努力，生怕浪费上帝给我的特殊才能。长大以后，我仍然觉得父亲当年没有骗我：每个人都从上帝那儿得到特殊的才能，而每个孩子对父母来说都是与众不同的。正因为有了这块胎记，我才会不断奋斗，取得今天的成绩，它何尝不是天使的吻痕、幸运的标记呢?"

困 难
柯 蓝

也许你在工作里、生活里都遇到过困难……

在我的心里，困难就和胜利站在一起，困难是一条河，胜利就是河那边的山。过了河，就上了山。不要只看见河，就看不见山；也不要只看见山，却看不见困难。

困难总是躲在你的前面，试试你的耐心，试试你的勇气和力量。

你慢慢儿会发现困难喜欢交朋友，一个小困难它会介绍你认识一个大困难。如果你始终也不躲开它们，那它们就会给你越来越多的知识和胆量，直到最后它们才给你让开路，把你送走。

如果你高兴，你还可以回过头来，看看这些困难朋友。

向困难伸出手去吧！在生活里这是你最好的朋友！

美（节选）
〔美〕纪伯伦

请你们仔细地观察地暖春回、晨光熹微，你们必定会观察到美。

请你们侧耳倾听鸟儿鸣啭、枝叶窸窣、小溪淙淙，你们一定会听出美。

请你们看看孩子的可爱、青年的活泼、壮年的气力、老人的智慧，你们一定会看到美。

请歌颂那水仙花般的明眸、玫瑰花似的脸颊、罂粟花样的小嘴,那被歌颂而引以为荣的就是美。

请赞扬身段像嫩枝般的柔软,颈项如象牙似的白皙,长发同夜色一样黑,那受赞扬而感到快乐的正是美。

请你们把躯体当圣台,奉献给善行;把心灵当祭坛,对爱情顶礼膜拜,那么为这种虔诚而奖赏你们的恰是美。

那些天降予你们以美的奇迹的人们!你们可以欢呼,可以欣喜!因为你们可以无忧无虑,无所畏惧。

往事如昨
汪国真

往事如昨,昨夜的星辰已坠落,不坠的是挂在岁月脖子上的那串闪闪烁烁的记忆。仔细品味,那最亮的一颗竟是由痛苦磨砺而成,那最润泽的一颗则是因为爱情春风化雨般的浸润。如果说,那串闪烁的记忆是一笔财富,那么,那些难以忘怀的经历则是这笔财富闪着不同光泽的内容。

在如昨的往事中,重要的并不在于得到过或失去过,重要的在于经历过。因为哭过,笑才灿烂;因为爱过,回忆才斑斓。如果说心像湖水,那么夏也是景致,冬也是景致。但不论表面上是碧波荡漾,还是如镜寒彻,那湖的深处都不曾结冰。

过去的岁月总是难以忘怀,难以忘怀的是因为我们自己走过来,纵使那脚步稚嫩,回首也感到亲切,因为那是真实;纵使走过的路上并没有鲜花开放,回想也感到留恋,因为那上面覆盖着自己生命的步履。

回首往事而又不沉湎往事,使我不仅有所感而且有所悟,既美"青山遮不住,毕竟东流去",又何必总感伤"泪眼问花花不语,乱红飞过秋千去"。

往事如昨,当我怀着一种难以言状的心情拣拾起往事的片片落叶时,我发现自己真的长大了!

纸钢琴
乐　靓

女儿酷爱音乐。

每天清晨,当对面阳台上响起琴声时,她便痴痴地趴在阳台上静静聆听。她多想自己也能有一架钢琴啊……不,哪怕能摸一摸,坐上去弹一次也好啊!

女儿知道应该铆足劲儿学习。她想,将来一定要考上音乐学院,那样,就可以天天弹钢琴了。

一天,父亲来到阳台,看到女儿趴在阳台上,十指在阳台上快乐地跳跃着,父亲便有了一桩心事……父亲从没买过一件像样的衣服,穿在他身上的总是洗得发白的工作服。这些天他似乎比以前忙了许多,每天很早出去,很晚回来,裹着身泥灰倒头便睡。女儿不知父亲为何如此拼命,却知道父亲的白发她已经再也数不清了……年复一年,五年过去了。女儿终于不负众望考上了最好的高中。

父亲高兴地去银行取出了存款。一路上他陶醉在喜悦中,却不知道背后跟着一双邪恶的眼睛。他来到商店,来到一架钢琴前,这是一架锃亮的立式钢琴,标价:一万八。"够了。"他想,于是叫来售货员。可当他满心欢喜地将紧拽在手里的工具包打开时,一条被刀划开的口子凝结了他的笑容。

父亲茶饭不思,一下子憔悴了。几天之后,他拿出一样东西:一块木板,上面贴着厚纸,画着键盘。父亲说:"爸爸没用,本来想给你买架真钢琴的……"女儿第一次看到了父亲的泪水。她不知道发生了什么,可她什么都明白。

她坐过去,十指轻快地跳跃在琴键上,周身沐浴着暖暖的旋律,她泪流满面,如痴如醉。

陌路朋友

张小娴

是什么让朋友成为陌路的?是时间?际遇?误会?每一样都有可能吧?

两个人曾要好得几乎天天黏在一块,无论做什么也一起行动,到了后来,见面次数越来越少,不见不见,就这么终于不再见。

许多年后的某天,你乍然想起这个人,好像已经是那么遥远的往事了。他在做什么呢?他过得好吗?虽然手上有他的电话号码,你却总是提不起劲找他。朋友宛如流逝的时光,是会从你身边溜走的。

假如时间没有把他带走,那么,际遇呢?识于微时的两个人,际遇相差愈来愈远,一个春风得意,一个不如意,往往不是春风得意的那个人不想继续这段友情,而是生活不如意的那个人想走开。你又怎能阻止一个失意的人去找一些让他觉得比较自在的朋友?

假如际遇没有把你们分开,那么,误会呢?不再见一个朋友了,因为他伤害了你,他在你需要的时候没有帮你一把。然而,后来有一天,你从别人口中听说那是一场误会。是误会吗?你不禁满怀惆怅。

陌路朋友,总有许多前因后果,时间、际遇、误会,爱上同一个人,或是你们各自爱上的那个人都不喜欢对方。相识、相聚,又离别,然后有一天,带着一点点可惜,各有天涯路。

春雨的色彩

春雨,像春姑娘纺出的线,轻轻地落到地上,沙沙沙,沙沙沙……

田野里,一群小鸟正在争论一个有趣的问题:春雨到底是什么颜色的?

小燕子说:"春雨是绿色的。你们瞧,春雨落到草地上,草就绿了。春雨淋在柳树上,柳枝也绿了。"

麻雀说:"不对,春雨是红色的。你们瞧,春雨洒在桃树上,桃花红了。春雨滴在杜鹃丛中,杜鹃花也红了。"

小黄莺说:"不对,不对,春雨是黄色的。你们看,春雨落在油菜地里,油菜花黄了。春雨落在蒲公英上,蒲公英花也黄了。"

春雨听了大家的争论,下得更欢了,沙沙沙,沙沙沙……

树上的那只鸟

〔马来西亚〕胡艾耶·玛/汪析 译

夜晚,一位父亲和他的儿子在院子里散步,儿子已大学毕业,在外地工作,好不容易回一趟家。

父子俩在一棵大树下,父亲指着树上的一只鸟问:"儿子,那是什么?"

"一只乌鸦。"

"是什么?"父亲的耳朵近来有点背了。

"一只乌鸦,"儿子回答的声音比第一次大,他以为父亲刚才没听清楚。

"你说什么?"父亲又问道。

"是只乌鸦!"

"儿子,那是什么?"

"爸爸,那是只乌鸦,听到没有,是只乌——鸦。"儿子已经变得有点不耐烦了。

父亲听到儿子的回答后,没有说一句话。过了一会儿,他突然站起身,慢吞吞地走进屋里。几分钟后,父亲坐回到儿子身边,手里多了一个发黄的笔记本。

儿子好奇地看着父亲翻动着本子,他不知道那是父亲的日记本,上面记载着父亲日常生活的点点滴滴。父亲翻到25年前的一页,然后开始读出声来:

"今天,我带着乖儿子到院子里走了走。我俩坐下后,儿子看见树枝上停着一只鸟,问我:'爸爸,那是什么呀?',我告诉儿子,那是只乌鸦。过了一会儿,儿子又问我那只鸟,我说那是只乌鸦……"

"儿子反复地问那只鸟的名字,一共问了25次,每次我都耐心地重复一遍。很高兴能有这样的机会,我知道儿子很好奇,希望他能记住那只鸟的名字……"

当父亲读完这页日记后,儿子已经泪流满面了。"爸爸,您让我一下子懂得了许多,原谅我吧!"

父亲伸手紧紧地抱住自己的儿子,布满皱纹的脸上有了一丝笑容。

一起出发

你对我说,你要携着歌声去浪迹天涯;你对我说,你会含着泪水捧起一簇簇浪花。我知道在你眼里,白云永远是最时尚的衣裳,你要追寻的不是缤纷的虹霓,而是遥远的晚霞。

你用浪漫诠释风华,你用兰草一样的想象去擦亮晶莹的眼眸、飘逸的长发。你想把自然都拥入心怀,把青春放逐给绿草红花、白雪黄沙。

这一个夜晚你说了很多很多,很多很多的话语像屋檐上的融雪敲打着石板滴滴答答。大地了无声寂,只有星星说话,对你的七分热情三分任性,我不知该用天空还是大地的语言回答。

真想和你一起走,你不必为这个季节枝叶还是那样繁茂感到惊讶;我又怎能匆匆地走?在这一片土地上,春天播下的种子刚刚开始发芽;不愿意你孤独地走,我这一颗心怎能分成两半?对远行的一叶白帆,是亲人谁能不牵挂?

等一等好吗?稍微等一等,我们一起出发!

第五章 寓言朗诵

第一节 寓言朗诵概述

寓言是一种用假托的故事或自然物的拟人手法来说明某个道理或教训的文学作品,它将许多人生哲理或生活经验故事化、形象化,常常带有讽刺或劝诫的性质。

寓言的特征是:篇幅短小,以比喻、拟人、影射、象征、夸张等手法来说明某个道理或者教训,语言浅显、情节生动,具有鲜明的教育性和强烈的讽刺性。

我国著名儿童文学家严文井说:"寓言是一个魔袋,袋子很小,却能从里面取出很多东西来,甚至能取出比袋子大得多的东西。寓言是一个怪物,当它朝你走过来的时候,分明是一个故事,生动活泼;而当它转身要走开的时候,却突然变成了一个哲理,严肃认真。寓言是一座奇特的桥梁,通过它,可以从复杂走向简单,又可以从单纯走向丰富。在这座桥梁上来回走几遍,我们既看到了五光十色的生活现象,又发现了生活的内在意义。寓言是一把钥匙,这把钥匙可以打开心灵之门,启发智慧,让思想活跃。"

在专业考试中,有些考生只是表面化地处理寓言故事,不能把一则寓言真正地挖掘深透,甚至有的会显得有些幼稚。因此在寓言朗诵中,要注意以下几个问题。

一、分析作品,把握寓意

寓言故事的寓意是寓言创作的灵魂,就好似人类必须有思维一样。法国寓言家拉·封丹曾说:"一个寓言可以分为身体和灵魂两部分:故事好比身体,给人的教训好比灵魂。"在寓言创作中,寓意是一根看不见的线,大多数时候,这根线并不会直接在文字中体现。但是,寓言的寓意会随着读者的阅读进程而逐渐明晰,这是寓言作为一种独立的文学体裁的魅力所在。如古代寓言《郑人买履》就很有代表性,虽然其寓意并未直接体现在文字中,但是读者都能体会到不思变通,终将一事无成的寓意来。

无论童话还是寓言,都来源于生活,和生活的真实状态是相通的。从这个意义上讲,我们一定要用自己的思想、感受,去体会寓言故事中的角色和情节,像观察生活、思考生活一样对待虚构但又意义深远的寓言。

寓言的寓意,有的反映人们对生活的看法,有的对某种社会现象加以批评,有的对某一阶层或某一类人物进行讽刺,或进行某种劝诫。总之,我们首先要弄清寓言的寓意是什么,然后分析角色的形象特征,用恰当的语气语调来表现。

朗诵时,考生既要有讲故事的投入,又要有说道理的冷静。

我们以寓言《狼和小羊》为例:

狼和小羊

狼和小羊碰巧同时到一条小溪边喝水,那条小溪的水是从山上流下来的。

狼非常想吃小羊,可是它想,既然当着面,总得找个借口才好。

狼就故意找碴,气冲冲地说:"你怎么敢到我的溪边来,把水弄脏,害得我不能喝?你安的什么心?"

小羊吃了一惊,温和地说:"我不明白我怎么会把水弄脏。您站在上游,水是从您那儿流到我这儿的,不是从我这儿流到您那儿的。"

"就算这样吧,"狼说,"你总是个坏家伙,我听说,去年你在背地里说我的坏话"。

"啊?亲爱的狼先生,"可怜的小羊喊道,"那是不可能的事,去年我还没出生呢!"

狼不想再找借口了,就龇着牙咆哮着,逼近小羊,说:"你这个小坏蛋!说我坏话的不是你就是你爸爸,反正都一样。"说着就扑到小羊身上,抓住它,把它吃掉了。

当凶残的人要干坏事时,是很容易找到借口的。

朗诵时,首先注意不能把寓言当作故事来读,故事只是作者说道理的工具而已,而寓言的核心是它的寓意。这篇寓言中,狼千方百计地找借口,最后以"莫须有"的罪名吃掉了小羊。作者讲这个故事的目的是什么呢?是为了给人们一个教训:恶人是不讲理的,千万不要像善良的小羊那样去跟狼讲道理。可以运用重音"凶残"和"容易"来突出作者的意图。当恶人存心做坏事时,还怕找不到借口吗?正如中国的古语所说:"欲加之罪,何患无辞?"

有的同学在备稿时没有认真分析稿件,不能真正感受到角色说话时的心理,不能抓住故事隐含的深层道理以及作者的良苦用心,光顾着想无辜的小羊、狡猾的狼应该用怎样的声音来描绘,这样表现起来就很容易陷入肤浅的语境,使朗诵变成简单的表演和说教。

二、角色鲜明,活灵活现

寓言的主人公可以是人,可以是动物,也可以是植物等,朗诵者应相信寓言里的一切都是真实的,与寓言中的角色"同欢乐、共患难"。

寓言朗诵语言分为角色语言和叙述语言两种。角色语言应读出角色的特点来,如小羊温顺可怜、大灰狼阴险狡诈、小猪笨拙憨厚等。为了逼真地表现角色,可以进行适当的模仿和夸张,例如朗诵乌鸦的话时,声音可以尖细一些;朗诵蜗牛的话时,声音可以放低一些,慢一些,因为蜗牛总是慢腾腾的。这样立刻就可以将两个角色的声音特点表现出来,形成对比。

寓言的叙述语言讲述感强,接近口语,朗诵时应自然、流畅。

我们以寓言《乌鸦与狐狸》为例:

乌鸦与狐狸

森林里,乌鸦幸运地找到一块肉。它叼着肉,站在高高的树枝上,欢喜极了。

一只饿得头晕眼花的狐狸远远地闻到了肉的香味,迫不及待地跑过来。

狐狸站在树下,摇着尾巴向乌鸦问好:"亲爱的乌鸦,您好啊!"乌鸦不作声。

狐狸又说:"亲爱的乌鸦,您的孩子好吗?"乌鸦看了狐狸一眼,还是不作声。

狐狸眨眨眼,装出一副激动的样子对乌鸦说:"啊,亲爱的乌鸦,我觉得您真美!您的羽毛像绸缎一样闪闪发光,森林里没有哪只鸟比您更漂亮!我听说,您的歌喉美妙动听,可惜我从没听您唱过。真想听到您美妙的歌声啊,您唱几句吧!"

听了狐狸这番话,乌鸦非常得意。它张开了嘴:"哇……"没想到肉一下子掉到了地上。

狐狸叼住肉,飞快地跑了。

朗诵一开始,应放慢语速细致讲解,将故事的背景讲述清楚。随着故事的深入,语言便可以随着情节的发展带有相应的态度,侧重角色的形象刻画,强调情节的连贯性、生动性。同时可通过语速的缓急、声音的高低来推动故事情节的发展。

在这个寓言中,狐狸是一个拍马屁的高手。乌鸦长得并不好看,声音也不好听,但是狐狸为了骗到乌鸦嘴里的那块肉,却夸奖它有美丽的羽毛、天使般的歌喉。狐狸虚情假意的那一段话有三个感叹号,朗诵时可以给这三个感叹号加上不同的尾音,就像音乐中的装饰音,以显示出狐狸的狡猾、虚情假意。总体来说,狐狸的话可以用柔和、恳切、细声细气的声音和曲折的语调读出,以突出其媚态和狡猾,这样也可以反衬出乌鸦的愚蠢。

三、夸张对比,渲染到位

语言夸张是寓言的一大特征。夸张是将描写对象的某些特征有意识地放大或强调,从而突出其特点以增强艺术效果的一种修辞手段。比如,通过夸张使某个角色形象显得狡诈或愚蠢可笑。我们可以从节奏、速度、音量等方面对夸张进行技巧处理,以取得较好的表达效果。但我们必须把握好夸张的"度",不能因为夸张而影响表达。有的同学在考试中为了"逼真"地表现角色,模仿、夸张得过了头,反而破坏了整体效果。因此夸张、模仿时,要抓住稿件的情感依据,适当表现,注意故事的整体感。

我们以寓言《乌鸦和猪的"谅解"》为例:

乌鸦和猪的"谅解"

乌鸦在一棵树上看见下面有一头浑身长满黑毛的猪。

"哈哈!这个黑家伙,多难看呀!"乌鸦说。

猪向四处看了看,发现说话的是乌鸦,就说:"说话的原来是一个黑得可怜的小东西!"

"你说谁?你也不看看你自己!"乌鸦气愤地说。

"你也看看你自己吧!"猪也很气愤。

它们争吵了一阵,就一道去池塘,看看谁更黑更难看。它们从水里照了照自己,又互相端详了一下,谁也不开口了。忽然,乌鸦高兴地说:"其实,黑有什么不好看呢?"

"我也认为黑是很好看的。"猪也快乐地说。

这个故事说的是乌鸦嘲笑猪黑,猪也嘲笑乌鸦黑,但当它们发现彼此一样黑时,又互相"谅解"了。其中的寓意是:我们不能因为彼此都有同样的缺点就自欺欺人,把缺点当作优点来称赞。朗诵乌鸦的话时，声音可以尖细一些，语速稍快，因为乌鸦与猪相比，要灵巧一些。而读到猪说的话时，可以把声音放低一些、粗一些，体现出猪愚笨憨厚的特点。这样就可以将两个角色的声音拉开距离，形成对比。需要指出的是，有的考生在模仿乌鸦说话时声音过于尖细，模仿猪说话时瓮声瓮气、口齿不清，这样就没有什么艺术效果可谈了。

第二节　示例分析与朗诵提示

示例 5-1

时间与爱的故事

从前有一个小岛，上面住着快乐、悲哀、知识和爱，还有其他各种情感。

一天，情感们得知小岛快要沉没了，于是大家赶紧准备船只，想要离开小岛。只有爱留了下来，她想坚持到最后一刻。

过了几天，小岛真的要沉没了，爱想请人帮忙。

这时，富裕乘着一艘大船经过。

爱说："富裕，你能带我走吗？"

富裕回答："不，我的船上有许多金银财宝，没有你的位置。"

爱看见虚荣在一艘华丽的小船上，说："虚荣，帮帮我吧！"

"我帮不了你，你全身都湿透了，会弄坏我这漂亮的小船。"

悲哀过来了，爱向她求助："悲哀，让我跟你走吧！"

"哦……爱，我实在太悲哀了，想自己一个人待一会儿！"悲哀答道。

快乐走过爱的身边，但是她太快乐了，竟然没有听到爱在叫她！

突然，一个声音传来："过来！爱，我带你走。"

这是一位长者。爱大喜过望，竟忘了问他的名字。安全上岸以后，长者独自走了。

爱对长者感恩不尽，问另一位长者知识："请问帮我的那个人是谁？"

"他是时间。"知识老人答道。

"时间？"爱问道，"为什么他要帮我？"

知识老人笑道："因为只有时间才能理解爱有多么伟大。"

分析与提示：在这则寓言里，作者精心设计了一个特定的情境：荒凉的孤岛上，

"住着快乐、悲哀、知识和爱,还有其他各类情感"。小岛快要沉没了,爱向各种情感求救。富裕表现出的是贪婪自私,虚荣表现出的是不近人情,悲哀表现出的是消极萎靡,快乐表现出的是忘乎所以。只有时间,宽厚、仁慈、博大、乐于助人。在这里,时间是真善美的化身。时间永恒,爱心伟大,时间使爱美丽,爱使时间增辉,时间和爱谱写了一曲美的旋律。

朗诵这则寓言,一定要注意叙述语言及不同角色语言的设计与转换。叙述语言应随着故事情节的展开而发生相应的变化。如第一句话描绘的是这些情感美好的生活场景,语气应舒展自然,场景描绘感强。第二句话,因为小岛快要沉没了,大家慌忙准备离开,应读出紧迫感;"只有爱留了下来,她想坚持到最后一刻"。语气应在平实中带有对"爱"这种选择的赞同和认可。情感们的语言可以根据不同情感在日常生活中给人们的印象而设计,如"爱"的语言天真柔美、诚挚朴实,"富裕"的语言粗声粗气、傲慢骄横,"虚荣"的语言高傲自私,"悲哀"的语言有心无力,"知识"的语言德高望重、意味深长。最后一句话是这则寓言的寓意:时间能考验一切,在时间的魔力下,一切都会现出原形,只有真爱才能经受住时间的考验,因而也只有时间才能理解真爱的伟大。

示例 5-2

猴吃西瓜

猴王找到个大西瓜。可是怎么吃呢?这个猴啊,是从来也没吃过西瓜。忽然它想出一条妙计,于是就把所有的猴都召集过来,对大家说:"今天我找到一个大西瓜,这个西瓜的吃法嘛,我是完全知道的,不过我要考验一下你们的智慧,看你们谁能说出西瓜的吃法。要是说对了,我可以多赏它一份,要是说错了,我可要惩罚它!"小毛猴一听,挠了挠腮说:"我知道,吃西瓜是吃瓤!"猴王刚想同意。"不对,我不同意小毛猴的意见!"一个短尾巴猴说,"我清清楚楚地记得我和爸爸到姑妈家去的时候,吃过甜瓜,吃甜瓜是吃皮,我想西瓜是瓜,甜瓜也是瓜,西瓜当然也该吃皮啦!"

大家一听觉得有道理,可到底谁对呢?于是都不由地把眼光集中到一只老猴身上。老猴一看,觉得出头露面的机会来了,就清了清嗓子说道:"吃西瓜嘛,当然……是吃皮啦!我从小就吃西瓜,一直是吃皮,我想我之所以能长寿,也正是因为吃了西瓜皮。"

有几只猴等急了,一听老猴也这么说,就跟着嚷起来:"对,吃西瓜吃皮,吃西瓜吃皮!"猴王一看,认为已经找到了正确答案,就向前跨一步说:"对!大家说得对,吃西瓜是吃皮！哼,就小毛猴崽子说吃西瓜吃瓤,那就叫它一个人吃瓤,咱们大家都吃皮!"于是西瓜切开后,小毛猴吃瓤,大家伙共分西瓜皮。

有只猴吃了两口,就捅了捅旁边的猴说:"哎,我说这可不是滋味啊!"

"咳,老弟,我常吃西瓜,西瓜嘛,就是这味……"

分析与提示:《猴吃西瓜》是考生选用较多的稿件。这则寓言以众猴研究如何吃西瓜为主线,展示了一群猴子吃西瓜的闹剧,讽刺的是生活中不懂装懂、盲目听信他人的人。

这则寓言的整体基调是轻松诙谐的,基本节奏为轻快型。寓言着重刻画了几只猴的形象:猴王、小毛猴、短尾巴猴、老猴、群猴和最后两只猴。考生要充分感受这些猴子内心的活动,揣摩它们在说话时心里会想什么,只有内心有了充分的思维活动,朗诵时才能将它们的神态传神地表现出来。另外,考生可以借鉴生活中有代表性的人物的典型动作、典型说话方式对寓言中的角色进行细致加工,通过细节的刻画使不同猴子的特点更加突出。

要注意不同身份的猴的语气的不同。猴王是一个不讲实际、推崇经验主义的典型代表,它是中心人物和权威人物,语气要厚重威严,声音稍靠后,有一定力度;小毛猴年龄小,童言无忌,说话没有经过仔细考虑,声音应尖细一些,语速稍快一些;短尾巴猴经验不足,喜欢表现自我,年龄比小毛猴稍长,它的话经过思考,语速适中;老猴自以为是,倚老卖老,语速稍慢,但说出的话很有分量,有一种得意与卖弄的感觉。结尾两只猴的对话以悄悄话的形式进行,最后一只猴装出一种什么都知道的样子。注意塑造不同的猴子声音形象时,声音转换要可控和自然。

示例 5-3

老海龟的悲剧

海岛的沙滩上,有一只巨大的海龟。它晒着温暖的太阳,慢慢地爬动着,感到十分惬意。

有一只小海鸥飞来,停歇在海龟的背上问:

"老爷爷,您多大年纪了?"

"不大不小,整整 100 岁。"海龟慢吞吞地说。

"呀!您这么大年纪,一定到过许多许多地方吧?一定有很大很大本领吧?

您……"好奇的小海鸥,连珠炮似的问道。

老海龟来神儿了,它伸长脖子,昂起头,微微晃动着,夸耀地说:

"这个嘛,太平洋我是游遍了;荒凉的小岛我全溜达过;最深的海底我也去观过光。至于我神通广大的本领,说起来准让你羡慕得流口水……"

海龟正说得口沫四溅,小海鸥忽然惊恐地飞开了。一个渔夫走过来,用力把海龟翻了个四脚朝天。那渔夫走开时笑着说:

"现在我没空,过半天再搬你上船。"

老海龟知道大事不好,只等着倒霉啦。小海鸥见老海龟仰面躺着不动,飞过来吃惊地说道:

"神通广大的老爷爷啊,您就这么等着别人弄走吗?"

老海龟听了,惭愧地用两只前脚遮住了自己的脸。

分析与提示:这则寓言讲述的是一只老海龟向一只小海鸥夸耀自己见识广、本领大,最后不幸被渔夫捉到的故事。作者通过对动物的丰富想象来启迪读者的心灵,故事蕴含的道理是:人们要正视自己的能力,不要过分骄傲。

全文采用对话的形式,语言生动有趣。朗诵时,要特别注意老海龟与小海鸥的外表形象描述与声音形象设计。"慢慢地爬动""慢吞吞""来神儿了""伸长脖子""口沫四溅""惭愧地用两只前脚遮住了自己的脸"等词句,把一个缓慢、骄傲、自以为是、羞愧难当的老海龟表现得淋漓尽致,语言应慢吞吞的,用声稍靠后,表现出自鸣得意、倚老卖老的海龟形象。小海鸥的两次发问,还有"好奇""连珠炮似的""惊恐""吃惊"这几个词把小海鸥天真活泼的形象充分表现了出来。小海鸥因为小巧灵活、好奇,语速应较快,用声靠前,语言干净利落,表现出不解、"打破砂锅问到底"的样子。渔夫因为了解海龟的习性,便采用致命的方式将这只"神通广大"的海龟轻易擒获,应读出悠闲的自信感来。叙述的语言应带有讲述感与趣味性,引领受众有兴趣听下去,让受众在娓娓道来的讲述中会心微笑,并对寓言的寓意有所领悟。

示例 5-4

杞人忧天

从前在杞国,有一个胆子很小,而且有点神经质的人,他常常会想一些奇怪的问题,让人觉得莫名其妙。

有一天，他吃过晚饭以后，拿了一把大蒲扇，坐在门前思量，并且自言自语地说："假如有一天，天塌了下来，那该怎么办呢？我们岂不是无路可逃，将活活地被压死在这儿，这不就太冤枉了吗？"

从此以后，他几乎每天都为这个问题发愁、烦恼，朋友见他终日精神恍惚、脸色憔悴，都很替他担心。但是当大家知道原因后，都跑来劝他说：

"老兄啊！你何必为这件事自寻烦恼呢？天空怎么会塌下来呢？再说即使真的塌下来，那也不是你一个人忧虑发愁就可以解决的啊，想开点吧！"

可是，无论人家怎么说，他都不相信，仍然时常为这个问题担忧。

分析与提示：这则寓言出自《列子·天瑞》："杞国有人，忧天地崩坠，身亡所寄，废寝食者。"作者通过杞人忧天的故事，告诉我们要豁达乐观，不要毫无根据地为不切实际的事情忧虑和担心。这则寓言故事运用对话刻画人物，人物形象鲜明。虽然篇幅短小，但寓意深刻、耐人寻味。

这则寓言的叙述语言要读得稍慢一些，以便清楚地把背景展现出来，并带有一种趣味感。朗诵第一段时，"从前"二字应读出时代的久远感，"莫名其妙"要读出一种不可思议的意味。第三段文字应读出这个人为这个问题烦恼而惶惶不可终日的感觉。朗诵最后一段文字时，应读出大家对这个人无计可施的无奈感。在人物语言上，杞人的声音似乎是一种内心独白，应读出担心、忧虑、越想越怕的焦虑感；劝导者的声音应读出心平气和的耐心感，同时推理语言要有层次推进感。

示例 5-5

一头学问渊博的猪

一头绝顶聪明的猪，住在一个非常有名的图书馆的院子里，它深信自己由于在这里生活了许多年，已经成了知识渊博的学者。

有一天，一只八哥来访问。这头猪立即按照惯例，对客人进行了自我介绍。

"朋友。相信我吧！我在这个图书馆里待的时间很长了，我对这儿的沟渠、粪坑、垃圾堆，都有着深刻的了解，甚至屋后山坡上的墓穴，都叫我拱翻了好几个。谁要是想在这个图书馆里得到知识而不找我，那他算是白跑一趟了。"

八哥问："你说的都是图书馆外面的事，那里面的东西你也了解吗？"

"里面？那我最清楚不过了，无非是一些简单的木架子，上面堆满了各种各样的书。"

"你对那些书也了解吗？"八哥又问。

"怎么不了解呢？那是最没意思的了，它们既没有什么香气，也没有什么臭气，我咀嚼过好几本了，也谈不上什么味道，干巴巴的，一点水分也没有。"

"可是人们老在里面待着，据说他们在里面探求知识的宝藏呢！"八哥说。

"人们？你说他们干什么？他们确实是那样想的，想在书里找点什么东西。我常常看到许多人把那些书翻来翻去。结果什么也没有得到，还是把书扔在架子上又走了。我保证他们在里面连糠渣、菜叶都没有得到一点，还谈什么宝藏！我从不做那种蠢事，与其花时间去啃书本，还不如到垃圾堆翻几个烂萝卜啃啃呢！"

"算了吧！我的学者，"八哥说，"一个从垃圾堆里啃烂萝卜的嘴巴，来谈论书本上的事，是不大相宜的，还是去啃你的烂萝卜吧！"

分析与提示：本文通过一头猪和八哥的对话，嘲讽了那些愚昧无知但又自以为是的人，他们局限于自我知识经验，不思进取，以固有的经验观念批判其他事物，是极其可笑的。全篇内容情节紧凑，一环扣一环，直到最后结尾处才由八哥说出了这个寓言的内涵。

文章标题标新立异，引发读者兴趣，应读出讽刺意味。"学问渊博"四字应加重语气读出反义来。虽然这头猪在图书馆里生活很久了，但它只知道吃和睡，将书本当成废物，其实是愚蠢至极的。

在这则寓言中，"猪"作为主角，应是着重刻画的反面角色。在生活中，我们常用"好吃懒做""憨头憨脑""笨手笨脚"等词语来形容猪。在文中，猪除了具备这些特点外，还有自以为是、愚昧无知的特点。猪的声音造型，可以低声区的胸腔共鸣为主，用声稍靠后，嘴唇稍前噘并放松，使声腔拉长、咬字含混。最重要的是内心始终伴有"自以为是"之感，并且语言夸张，语速较慢，与猪的生理特征相贴合。八哥在生活中给人的印象是聪明、善仿人言，因此它的声音造型可用声靠前，声区较高，音色尖脆，语速较快，语言干脆利落。八哥的表达，最重要的是对它内心的塑造，因为它对猪的认识有一个从刚开始盲目的敬仰到看清本质后的嘲笑鄙视的变化过程。

示例 5-6

十二生肖第一位

很久很久以前,人们过着幸福平静的生活,这时有人提出:"我们就这样一年一年地过,都不知道时间了,总要有些东西来代表吧!"有个聪明的小朋友出了个主意:"我们把十二年作为一个循环,每年用一个动物代表,一共选十二种动物就可以了。"大家都夸这是个好主意,可世界上的动物太多了,该选哪十二种呢?最后人们决定,定一个好日子,让动物们来报名,就选先到的十二种。

报名那天,老鼠起得很早,牛也起得很早。它们在路上碰到了。牛个头大,迈的步子也大,老鼠个头小,迈的步子也小。老鼠跑得上气不接下气,才刚刚跟上牛。老鼠心里想:路还远着呢,我快跑不动了,这可怎么办?它脑子一动,想出个主意来,就对牛说:"牛哥哥,牛哥哥,我来给你唱个歌。"牛说:"好啊,你唱吧!"过了一会儿,牛问:"咦,你怎么不唱呀?"老鼠说:"我在唱哩,你怎么没听见?哦,我的嗓门太细了,你没听见。这样吧,让我骑在你的脖子上,这样我唱歌,你就能听见了。"牛说:"行啰,行啰!"老鼠就沿着牛腿一直爬上了牛脖子,让牛带着它走,可舒适了。老鼠摇头晃脑的,真的唱起歌来:"牛哥哥,牛哥哥,过小河,爬山坡,驾,驾,快点儿啰!"

牛一听,来了劲儿,撒开四条腿使劲跑,跑到比赛的地方一看,大家都还没来,兴奋地叫起来:"我是第一名,我是第一名!"

这时候,老鼠从牛脖子上一蹦,蹦到地上,吱溜一蹿,蹿到牛前面去了。就这样,小小的老鼠排在了十二生肖的第一位。

分析与提示:这则寓言讲的是老鼠和牛争当生肖第一的故事。体型、步伐都很大的牛最终输给了"不如自己"的小老鼠。机智的老鼠和憨厚的牛之间的故事,宛如我们生活中有些事的真实写照。通过这个故事,我们懂得了遇事不能光看表面,不能轻易放松警惕、过度自信,也不能被事情的表面吓倒,放弃努力。随着时代的发展和进步,一味埋头往前冲却不知观察利用环境的人,已不再是强者。儒家的名言"虽有智慧,不如乘势"的意思也是如此。起得早,是牛和老鼠都有的智慧,而老鼠懂得"乘势",这就是更好地运用了智慧。

朗诵时,应对故事的情节和角色展开丰富想象,然后通过细腻的语言、适当的动作手势把它们生动地表现出来。模仿动物的声音、神态、动作时,做到神似即可,不可过于夸张。同时要注意区别旁白叙述和角色语言:旁白部分要绘声绘色地表现场面,推动情节往前发展;对话部分应着重刻画老鼠和牛各自的性格特征和心理活动,牛的声音形象要读出憨厚老实、粗声粗气之感,老鼠的声音应该灵动聪明、细声细语。

示例 5-7

两只笨狗熊

狗熊妈妈有两个孩子,一个叫大黑,一个叫小黑。他们长得挺胖,而且都很笨,是两只笨狗熊。

有一天,天气很好,哥儿俩手拉手一起出去玩。他们走着走着,忽然看见路边有一块干面包,捡起来闻闻,嘿,喷喷香。可是只有一块干面包,两只小狗熊怎么吃呢?大黑怕小黑多吃一点,小黑也怕大黑多吃一点,这可不好办呀!

大黑说:"咱们分了吃,可要分得公平,我的不能比你的小。"

小黑说:"对,要分得公平,你的不能比我的大。"

哥儿俩正闹着呢,狐狸大婶来了,她看见干面包,眼珠骨碌碌一转,说:"噢,你们是怕分得不公平吧,让大婶来帮你们分。"哥儿俩说:"好,好,咱们让狐狸大婶来分吧。"

狐狸大婶接过干面包,恨不得一口吞下去,可是她没有这样做。她把干面包分成两片,哥儿俩一看,连忙叫起来:"不行,不行!一块大,一块小。"

狐狸大婶说:"你们别着急,瞧,这一块大一点吧?我咬它一口。"狐狸大婶张开大嘴巴"啊呜"咬了一口,哥儿俩一看,又叫起来了:"不行,不行,这块大的被你咬了一口,又变成小的了。"

狐狸大婶说:"你们急什么呀,那块大了,我再咬它一口吧。"狐狸大婶张开大嘴巴又"啊呜"咬了一口,哥儿俩一看,急得叫起来:"那块大的被你咬了一口,又变成小的了。"

狐狸大婶就这样这块咬一口,那块咬一口,干面包只剩下小手指头那么一点儿了。她把一丁点大的干面包分给大黑和小黑,说:"现在两块干面包都一样大了,吃吧,吃得饱饱的。"

大黑和小黑你看看我,我看看你,一句话也说不出来。

分析与提示:这是一个情节有趣、形象鲜明、构思巧妙的寓言,讲述了大黑和小黑捡到干面包后被狐狸欺骗的故事。这则寓言的寓意是:遇到问题要学会用自己的智慧来解决，与同伴要有相互谦让的精神。

寓言围绕如何分干面包展开，朗诵时要围绕这一矛盾表现出角色的心理变化及鲜明的性格特征。在面包越分越小的情况下，运用情绪变化、节奏变化等技巧层层推进故事情节的发展。旁白的语言以客观叙述为主，根据故事情节有所起伏。刻画角色时，适当区分大黑和小黑的性格。大黑是哥哥，也是分面包的提议者，可表现得强势一些，声音以胸腔共鸣为主，突出其憨憨笨笨的形象；小黑是弟弟，也是响应者，可表现得弱势一点，声音以口腔共鸣为主，可以撮起嘴巴表现出小黑的蠢笨。狐狸大婶看似善良，实则阴险狡诈、精明狡猾，发音时声音应尖细高亮，以鼻腔共鸣为主。同时从句子细节入手，例如"眼珠骨碌碌一转""我再咬它一口"等，通过这些表情、动作去刻画狐狸大婶的形象。

示例 5-8

谦虚过度

水牛爷爷是森林世界公认的谦虚人，很受大家尊重。小白兔夸它："水牛爷爷的劲儿最大了！"它回答："唉，过奖了，犀牛、野牛的劲儿都比我大。"小羊夸它："水牛爷爷的贡献最多了！"水牛就说："唉，不能这样讲了，奶牛吃的是草，挤出来的是奶，它的贡献比我多。"

狐狸艾克很羡慕水牛爷爷谦虚的美名。它想："这谦虚太好学了，我也来学一下谦虚吧！"它想了想："水牛爷爷的谦虚不就是这两点吗？一是把自己什么都说小点儿，二是把自己什么都说少点。对！就是这样。"

一天，艾克遇到一只小老鼠。小老鼠看到艾克有一条火红蓬松的大尾巴，不禁发出了由衷的赞美："哎呀，艾克大叔，您这条尾巴真大呀！"艾克学着水牛爷爷的口气，歪歪嘴："哎，过奖了。你们老鼠的尾巴比我大多了。"

"啊，什么？"小老鼠大吃一惊，"您长那么长的四条腿，却拖根比我还小的尾巴？"艾克谦虚地说："哎，不能这样讲，我哪有四条腿，三条了，三条了。"小老鼠以为艾克得了精神病吓跑了。

艾克的谦虚不仅没有换来美名，倒换来了一大堆谣言。大家说："唉，森林世界出了一只妖狐狸，只有三条腿，还拖着一根比老鼠还小的尾巴……"

分析与提示：这则寓言的寓意是：虽然谦虚是一种美德，但也要实事求是，不实事求是只能适得其反。

这则寓言出现的动物形象多,朗诵时,要注意声音形象的塑造。小白兔乖巧可爱,声音稚嫩天真;小羊温顺善良,声音轻柔真诚。它们的声音应表现出对水牛爷爷崇拜佩服的感觉。水牛爷爷老实勤恳、年岁较大,声音可略显苍老,语速较为缓慢,表现出谦逊质朴的形象。狐狸艾克虚荣心强,声音可靠前,语速较快,表现心理活动的语言应读出自作聪明的窃喜感,后面与小老鼠的对话应有模仿水牛爷爷的感觉,装出"谦逊"来。小老鼠娇小灵活,声音应该活泼可爱、富有热情。小老鼠在听到狐狸艾克的回答后说"啊,什么?"应通过较长停顿及略显颤抖的声音来表现小老鼠内心的极度惊讶。朗诵最后一段时,要结合这则寓言的寓意,使"美名"和"谣言"形成鲜明对比,言语中透出对狐狸艾克弄巧成拙、自作自受的讽刺。"大家的话"可以看作是众多动物看到某种怪现象后的窃窃私语,声音应低一些,显出不可思议的恐怖感。

示例 5-9

鹅

鹅对满院的家禽说,"从今以后,咱们要互相学习,特别是我,有啥缺点大家尽管提,不要客气。"

"请你闲着没事儿别大喊大叫,吵得大家伙儿不能休息。""唔,我生来就是大嗓门儿,大家捂着耳朵也能解决问题。""我也来提醒你一声,吃起东西来可不能只顾着自己。""哎,胃口大不能算缺点,何况大家没养成礼让的风气。""还有你的飞翔技术并不高明,别总吹嘘天鹅要来请教你。""提意见也得有个分寸,不要纠缠那些鸡毛蒜皮。""有一回,你拉着小鸡的耳朵,说再提意见就把它拖下水。""我不过是跟它开了个玩笑,这算什么批评,简直是打击!"

有些人拿着批评的武器,只是为了装饰自己,千万不要碰到它的痛处,轻轻地搔痒倒还可以。

分析与提示:这则寓言的主人公鹅是一个虚伪、专横的角色。它煞有介事地征求意见,表示要和大家互相学习,而当善良、正直的家禽们真的提出意见时,鹅却一一驳回,甚至倒打一耙,其虚伪、专横的本性暴露无遗。

朗诵这则寓言时要着重表现角色性格和思想内容。鹅在家禽中体型算是大的,说话声音洪亮,语调严肃郑重,似厉声呵斥。鹅的语气、语调要有渐变的特点。在鹅的语言中,"唔""哎"两个语气词要含有一种不以为然的口气;"生来""不能"应重读,"这算什么批评,简直是打击!"应用气愤至极的高调,暴露出鹅的本性。鹅刚开始的语言应表现出一种故意放低身段、佯装亲善的恭敬谦逊感,随着其他家禽对它提的意见越来越多,它的语气从死不承认变为蛮不讲理,甚至恶意中伤给它提意见的家禽。家禽的形象可以设定为鸡、鸭、鸽子等,它们的体型相对鹅来讲要小一些,声音要弱一些,语速稍快,用声靠前,语言中透露出一种恳切、真挚的劝诫感。最后一段是揭示寓意,应在沉稳有力的声音中读出讽刺嘲笑的意味。

示例5-10

蘑菇该奖给谁

邝金鼻

清晨,兔妈妈出门采蘑菇,临走时嘱咐两个孩子要好好练习跑步。

晚上,兔妈妈提着一大篮蘑菇回来,对它们说:"你们今天谁跑得最出色?我奖给它一个最大的蘑菇!"

小黑兔得意地说:"今天我参加跑步比赛,得了第一名!"

小白兔难为情地说:"今天我参加跑步比赛,落在后面了。"

"你们今天都跟谁比赛啦?"兔妈妈问。

"我跟乌龟赛跑,所有的乌龟都跑不过我!"小黑兔说。

"我跟骏马赛跑,它们都跑得比我快。"小白兔说。

"我的好孩子,"兔妈妈亲了亲小白兔,从篮子里挑出一个最大的蘑菇,"这是给你的奖品!"

小黑兔不服气地问:"我今天得了冠军,为什么把大蘑菇给小白兔?"

兔妈妈说:"因为它敢和高手比呀!"

分析与提示:这则寓言告诉我们应该有勇气和决心挑战自己,敢于与高手竞争,追求更为高远的目标。

朗诵时要把握好兔妈妈、小白兔和小黑兔三者的角色定位与语气感情色彩。兔妈妈的声音始终是温柔亲切的,"你们今天谁跑得最出色?我奖给它一个最大的蘑菇!"这句话前半句语速稍快,"最大的蘑菇"语速稍慢,以突出一种惊喜感。在得知小白兔敢于和骏马比赛时,兔妈妈内心激动不已,所以夸赞小白兔的语调应该是热情、高兴的。在小黑兔表达出不服气时,兔妈妈解释说"因为它敢和高手比呀!"语言应该耐心细致,就像在开导小黑兔。小黑兔先是"得意",后来是"不服气",要把握好其情绪的变化。小黑兔前面两句话节奏轻快、语势上扬,后面一句话语气舒缓低沉、语势下落。小白兔的语气应该和小黑兔前面两句话形成鲜明对比,突出其"难为情"与失落感。

示例5-11

渔王的儿子

有个渔人有着一流的捕鱼技术,被人们尊称为"渔王"。然而渔王年老的时候非常苦恼,因为他的三个儿子的渔技都很平庸。

于是他经常向人们诉说自己的苦恼:"我真不明白,我捕鱼的技术这么好,为什么我的儿子们这么差?我从他们懂事起就传授捕鱼技术给他们,从最基本的东西教起,告诉他们怎样织网最容易捕到鱼,怎样划船最不会惊动鱼,怎样下网最容易请鱼入瓮。他们长大了,我又教他们怎样识潮汐、辨鱼汛。我长年辛辛苦苦总结出来的经验,都毫无保留地传授给了他们,可他们的捕鱼技术竟然比不上技术比我差的渔民的儿子!"

一位路人听了他的诉说后,问道:"你一直手把手地教他们吗?"他回答:"是的,为了让他们学到一流的捕鱼技术,我教得很仔细、很耐心。"路人又问:"他们一直跟随你学吗?"他接着回答:"是的,为了让他们少走弯路,我一直让他们跟着我学。"路人说:"这样说来,你的错误就很明显了。你只传授给了他们技术,却没有传授给他们教训,对于才能来说,没有教训与没有经验一样,都不能使人成大器。"

分析与提示:伽利略说:"你无法教别人任何东西,你只能帮助别人发现一些东西。"这则故事告诉我们,应当敢于实践、独立思考,从实践中得出的经验教训远比干巴巴的理论知识深刻得多。

第一段为这则寓言的背景,朗诵时应该节奏平缓、娓娓道来。第一句话应读出对渔王一流捕鱼技术的赞赏与敬佩,突出强调"渔王"二字。第二句话应读出渔王年老时为自己教子失败极度苦恼与不得其解的复杂心情。第二段为渔王的自述,因为此时渔王年事已高,所以声音应比较靠后且苍老,语速较缓慢。在讲到他如何给三个儿子传授捕鱼技术时,应层层递进,有回忆感,最后一句话应读出付出如此多心血却没有得到相应回报的痛惜之情。第三段为渔王与路人的对话,一问一答之间将渔王培养三个儿子的具体方式展现了出来。路人的语言应为剥洋葱式的步步追问,渔王的回答则体现了他手把手教子的良苦用心与行动。最后一句话为路人的总结:渔王的捕鱼技术高超,是因为渔王经历了多次教训,总结出了经验。渔王教子失败的原因是他只传授了技术,却没有传授教训,他不让孩子们走弯路,不让他们去体验挫折,这样不可能教育出渔技高超的孩子。

第三节　推荐应试作品

收藏阳光

从前,田野里住着田鼠一家。夏天快要过去了,他们开始收藏坚果、稻谷和其他食物,准备过冬。只有一只田鼠例外,他的名字叫作弗雷德里克。

"弗雷德里克,你怎么不干活呀?"其他田鼠问道。

"我有活干呀!"弗雷德里克回答,"我要收藏东西。"

"那么,你收藏什么东西呢?"

"我收藏阳光、颜色和单词。"

"什么?"其他田鼠吃了一惊,相互看了看,以为这是一个笑话,笑了起来。

弗雷德里克没有理会,继续工作。

冬天来了,天气变得很冷很冷。

其他田鼠想起了弗雷德里克,跑去问他:"弗雷德里克,你打算怎么过冬呢?你收藏的东西呢?"

"你们先闭上眼睛。"弗雷德里克说。

田鼠们有点奇怪,却还是闭上了眼睛。

弗雷德里克拿出第一件收藏品,说:"这是我收藏的阳光。"

昏暗的洞穴顿时变得晴朗起来,田鼠们感到很温暖。

他们又问:"还有颜色呢?"

弗雷德里克开始描述红的花、绿的叶和黄的稻谷,说得那么生动,田鼠们仿佛真的看到了夏季田野的美丽景象。

他们又问:"那么,你的那些单词呢?"

弗雷德里克于是讲了一个动人的故事,田鼠们听得入了迷。

最后,他们变得兴高采烈,雀跃欢呼:"弗雷德里克,你真是一个诗人!"

牛和青蛙

两只小青蛙在水池边玩,有只大牛来喝水。牛一不小心就把一只小青蛙踩死了。

剩下的一只小青蛙逃回家,对母亲说:

"妈妈,糟了!哥哥被一只有脚的大动物给踩死了!"

青蛙妈妈还不曾见过牛,便问:"很大,是这样吗?"

青蛙妈妈把肚皮吹大给小青蛙看。

"不,更大!"

"那么,是这样吗?"青蛙妈妈再把肚皮吹得更大些。

"还要大,还要更大些呀!"

青蛙妈妈拼命地吸气,将肚皮吹得像气球,圆鼓鼓的。

"哦!就是这样吧?"

青蛙妈妈正说着话,肚皮却"啪"的一声裂开了。

猫和老鼠

很早很早以前,猫并不吃老鼠。

有一只猫和一只老鼠住到了一起。

冬天快到了,它们买了一坛猪油准备过冬吃。老鼠说:"猪油放在家里,我嘴馋,不如藏到远一点的地方去,到冬天再取来吃。"猫说:"好啊。"于是它们趁天黑,把这坛猪油送到离家十里远的大庙里藏起来。

有一天,老鼠突然说:"我大姐生孩子,捎信让我去吃饭。"猫说:"去吧,路上要小心狗。"

天快黑时,老鼠回来了,肚子吃得鼓鼓的,嘴巴油光光的。猫问:"你大姐生了啥呀?""生了个白胖小子。"猫又问:"起个什么名字?"老鼠转一转眼珠说:"叫,叫一层。"

过了十来天,老鼠又说:"我二姐生孩子,请我去吃饭。"猫说:"早去早回。"

老鼠边答应边往外走。

天黑了,老鼠回来了,腆着肚子,满嘴都是油。猫问:"你二姐生了啥呀?""生了个白胖丫头……""起个什么名字?""叫一半。"

又过了七八天,老鼠又说:"我三姐生孩子,请我去吃饭。"猫说:"别回来晚了。"

天大黑时,老鼠回来了,一进屋带来一股油味,对猫说:"我三姐也生了个白胖小子,起名叫见底。"

三九天到了,一连下了三四天的大雪。猫说:"快过年了,什么吃的也找不到,明天咱们把猪油取回来吧!"

第二天一早,老鼠走在前边,猫跟在后边,向大庙走去。

到了大庙里,猫第一眼就看到房梁上满是老鼠的脚印,坛子像被打开过。猫急忙打开坛子一看,猪油见底了。猫一下子全明白了,瞪圆双眼大声说:"是你给吃见底了吧!"老鼠刚张口,见猫已经扑了过来,就转身跳下地。猫紧追它,眼看就要被猫追上了,一急眼,老鼠钻到砖缝里去了。

后来,老鼠见猫就逃,猫见老鼠就抓。

木偶探海

木偶想测量一下大海的深浅,于是他到海上去游历了一番,回到沙滩上就召集大家作报告:

"海,人们都说是很深的,其实并不然。我到海上游历了几个月,走了好几千里,海水从没有没过我的脚脖子。我就是躺在海面上,海水也只能浸湿我的后背。此外,我还观察了海鸥,它从高空猛地冲下来,海水也只是溅湿了它那小小的胸脯……"

话还没说完,台下就乱了。螃蟹在嗤嗤地窃笑,老蚌舞着两层硬壳乱敲打,连沉默的石子也又蹦又跳。木偶大怒,拍着桌子嚷道:"你们吵什么?难道我错了?难道我从实践中得来的经验会是假的?难道……"

唉!怎么能和一个什么都浮在表面上的人说得清楚呢?他不知道,要想真正了解情况,必须深入下去,只浮在表面上是不行的。

蚂蚁和蟋蟀

炎热的夏天,蚂蚁们仍在辛勤地工作着,每天一大早便起床,紧接着一个劲儿地忙活。

蟋蟀呢?天天"叽里叽里、叽叽"地唱着歌,游手好闲,过着养尊处优的日子。

每一个地方都有吃的东西,满山遍野都是盛开的花朵,真是个快乐的夏天啊!蟋蟀对蚂蚁的辛勤工作感到非常奇怪。"喂,喂!蚂蚁先生,为什么要那么努力工作呢?偶尔休息一下,像我这样唱唱歌不是很好吗?"

"可是,"蚂蚁继续工作着,头也不回地说:"只有在夏天储存好食物,才能在严寒的冬天有东西吃啊!"

"我们实在没有多余的时间唱歌、玩耍。"

蟋蟀听蚂蚁这么说,就不再理蚂蚁。"啊!真是笨蛋,为什么老想那么久以后的事呢?"

快乐的夏天结束了,秋天也过去了,冬天悄悄地来了。北风呼呼地吹着,天空中下着绵绵的雪花。

蟋蟀消瘦得不成样子,到处都是雪,一点食物都找不到。

"我要是像蚂蚁先生那样,在夏天储存好食物该多好啊!"

蟋蟀就像要倒下来似的,跌跌撞撞地走在雪地上。

而一直辛勤劳动的蚂蚁,冬天来了也不怕。因为它们储存了好多食物,并且建了温暖的家。

当蟋蟀找到蚂蚁的家时,蚂蚁们正快乐地吃着东西呢。

"蚂蚁先生,请给我点吃的好吗?我快要饿死了!"

蚂蚁们吓了一跳。"咦,你不是蟋蟀先生吗?你在夏天一直唱着歌,我们还以为到了冬天你也会跳舞呢!来吧!吃点东西,等恢复健康,再唱快乐的歌给我们听好吗?"

面对善良可爱的蚂蚁们,蟋蟀忍不住流下了感动的眼泪。

狗的友谊

〔俄〕克雷洛夫

黄狗和黑狗躺在厨房外的墙脚边晒太阳。它们已经吃饱了,于是攀谈起来。它们谈到人世间的各种话题,最后谈到了友谊。

黑狗说:"幸福,就是能和忠诚可靠的朋友在一起生活,互相帮助,彼此相亲相爱,并且抓住机会使朋友高兴,让它的日子过得更加快乐,这样自己也能在朋友的快乐里找到快乐——天下还有比这更加幸福的事吗?假如你和我结成这样亲密的朋友,我们俩一定会非常幸福。""太好了,我的宝贝,就让我们做好朋友吧!"黄狗热情地说。

黑狗也很激动:"亲爱的黄狗,过去我们两个白天黑夜都在一块,简直没有一天不打架,这是何苦呢?打架是完全没有道理的!人类把我们当作友谊的典范,就让我们用行动给人类证明:要结成友谊是没有什么障碍的!来吧,握握爪吧!"两个新朋友立刻热情地拥抱在一起,那个高兴劲儿,简直不知道拿什么来比喻。

就在这时候,天哪!厨子扔出来一根香喷喷的骨头。两个新朋友立即闪电般地向骨头扑过去。"亲密"的朋友"亲密"地滚在一起,撕咬起来。

人世间充满了这样的友谊。听他们讲话,你以为他们是同心同德,丢给他们一根"骨头",就全成另一个模样。

驴子的坏主意

从前,有个商人在镇上买了很多盐。他把盐装进袋子里,然后放在驴背上。

"走吧,回家吧!"商人拉动缰绳,可是驴子觉得盐袋太重了,很不情愿地走着。

镇上与村子之间隔着一条河。渡河时,驴子东倒西歪地跌到河里。盐袋里的盐被水溶掉,全流走了。"啊!盐全没了。唉,可恶!多么笨的驴子呀!"商人发着牢骚。可是驴子却高兴得不得了,因为行李减轻了。"这是个好办法,嗯!我要把它记牢,下次就可以用这个办法来减轻重量了。"驴子尝到甜头,商人却一点也没有发觉。

第二天,商人又带着驴子到镇上去。这一次商人买的不是盐,而是棉花。棉花在驴背上堆得像座小山。"走吧,回家!今天的行李体积虽大,可是并不重。"商人对驴子说,并拉动了缰绳。驴子一副很累的样子,慢吞吞地走着。不久又来到河边,驴子想到昨天的好办法,便故意跌到河里。"顺利极啦!"驴子心想。可这次当驴子想站起来的时候,却发现自己很难站起来。因为棉花泡水之后,变得更重了。"失算了,真糟糕!"驴子边哼哼地嘶叫着,边驮着浸满水的棉花,向村子走去。

懒一下

狐狸艾克找了一天的吃的,累了,便坐在月光下的一块空地上乘凉。夏天,夜里很热,四下里都可以听到小虫和青蛙的叫声。

突然,艾克发现一只蝎子朝自己的裆下爬来。别看蝎子身体小,它的尾巴可毒得很,被它蜇一下,可不是闹着玩儿的。

艾克本想起身避一避,但是它转念一想:"哎,月光下的蝎子是走直线的,我只要把屁股抬一抬,这家伙不就爬过去了吗?嗯,算了吧,能懒一下就懒一下,何必起身呢?怪累的!"于是艾克稍稍抬起屁股,蝎子呢,就爬进它裆下的阴影里了。

事情就是这样巧。这只蝎子也是一只懒蝎子,它来到阴影里,心想:"唉,这个大门洞底下倒挺凉快,尽管有点臊哄哄的。哎呀,天这么热,我何必忙着赶路呢?能懒一下就懒一下吧!"于是它趴下不动了。

艾克抬了一会儿屁股,心想:这蝎子准走过去了,就一屁股坐了下来。"哎哟!"艾克顿时被蝎子的毒尾巴蜇了一下,疼得满地打滚。蝎子呢,已经被艾克压扁了。

唉!世界上有多少事情都坏在这懒一下啊。

小马过河

彭文席

马棚里住着一匹老马和一匹小马。

有一天,老马对小马说:"你已经长大了,能帮妈妈做点事吗?"小马连蹦带跳地说:"可以呀!我很愿意帮您做事。"老马高兴地说:"那好啊,你把这半袋麦子驮到磨坊去吧。"

小马驮起口袋,飞快地往磨坊跑去。跑着跑着,一条小河挡住了去路,河水哗哗地流着。小马为难了,心想:我能不能过去呢?如果妈妈在身边,问问她该怎么办,那多好啊!可是它离家已经很远了。它向四周望了望,看见一头老牛在河边吃草,便跑过去有礼貌地问:"牛伯伯,请您告诉我,这条河,我能过去吗?"老牛说:"水很浅,刚没过小腿,能过去。"

小马听了老牛的话,立刻跑到河边,准备过去。突然从树上跳下一只松鼠,拦住它大叫:"小马!别过河,别过河,河水会淹死你的!"小马吃惊地问:"水很深吗?"松鼠认真地说:"当然啦!昨天,我的一个小伙伴就掉在这条河里淹死了!"小马连忙收住脚步,不知道怎么办好。它叹了口气说:"唉!还是回家问问妈妈吧!"

小马甩甩尾巴,跑回家去。妈妈问:"怎么回来啦?"小马难为情地说:"有一条河挡住了去路,我过……过不去。"妈妈说:"那条河不是很浅吗?"小马说:"是呀!牛伯伯也这么说。可是松鼠说河水很深,还淹死过它的小伙伴呢!"妈妈说:"那么到底是深还是浅呢?你仔细想过它们的话吗?"小马低下头,说:"没想过。"妈妈亲切地对小马说:"孩子,光听别人说,自己不动脑筋,不去试试,是不行的。你去试一试,就会明白了。"

小马跑到河边,试着往前蹚……原来河水既不像老牛说的那样浅,也不像松鼠说的那样深。它顺利地过了河,把麦子送到了磨坊。

奉承是一种索取

一只狐狸正在找吃的,在河边碰上了一只仙鹤。

狐狸想了想,说:"早安,聪明的仙鹤,近来您的身体好吗?"

"我很好,谢谢您!狐狸先生,您有什么事吗?"仙鹤回答。

狐狸说:"我有些问题想请教您——如果风从北边吹来,您的头朝什么方向转?"

"当然是朝南面转啦。"

"如果风从西边吹来,您的头朝什么方向转?"

"朝东啊。"

"您真聪明!"狐狸向前一步,又问,"假如风从四面八方吹来,那您又该怎么办呢?"

"那我就把头伸进翅膀里去——"仙鹤说着,得意地做给狐狸看,"就像这样!"

还没等仙鹤把头露出来,狐狸就猛地向前一扑,狠狠地咬住了仙鹤的脖子。

过多的甜言蜜语犹如高利贷,听得越多,信得越真,持续得越久,越会为此付出昂贵的代价。

镜 子

狮子大王长得非常丑陋,但它不相信是自己长得丑,而是怪镜子不好。这天,狮子大王下令征求一面最好的镜子。

许多动物都争着把自己的好镜子送给狮子,希望得到重赏。

可是越好的镜子,把狮子的脸照得越清楚。狮子非常生气,把送镜子的动物都咬死了。

狐狸知道了狮子的心意,就画了一张非常美丽的脸嵌在镜子当中,把这面镜子献给了狮子。

狮子拿起镜子一照,里面映出的是一张极美丽的脸,狮子高兴地说:"这才是好镜子!"于是重重地奖赏了狐狸。

世界上的确有一种人,不觉得自己面貌丑,专门怪镜子不好。假如有人阿谀这种人长得漂亮,他们便会飘飘然,觉得自己是世界上少有的美人了。

强者不吹牛

小老鼠、小白兔、大公鸡比谁最厉害,在一起吹牛。

小老鼠说:"我最厉害。我有一次和大象决斗,钻进它的鼻孔里,咬得它直喊饶命!对于我,大象都不在话下,还有什么可怕的呢!"

小白兔对小老鼠说:"你这个小不点儿,也敢在这儿逞能!我获得过三次马拉松的冠军,有一次还创造了世界纪录,连赛跑能手猎豹都怕我三分!"

大公鸡说:"你们都给我闭嘴!俗话说'雄鸡一唱天下白',太阳都按我的叫声出来,连人类也听我的指挥,按我的命令起床,因此我才是天下第一!"

它们正在不着边际地吹牛,旁边的草丛中躺着一只老虎,似睡非睡,似醒非醒,听了它们的话,闭目微笑。过了一阵,老虎忽然打了一个哈欠,不由自主地说:"好饿呀!"

小老鼠、小白兔、大公鸡一听,马上逃走了。

跃出水面的鱼

暴雨来临前,池塘里憋闷异常。

有一条红鲤鱼实在耐不住憋闷,纵身跃出水面,长长地透了一口气,并在阴沉沉的池塘上方画下了一道绝妙的红色剪影。

在入水之前,它听到从岸上传来了一句天籁般的赞美:"啊,多漂亮的红鲤鱼哇!"

第一次听到这么美妙的声音,红鲤鱼激动得连拍了好几个水花:"真是一件值得高兴的事,终于有人懂得欣赏我的美了!"

一个又一个伙伴从它面前游过,大家互相吐两个泡泡,算是打招呼。

"它们从来没有这样称赞过我,以前没有,现在没有,将来也不会有吧?"

这样一想,红鲤鱼觉得刚才的赞美越发可贵了,一种久逢知己的惊喜充斥于它的内心:"也许我该认识认识那个人。"

想到就要做到,红鲤鱼在水中猛游了一圈,憋足了劲,闪电一般跃出水面,再一次高高地出现在池塘上方。

水面上的世界真刺激,红鲤鱼有一种跃过龙门的成就感。它一边享受着风拂过身体的凉爽与惬意,一边睁圆了眼睛去搜寻那个难得一遇的"知音"。

但它只看到一张网,一张铺天盖地的渔网,当那张肮脏的渔网裹住它美丽的身体时,它又听到了那个声音:"哈,逮着了!"红鲤鱼就这样永远告别了生它养它的池塘。

期望得到外界的认同,这一点无可厚非,但同时应该擦亮眼睛,千万不可以陶醉于别人的赞美,而忽略其手中的网。

大象和小猴

大象,身强体壮,长鼻子一卷,能把大树连根拔起。在森林王国里,大象一向有"大力士"的美称,所以它总是盛气凌人,觉得谁也比不上它。

小猴呢,大家都叫它"小机灵"。它虽然身体瘦小,可是动作敏捷灵活,它也为自己的本事感到骄傲。

因此,大象和小猴每次碰到一块,总是争论不休。

大象说:"小家伙,你长得多可怜啊,一阵大风就能把你吹跑。看咱大力士,又粗又壮,可以力拔千斤,能把一棵大树推倒,你行吗?"小猴一听,马上不服气地回答:"得了吧,蠢笨的大块头!你看我长得多灵巧!你会爬树吗?你能用尾巴把自己吊在树上吗?"

它俩争来争去,毫无结果,最后决定去找公正的黄雀评评理。黄雀站在枝头上,远远地就看见了它们。黄雀大声和它们打招呼:"喂,大力士、小机灵,你们俩要到哪儿去呀?"

大象和小猴快步跑过来,抢着说:"我们正要找你给评一评呢,到底是长得粗壮好,还是长得灵巧好?"

黄雀一听,说道:"好吧,就让我来给你们评一评。不过,我有个条件,你们得先到河对岸摘几个果子来。"

大象和小猴答应了,一起向河对岸走去。到了河边一看,哇!水流滚滚,风大浪高,小猴吓得连连退了几步,而大象却纹丝不动,神气十足地说:"不行了吧?看我这壮身子,多深的河我也敢过,多大的浪我也不怕。你快过来坐在我的背上吧,我驮你过河!"

过了河,它们来到果树下。绿油油的叶子间是一枚枚成熟的果子,散发出阵阵香气,真诱人啊!大象抢先一步,庞大的身躯猛地向大树撞去,可是果树太粗了,没撞倒;大象想把果子摇下来,又摇不动。于是,它使出最后的绝招,把鼻子伸得长长的,想摘下几个果子,可是那红艳艳的果子好像故意和它作对似的,全长在高高的树尖上,大象的鼻子再长也够不到它们。这次,"大力士"可傻眼了,急得在树下团团转。

小猴现在可高兴了,得意扬扬地对大象说:"你等着,看我来摘果子!"说完,噌噌几下就爬到了树顶上。它专挑又大又红的果子向下扔,大象在树下捡,不一会儿就捡了满满一袋果子。然后大象又驮着猴子过了河,回到了刚才找黄雀评理的地方。

黄雀笑着对它俩说:"到底是长得粗壮好,还是长得灵巧好?现在你们可以回答这个问题了。依我看,你们各有各的长处,也各有各的短处,谁都需要取长补短。如果刚才你们不合作,只凭自己的那点本事,能摘来果子吗?"

鼻子和嘴的争斗

龙世辉

鼻子下面有张嘴,嘴的上面有个鼻子。自从盘古开天地,三皇五帝到如今,从来都是这样。它们相安无事,合作得很好,好像从来没有听说过它们闹别扭。不过有一天,古怪的事情发生了,它们突然吵了起来,而且越吵越凶,一时间闹得不可开交。

鼻子说:"你老横在我下面,真讨厌。"

嘴说:"你老竖在我上面,太可恶。"

"好吃的东西都叫你吃了,就数你馋。"

"好闻的香味都让你闻了,就数你坏。"

"哼!我不呼吸,憋死你。"

"我不吃东西,不喝水,保准你憋也憋不住。"

于是,鼻子停止了呼吸,嘴也不吃任何东西。就这样第一天过去了,第二天也平安无事,到了第三天——可是,这第三天怎么说呢?

耳朵说:"哎哟,我怎么总是嗡嗡直响呢?"

眼睛说:"我怎么什么也看不见了?你们打架,我们也跟着倒霉。"

最后,鼻子终于松开了,有气无力地说:"好兄弟,咱们别闹了。"

嘴顿时也觉得轻松了,深深地吸了口气:"哎哟,亲爱的,我也不愿意再和你斗气了。"

鸟与人

〔埃及〕陶菲格·哈基姆

小鸟问它父亲:"世上最高级的生灵是什么?是我们鸟类吗?"老鸟回答:"不,是人类。"

小鸟又问:"人类是什么样的生灵?""人类……就是那些常向我们投掷石块的生灵。"

小鸟恍然大悟:"啊,我知道啦!……可是,人类优于我们吗?他们比我们生活得幸福吗?""他们或许优于我们,却远不如我们生活得幸福。""为什么他们不如我们幸福?"小鸟不解地问父亲。

老鸟答道:"因为在人类心中生长着一根刺,这根刺无时无刻不在刺痛和折磨着他们。他们为这根刺起了个名字,叫贪婪。"

小鸟又问:"贪婪?贪婪是什么意思?爸爸,您知道吗?""知道,因为我了解人类,也见识过他们内心那根贪婪之刺,你也想亲眼见见吗?""是的,爸爸,我想亲眼见识见识。""这很容易,如果你看见有人走过来,就赶快告诉我,我让你见识一下人类内心那根贪婪之刺。"

不一会儿,小鸟便叫起来:"爸爸,有个人走过来啦!"老鸟对小鸟说:"听我说,孩子。待会儿我要自投罗网,主动落到他手中,你可以看到一场好戏。"

小鸟不由得十分担心,说:"如果您受到什么伤害……"老鸟安慰它说:"别担心,孩子,我了解人类,知道怎样从他们手中逃脱。"

说完,老鸟飞离小鸟,落在那人身边。那人伸手便抓住了老鸟,乐不可支地叫道:"我要把你宰掉,吃你的肉!"老鸟说:"我的肉这么少,能填饱你的肚子吗?"那人说:"肉虽然少,却鲜美可口!"老鸟说:"我可以送你远比我的肉更有用的东西,那是三句至理名言,假如你学到手,便能发大财!"那人急不可耐:"快告诉我,那三句名言是什么?"老鸟眼中闪过一丝狡黠的目光,缓缓说道:"我可以告诉你,但是有条件:我在你手中先告诉你第一句名言;等你放开我,我便告诉你第二句名言;等我飞到树上之后,才能告诉你第三句名言。"

那人一心想尽快得到三句名言,好去发大财,便马上答道:"我接受你的条件,快告诉我第一句名言吧!"老鸟不疾不徐地说道:"这第一句名言是'莫惋惜已经失去的东西'。根据我们的条件,现在请你放开我。"那人松手放开了它。老鸟落到离他不远的地上继续说道:"这第二句名言是'莫相信不可能存在的事情'。"说罢,它边叫着边振翅飞上树梢:"你真是个大傻瓜,如果刚才把我宰掉,你便能从我肚子里取出一颗重达 30 米斯卡勒①的宝石。"那人听了,懊悔不已,把嘴唇都咬出了血。他望着树上的鸟儿,仍惦记着他们刚才谈妥的条件,便又说道:"请你快把第三句名言告诉我吧!"老鸟笑着说:"贪婪的人啊,你的贪婪之心遮住了你的双眼。既然你忘记了前两句名言,告诉你第三句又有什么用?难道我没告诉你:'莫惋惜已经失去的东西,莫相信不可能存在的事情'吗?你想想看,我浑身的骨肉羽翅加起来都不足 20 米斯卡勒,肚子里怎么会有一颗重量超过 30 米斯卡勒的大宝石呢?"那人听了,顿时目瞪口呆。

就这样,一只鸟儿耍弄了一个人。老鸟望着小鸟说:"孩子,你现在可亲眼见识过了?"小鸟答道:"是的,我真的见识过了,可这个人怎么会相信您的肚子里有一颗超过您体重的宝石,相信这种根本不可能存在的事情呢?"老鸟回答说:"贪婪呀!孩子,这就是人类的贪婪本性!"

---

① 米斯卡勒:埃及曾用的重量单位,1 米斯卡勒纳约等于 4.68 克。

第六章　小说、台词片段朗诵

第一节　小说、台词片段朗诵概述

小说是以塑造典型鲜明而又丰富多彩的人物形象为中心,通过故事情节和环境描写来刻画人物、反映社会、表达思想的一种文学体裁。它拥有完整的结构及特定的主题,想象丰富,情节跌宕起伏。小说主要有人物、故事情节和环境三大要素。考生一般选择短篇小说或中长篇小说的片段参加考试。

台词是戏剧表演中角色人物说的话语,它是剧作者用以展示剧情、刻画人物、体现主题的主要手段,也是剧本构成的基本要素。台词可分为独白、对白和旁白三种,考试中考生一般选择独白。独白,是角色在舞台上独自说出的台词,是把人物的内心感情和思想直接倾诉给观众的一种艺术手段,往往用于人物内心活动最剧烈、最复杂的场景中。台词具有动作性、性格化、诗化、口语化四个特点。

相对于诗歌、散文、寓言朗诵来说,小说、台词片段的朗诵难度最大。因为小说、台词片段有着曲折情节和矛盾冲突,要求考生不仅有准确深刻的理解能力、丰富细腻的感受能力、生动形象的表现能力,更需要较高的叙述能力和丰富的人物造型本领,适合声音感染力强、情感丰富、基本功扎实、表现力强的同学选择,所以考生一定要根据自己的专业基本功及语言表现力慎重选择朗诵体裁。朗诵小说、台词片段时应注意以下几个问题。

一、通读全文,全面把握

选择小说、台词片段参加考试,考生一定要把整部小说、整部电影、整部戏剧全部看完。千万不能只背诵选定的片段,这样片面地理解字面的意思就是管中窥豹、一叶障目。

考生只有了解了这部小说、电影或戏剧的来龙去脉,才能对整个作品有深刻、正确的理解和感受,理解场景,理解片段内容层次,理清人物关系,揣摩人物情感,明确风格式样,熟悉叙说方式等,也才能正确把握片段的基调,确定感情发展走向,凸显情节高潮。

如考生选择长篇小说《夜幕下的哈尔滨》的片段《玉旨一郎之死》(见第 182 页)参加考试,那就应通读整部小说,全方位了解这部小说的作者、背景(包括自然环境和社会环境)、人物(包括人物性格、人物关系)、故事情节和小说影响等。

这部小说的背景是:1960 年,作者陈玙得到为在哈尔滨做过多年地下工作的鞍山市市长李维民同志整理回忆录《地下烽火》的机会。工作完成之后,他的小说《夜幕下的哈尔滨》也就基本收集完了素材:哈尔滨一中老师、地下党员王一民的原型就是有着丰富地下斗争工作经验的李维民,"王一民"是李维民在哈尔滨做地下工作时的化名。不过,陈玙还是经过了 18 年的构思才动笔,搜集素材期间,陈玙到过哈尔滨东北抗日烈士博物馆,读过一些抗日英雄的生平传略,还去了杨靖宇壮烈牺牲的地方——蒙江密林,等等。在研究了冒死为东北抗日联军运送军火的日本反战志士伊田助男的史料后,陈玙创造出了日本青年学者玉旨一郎的独特文学形象。他描写的卢运启的独生子卢秋影,是一个被当时的社会环境污染了灵魂的纨绔子弟,他的原型是陈玙读书时的一个同学,这是旧时代颓废青年的一种类型。此外,共青团员罗世诚,爱国知识分子柳絮影、塞上萧和爱国的工人、商贩以及汉奸、特务等人物,也均有真实生活原型。陈屿从 1978 年起开始写这本书,直到 1982 年,这部长达 71 万字的小说《夜幕下的哈尔滨》才得以问世,两年内接连印刷 3 次,发行 30 多万册。

小说讲述了 20 世纪 30 年代日本占领我国东北后,以哈尔滨市第一中学教师王一民为首的中共地下党员及爱国人士,在共产党的领导下,与日本侵略者英勇斗争的故事。作品浓墨重彩地描绘出哈尔滨市绚丽多彩的社会生活众生相,在读者眼前展开一幅视野宽阔、色调丰富、充满异趣的生活画面,塑造了王一民、玉旨一郎、塞上萧、卢运启、卢秋影、李汉超、葛明礼等一批血肉丰满的人物形象。在这部小说中,一个又一个悬念,于激烈紧张的拼死搏杀中惊心潜伏;错综复杂而又形态各异的人情世态,映衬出缠绵悱恻、洁如净土的儿女衷肠;慷慨壮烈的浩然悲歌,映衬出群魔乱舞的众生丑态。

我们不仅要读小说原著,还可以通过一些延伸资料来加深对这部小说的理解。比如可以选择听有声小说。表演艺术家王刚在 20 世纪 80 年代演播了《夜幕下的哈尔滨》,当时在108家电台播出,听众超过3亿人。正因为他的演播,才使得这部小说一夜间风靡全国,达到家喻户晓的程度。我们还可以通过网络观看根据原著改编的话剧和电视连续剧(1984年版和2008年版),通过查找这部小说的相关评论文章等来全方位、多层次地了解这部小说。知道了这些,再分析理解《玉旨一郎之死》就简单多了。

二、情节鲜活,语言自然

小说、台词片段都有丰富的人物形象、完整的故事情节和精彩的情节描写。小说、台词片段的情节就是故事发生、发展的具体过程。在这个过程中,有对人物形象、语言、动作、表情、心理活动的刻画,有对自然环境、社会环境的描写,有对人与人、人与事、事与事之间关系的勾勒,朗诵时要把这些要素细致具体地表现出来,抓住"这个情节"的特点,让人感到情节生动鲜活,仿佛身临其境。

朗诵时,要注意叙述语言的讲述感,包括情景再现、情节的转换与推进等。比如,法国作家都德的小说《最后一课》以普鲁士战胜法国后强行兼并阿尔萨斯和洛林两省的事件为背景,描写了普法战争后被割让给普鲁士的阿尔萨斯省一所乡村小学,向母语告别的最后一堂法语课。通过一个小学生的所见所闻与内心感受,刻画了小学生小弗郎士和乡村教师韩麦尔的典型形象,生动地表现了法国人民遭受异国统治的痛苦和对自己祖国的热爱。这篇小说篇幅虽短,但构思精巧、详略得当,主题开掘得很深。朗诵这篇小说时,需要把小弗郎士上学路上的所见所闻所感,韩麦尔先生讲授"最后一课"的情景、小弗郎士的转变以及韩麦尔先生悲愤地宣布"最后一课"的结束几个情节表现出来,尤其要注意小弗朗士的心理活动变化,以突出小说的主旨:用无言的控诉批判侵略者,表达深切的爱国情怀。

首先,小说语言比较接近生活,应尽量口语化。台词语言就是角色在剧中的语言,更需要生活化。要使受众清楚明了地理解人物,接受作者对生活的解释,语言就要明白浅显、通俗易懂、富有生活气息、亲切自然。

其次,小说、台词片段要注意语言的形象性和分寸感:不管是正面人物,还是反面人物、中间人物,其语言都要读得符合他们的身份、思想、性格,以及他们在矛盾冲突中的状态。根据人物的出身、年龄、职业、教养、经历、社会地位以及所处时代等条件,掌握人物的语言特征,把握人物性格的发展,把握戏剧情境的变化,把握人物错综复杂的关系。因为考试毕竟不是舞台表演,这个分寸必须拿捏得当:一是不能过于呆板,太呆板了,索然无味,不能读出人物的性格特点;二是不能过于夸张,太夸张了,会削弱朗诵的朴实性,影响作品的细腻表达。

朗诵者要反复揣摩分析小说、台词片段的每个细节,琢磨人物的每一句话,在心目中形成人物的雏形,深入人物的灵魂,设身处地地体会人物的思想感情,揣摩人物表达内心的语言方式与特点。京剧表演艺术家盖叫天举例说:周瑜、吕布、赵云都是三国时的名将,作为角色,都是穿白靠的武生,虽然外表相仿,但周瑜骄、吕布贱,只有赵云是不骄不馁、敢作敢当的好汉,三者的不同就是他们各自的性格特点。

最后,要将叙述语言与人物语言有机结合起来,体现出叙述语言与人物语言的差别。

我们以鲁迅的短篇小说《立论》为例:

立 论

鲁 迅

我梦见自己正在小学校的讲堂上预备作文,向老师请教立论的方法。

"难!"老师从眼镜圈外斜射出眼光来,看着我,说:"我告诉你一件事——

一家人家生了一个男孩,合家高兴透顶了。满月的时候,抱出来给客人看,——大概自然是想得一点好兆头。

一个说:'这孩子将来要发财的。'他于是得到一番感谢。

一个说:'这孩子将来要做官的。'他于是收回几句恭维。

一个说:'这孩子将来是要死的。'他于是得到一顿大家合力的痛打。

说要死的必然,说富贵的许谎。但说谎的得好报,说必然的遭打。你……"

"我愿意既不说谎,也不遭打。那么,老师,我得怎么说呢?"

"那么,你得说:'啊呀!这孩子呵!您瞧!那么……阿唷!哈哈!Hehe! he,he he he he!'"

一九二五年七月八日

这篇小说用一个"梦",深刻揭露了在当时现实环境中,真理被歪曲、黑白不分的丑恶现象,对圆滑世故的中庸主义处世哲学展开了无情的揭露与嘲弄。这篇小说语言质朴、凝练,全无华丽之色,但在质朴的文字中蕴含着一种愤愤不平的正气与忧虑。

这篇小说的场景是一个"梦","我梦见自己正在小学校的讲堂上预备作文",这句叙述的语言应带有一点朦胧、虚幻的讲述感。一开始的语速最好稍慢一些,因为受众可能是在一个任何小说背景都不知道的情况下来听朗诵的,从人的心理接受角度来讲,一般都是由慢至快、由低到高,语言也是如此。"向老师请教立论的方法",这句话应读出讨教、希望知晓答案的谦逊态度。"难!"应重读。"老师从眼镜圈外斜射出眼光来,看着我,说……"这句话紧紧抓住了老师的眼睛,用"斜射"一词,形象逼真地描绘了一位圆滑世故的老先生的神态。朗诵者心中要有这样一个情景:私塾课堂上,戴着老花镜的老先生坐在书桌前,学生向老师提问。只有朗诵者心中有了这一情景,受众才能听出情景感,进而与朗诵者一同融入故事中。

小说全文主要采用对话的形式,通过富有讽刺意味的语言来刻画人物形象。老师的语言应读出一种故作深沉但又狡黠世故的感觉,学生的声音应该读出一种"愿意既不说谎,也不遭打"的忐忑不安的感觉。"这孩子将来要发财的""这孩子将来要做官的",这两句话是出自阿谀谄媚者之口,所以语言应显出奉承圆滑之感。"这孩子将来是要死的"这句话可通过停顿读出思考判断后对答案的肯定感。读最后一句话时,语言不必拘泥于文中的语气助词,可以适当更改一些文字,借助其他语气助词使语言更加生动鲜活。

三、突出矛盾,把握分寸

小说从诞生的那一天起就与矛盾结下了不解之缘,有了矛盾冲突才有小说的发展。在戏剧中,冲突是表现人与人之间矛盾关系和人的内心矛盾的特殊艺术形式,没有这些矛盾冲突也就谈不上戏剧。朗诵小说、台词片段之前,必须了解其中的矛盾冲突。

如曹禺的经典剧作《雷雨》,这部作品充满了不可避免的矛盾冲突,在特定的环境中,过去和现在的矛盾交织在一起,使人物的形象活了起来。这部剧作紧凑地描写了三十年来周家生活的变迁,展现了两代人之间错综复杂的矛盾冲突。从根本上反映出带有浓厚封建色彩的资产阶级的腐朽罪恶。作品以周朴园为中心,在尖锐的冲突中展开剧情,人物各有其独特的思想感情与经历,但他们的命运又都和周朴园相关联。在众多的矛盾冲突中,有两条起主导作用的线索推动着情节的发展:周朴园与繁漪的矛盾是明线,周朴园与鲁侍萍、鲁大海的矛盾是暗线。这两条线索同时存在,彼此交织,相互影响,相互钳制,使剧情紧张曲折,引人入胜,戏剧冲突在这些人物身上得到集中体现。

值得注意的是,在表现这些矛盾冲突时,要注意分寸。既不能太过火,也不能太平淡。少则偷工减料,多则庞杂臃肿;欠则意犹未尽,过则失真走味。受众是十分敏锐的,特别是在紧要关头,人物思想感情变化复杂、微妙的时刻,分寸稍稍不足或是太过,立刻会让受众跳出剧情。莎士比亚曾说,"接受你自己的常识的指导",合乎"自然的常道"。用今天的话来讲,就是要符合生活的常识,符合人物性格、人物所处的情境以及特定的人物关系。唯有这样,朗诵才能生活化、口语化、真实化。

我们以话剧《霓虹灯下的哨兵》中春妮的独白为例:

话剧《霓虹灯下的哨兵》春妮独白

春妮: 指导员,我非常难过,不是为自己,是为陈喜。我们俩从两小无猜到参加革命,没有发生过一次口角。我觉得有这样一个好爱人,真是幸福。婚后第三天,我亲自送他参加自己的队伍,听说他立了战功的时候,高兴得我呀挑着担子唱着歌把军粮送往前方。谁想刚刚胜利,刚刚进入大城市,陈喜的思想就起了变化,多大的变化呀!我细针密线给他缝的布袜扔掉了,那绣着一双鸳鸯的针线包,是我做姑娘的时候,背着人偷偷给他缝的,也当着我的面扔掉了!指导员,他是把部队的老传统扔掉了,把老区人民的心意扔掉了,把他自己的荣誉扔掉了!指导员,我多么为他难过,党培养他这么多年,没倒在敌人的枪炮底下,却要倒下花花绿绿的南京路了!我真为他的前途担心!指导员,你一直对他很好,你拉他一把吧!

话剧《霓虹灯下的哨兵》以"南京路上好八连"的事迹为题材,艺术地反映了中国人民解放军在解放初期,在霓虹灯闪烁的大上海经历的一场特殊的斗争。继承革命传统、抵制资产阶级的"香风"侵袭是全剧的主题。该剧将革命军人的生活和斗争放到了社会大环境之中,尤其是放到了刚刚解放的大上海这一复杂的环境中,这与以往的军旅题材戏剧相比是一个重要的突破。剧中人物形象的塑造生动深刻,反映了战士们对十里洋场的态度和置身其间的变化,展现了人物丰富的内心世界。

春妮给指导员的这封信,在话剧中以独白的方式展现。陈喜是三排的排长,在这霓虹灯闪烁的十里洋场,他放松了警惕,思想、行为发生了很大的变化。在阵阵"香风"的侵袭下,他忘记了我军艰苦朴素的革命传统,甚至被吹得晕头转向。他扔掉了妻子春妮给他细针密线缝制的布袜,换上了花袜。曾经陪伴他走过漫漫长征路的布袜,这时在他眼里除了土气就是寒酸。春妮不远千里从乡下来部队探望他,他却嫌弃妻子太土,对春妮冷眼相待,不仅以冷言冷语伤人心,还不让春妮上街,唯恐春妮丢了他的面子,甚至粗暴地扯断了春妮正在给他缝袖口的线,扔下他们的定情物——针线包,掉头走了。面对女特务曲曼丽的花言巧语,他不但不能识破,反而十分得意。他更乐意去给人们作报告,讲他的英雄事迹。春妮看到丈夫的这些变化,内心非常难过,怕陈喜在这条路上越走越远,万不得已才给指导员写下这封信,语言纯朴真挚,期盼丈夫回头是岸的心情溢于言表。

朗诵这段独白时,要对这部话剧的背景、这段独白的背景,特别是剧中的矛盾冲突有一个基本的了解,这样才能更深入地体会春妮那种绝望无助的心情,在语言处理上也才能更加丰满细腻,打动人心。

第二节 示例分析与朗诵提示

示例 6-1

小说《红楼梦》片段

曹雪芹

一语未了,只听外面一阵脚步响,丫鬟进来笑道:"宝玉来了!"黛玉心中正疑惑着:"这个宝玉,不知是怎生个惫懒人物,懵懂顽童?——倒不见那蠢物也罢了。"心中想着,忽见丫鬟话未报完,已进来了一位年轻的公子:头上戴着束发嵌宝紫金冠,齐眉勒着二龙抢珠金抹额;穿一件二色金百蝶穿花大红箭袖,束着五彩丝攒花结长穗宫绦,外罩石青起花八团倭锻排穗褂;蹬着青缎粉底小朝靴。面若中秋之月,色如春晓之花,鬓若刀裁,眉如墨画,面如桃瓣,目若秋波。虽怒时而若笑,即瞋视而有情。项上金螭璎珞,又有一根五色丝绦,系着一块美玉。黛玉一见,便吃一大惊,心下想道:"好生奇怪,倒像在哪里见过一般,何等眼熟到如此!"只见这宝玉向贾母请了安,贾母便命:"去见你娘来。"宝玉随即转身去了。

——选自第三回:贾雨村夤缘复旧职 林黛玉抛父进京都

分析与提示:《红楼梦》是中国文学成就最高的古典小说,也是中国长篇小说的巅峰之作。小说以荣国府的日常生活为中心,以宝玉、黛玉、宝钗的爱情婚姻悲剧为主线,以金陵贵族名门贾、史、王、薛四大家族由鼎盛走向衰亡的历史为暗线,塑造了一系列悲剧形象,展示了极其广阔的封建社会的典型生活环境,曲折地反映了封建专制社会必然没落、崩溃的历史趋势。这段文字短小精悍,尤其是描写贾宝玉衣着面貌的文字繁复精巧,将贾宝玉描写得形象逼真、活灵活现。

朗诵时,几个人物的语言一定要符合他们的形象定位。丫鬟的语言应在小心谨慎中透出对宝玉到来的兴奋感。黛玉心理活动的语言,除了读出黛玉的多愁善感、小心谨慎之外,还应读出黛玉满怀心事的揣测判断过程,如"这个宝玉……"这句话可在"宝玉"之后通过声音的延长来表现内心的猜测。贾母的语言应读出一种不容违背的威严感,但在威严的同时也应透出对爱孙宝玉的怜爱关切之情。这段文字最出彩的是描写贾宝玉衣着面貌的文字,这段文字虽如同绕口令一般拗口难念,但读来很有节奏感,层次分明。朗诵这段文字时,一定要在熟练顺口的基础上,形象生动地表现出由上至下的层次感与相对应的节奏变化,可用停连、虚实转换等技巧来表达。

示例 6-2

小说《孔乙己》片段

鲁 迅

孔乙己是站着喝酒而穿长衫的唯一的人。他身材很高大;青白脸色,皱纹间时常夹些伤痕;一部乱蓬蓬的花白的胡子。穿的虽然是长衫,可是又脏又破,似乎十多年没有补,也没有洗。他对人说话,总是满口之乎者也,教人半懂不懂的。因为他姓孔,别人便从描红纸上的"上大人孔乙己"这半懂不懂的话里,替他取下一个绰号,叫作孔乙己。孔乙己一到店,所有喝酒的人便都看着他笑,有的叫道,"孔乙己,你脸上又添上新伤疤了!"他不回答,对柜里说,"温两碗酒,要一碟茴香豆。"便排出九文大钱。他们又故意的高声嚷道,"你一定又偷了人家的东西了!"孔乙己睁大眼睛说,"你怎么这样凭空污人清白……""什么清白?我前天亲眼见你偷了何家的书,吊着打。"孔乙己便涨红了脸,额上的青筋条条绽出,争辩道,"窃书不能算偷……窃书!……读书人的事,能算偷么?"接连便是难懂的话,什么"君子固穷",什么"者乎"之类,引得众人都哄笑起来:店内外充满了快活的空气。

分析与提示:这篇小说是 20 世纪中国文学史上的经典短篇小说之一。作者以极俭省的笔墨和典型的生活细节,塑造了孔乙己这位被残酷地抛弃于社会底层,生活穷困潦倒,最终被强大的黑暗势力所吞没的读书人形象。他那可怜而可笑的个性特征及悲惨结局,既是旧中国广大下层知识分子不幸命运的生动写照,又是中国封建传统文化"吃人"的具体表现。文章揭示了封建社会的世态炎凉和人们冷漠麻木的精神状态,从一个侧面反映了封建社会的腐朽和病态。

这篇小说选取了第一人称"我"——12 岁的小伙计的口吻来写,使全文显得真实可信。朗诵时,语言应尽量在客观中透出一种对孔乙己的同情。第一句话描写出孔乙己的奇特身份。"站着喝酒"表明孔乙己的经济情况和社会地位,"穿长衫"又含蓄地说明他是"读书人",虽穷可又不愿放下"读书人"的架子,死要面子。因而成为"站着喝酒而穿长衫的唯一的人"。"站着""长衫""唯一"三个词语应通过重音表现出来,以突出矛盾。在描绘孔乙己的面貌时,要读出形象感,"青白脸色""皱纹间时常夹些伤痕",表明他的生活状况不好,时常遭受生活的折磨和别人的凌辱;特别是"似乎十多年没有补,也没有洗",要用夸张的语气读出时间的久远与不可思议。"便排出九文大钱"要着重读出"排"字,因为"排"字既表现出孔乙己对"短衣帮"的取笑若无其事,又活画了孔乙己拮据穷酸但又要摆阔气的本相。这段朗诵中最出彩的要算对话了,应强调其中的"又""一定""凭空""亲眼""窃书"等词语,读出"短衣帮"的无情嘲讽与麻木冷漠,以及孔乙己自尊心强和竭力争辩的感觉。

示例 6-3

电影《离开雷锋的日子》台词片段

乔安山的妻子:等等,就这么就走了!不行,谁也不许走!你们知道吗?你们可把老乔给坑苦了!就这么说句对不起就完了?都别走!你们扣了老乔的身份证,你们也不好好看看,乔安山,男,汉族,一九四一年五月二十九日生,这张身份证证明老乔是一个堂堂正正的中国公民,他懂得救死扶伤,多行善事,可你们是怎么对待他的呢?你们不去调查真正的肇事者,又不愿给老人拿医药费,咬住老乔不放,调查他的历史,你们用雷锋的死来戳他的心窝子。正是因为雷锋的死,他要像雷锋那样活,遇事都要想一想雷锋会怎么做?他见你家老人在路边求救,送到医院,可你们对他这么无情无义!他姓黄的撞了你父亲,他是车祸的肇事者。可你们诬陷老乔,你们是他精神创伤的肇事者。你们想过吗?你们为了这点医药费,红口白牙地咬住老乔不放,逼人啊!昨天他去了雷锋墓,连死的心都有了。咱们都是唱着《学习雷锋好榜样》走到今天的,如果没有雷锋的精神,还有这位被救老人的今天吗?我不是为我的丈夫争理,我想为这社会讨一个公道,为雷锋精神做一个证明。

分析与提示:《离开雷锋的日子》这部电影描写了雷锋的战友乔安山一直不忘学习雷锋的事迹,在生活中再次发扬雷锋精神的故事。面对日新月异的世界,有人迷失了方向,长久以来深藏在他们心中的某种精神支柱在对物质的无限追求中悄悄地支离破碎。这段独白的背景是:1988年冬天,乔安山从沈阳返回铁岭,途经辉山,遇到一位被车撞倒在地的老人。当时前边的汽车全都绕开老人而行,乔安山见到后,立刻把他送到医院并垫付了住院押金。之后老人的儿女找到乔安山,指责他是肇事者,夺去了他的驾驶执照,要他赔偿所有的损失,医疗费、误工费加在一起一共四万元。让人意想不到的是,老人在家人的压力下,违心地指认是乔安山撞了他,做好事的乔安山因此惹上了麻烦。最终,撞伤老人的司机找到了,可这家人却一个简单的道歉就想了事。乔安山的妻子再也忍不住了,在病房当着这家人、警察、医生、记者和围观群众说出了这段话。若选择这段独白参加考试,必须把这部电影从头到尾看一遍,在了解整部电影的来龙去脉后再分析处理这段独白。

乔安山的妻子在说这段话时情绪很激动,要注意节奏的起伏,注重语言的内在感受,联想到诬陷对自己一家沉重的打击,这段话是忍无可忍的爆发与宣泄。前面的"等等,就这么就走了!不行,谁也不许走!"言辞坚决,情绪激动,前半句语速稍慢,语气包含反问的色彩。后半句话语速加快,重读"谁"字,以表现出态度的不容置疑。在说到乔安山身份证信息时可一字一顿读出,以突出身份受法律认可。在读到对方如何坑害乔安山时,应加快语速,语气里尽显对这种无耻行径的深恶痛绝。最后两句话,语速应稍慢,语气里面满含对雷锋精神丧失的痛惜与依然坚信雷锋精神永存的鲜明态度。

示例 6-4

顾维钧在巴黎和会上的发言

请允许我在正式发言之前,让大家看一样东西。进入会场之前,牧野先生为了讨好我,争夺山东的特权,把这块金表送给了我。(牧野发言:我抗议,这是盗窃,中国代表偷了我的怀表,这是公开的盗窃!无耻,极端的无耻!)

牧野男爵愤怒了,他真的愤怒了。姑且算是我"偷"了他的金表,那么我倒想问问牧野男爵,你们日本,在全世界面前偷了整个山东省,山东省的三千六百万人民该不该愤怒,四万万中国人该不该愤怒?!我想请问日本的这个行为算不算是盗窃?是不是无耻啊?是不是极端的无耻!!!

山东是中国文化的摇篮,中国的圣哲孔子和孟子就诞生在这片土地上,孔子犹如西方的耶稣。山东是中国的,无论从经济上、战略上还是宗教文化上,中国不能失去山东,就像西方不能失去耶路撒冷。

尊敬的主席阁下、尊敬的各位代表,我很高兴能代表中国参加这次和会,我自感责任重大,因为我是代表占全世界四分之一人口的中国在这里发言。刚才牧野先生说中国是未出一兵一卒的战胜国,这是无视最起码的事实。请看(拿出照片),战争期间,中国派往欧洲的劳工就达十四万,他们遍布战场的各个角落,他们和所有战胜国的军人一样在流血、在牺牲。我想请大家再看一张在法国战场上牺牲的华工墓地的照片,这样的墓地在法国、在欧洲就有十几处,他们大多来自中国的山东省。他们为了什么,就是为了赢得这场战争!换回自己家园的和平和安宁!因此,中国代表团深信,会议在讨论中国山东省问题的时候,会考虑到中国的基本合法权益,也就是主权和领土完整,否则,亚洲将有无数的灵魂哭泣,世界不会得到安宁!

我的话说完了,谢谢,谢谢!

(改编自电影《我的1919》)

分析与提示:1919年年初,中国驻美公使顾维钧作为中国政府的代表赴法国参加巴黎和会。中国虽然是战胜国,但在和会上却处处受到歧视,野心勃勃的日本政府更企图继承德国在胶东半岛的特权。顾维钧作为一名年轻的外交家,勇敢、机智、才华横溢,具有极强的爱国情感。在和会上,他慷慨陈词,从历史、人文等诸多方面阐明中国必须收回山东的严正立场,他的发言揭露了日本的阴谋和野心。

第一段发言,应在舒缓平实、有礼有节的言辞中,读出一种对日本代表卑劣行径的极大蔑视。第二段发言,情绪应稍激动,义正词严、层层推进,用事实、用法理来据理力争,最后的"是不是无耻啊?是不是极端的无耻!!!"一句可把前半句利用强控制扬起来,后半句利用弱控制虚化处理,以表现出发自肺腑的呐喊。第三段发言,从历史人文的角度来强调山东在中国的重要地位,应用深情舒缓、自豪的语气读出。第四段发言,讲中国作为战胜国,收回山东的目的就是换回自己家园的和平和安宁,语言中应带有一种诚挚又绝不会做出半点让步的坚决感。最后的结束语,应读出礼节性的尊重与期望受到与会各国支持的期待感。需要注意的是,朗诵这篇台词不要一味地激动与愤怒,要有起伏变化。"有理不在声高",应在一种理性的思维下,不卑不亢,严肃而自信地表达出中国人民在维护山东主权问题上与日本侵略者坚决斗争的决心与意志。

示例6-5

玉旨一郎之死

小说《夜幕下的哈尔滨》片段

陈 屿

在著名的爱国人士、黑龙江省前省长卢运启卢老先生家的楼上,地下党员王一民和玉旨一郎正商量着如何把卢老先生搭救出这夜幕下的哈尔滨。两个人正说着话儿，忽听一阵嘈杂。王一民心头一惊："一郎，情况不好，快走！""唉！"玉旨一郎答应着，随着王一民冲下楼梯。他们刚走到楼梯拐弯处的大玻璃窗前，不由得停住了脚步。怎么回事？原来，玉旨一郎的亲叔叔日本大特务头子玉旨雄一带着几个宪兵特务已经站在楼梯口。玉旨雄一朝王一民狞笑着："嘿……喝……哈，王一民，这回我看你哪里跑。"说着，他举起手枪瞄向了王一民，就在这千钧一发之际，只见玉旨一郎一个箭步冲到王一民的面前。"叔叔，你不要……""啪"枪声响了，玉旨一郎身子猛地一颤，他右手捂着被打中的胸口，左手用力地推着王一民："朋友，再见了，你……快走。""啪"那个大玻璃窗碎了，王一民被玉旨一郎推出了窗外。

　　望着打碎的玻璃，玉旨一郎嘴角露出一丝欣慰的笑容，鲜血从捂住胸口的手指缝流了出来。他的叔叔玉旨雄一完全被眼前发生的一切惊呆了。他直愣愣地看着被自己打中的亲侄子，直到看到了鲜红的血，他才猛然醒悟过来。他丢掉手枪，扑向了玉旨一郎，用日语呼唤着一郎的名字："玉と一郎，玉と一郎，玉と一郎。"玉旨一郎圆睁着双眼，盯着他的叔叔，他用尽最后的力气说了一句话："おじさん，おじさん。""玉と一郎，玉と一郎。""おじさん，おじさん，もし私が死んだら，どうぞあなたが私を埋めて中国人の墓地に。"玉旨一郎生前的最后一句话的意思是："叔叔，假如我死了，请你把我埋在中国人的墓地里。"他说完这句话，身子就倒了下去。他的亲叔叔玉旨雄一痛心疾首地扑倒在侄子身上，用日语呼唤着一郎的名字："玉と一郎，玉と一郎，玉と一郎……"直到这个时候，日本宪兵们才想起去追王一民，等他们绕过楼房后边的时候，咱们聪明的共产党员王一民早就不见了。

　　分析与提示：这部小说的背景资料在本章第一节中已有详细介绍，这里不再赘述。这段文字描写的是在紧要关头，玉旨一郎舍命救王一民，玉旨雄一痛失爱侄的情节。朗诵开头的叙述性文字，除了要带有叙述感外，还应随着内容的突变引发语气和情感的变化。这个片段中人物语言很多，要着重读出来。"一郎，情况不好，快走！"这句话要读出警觉性和紧迫感，可在"一郎"后稍作停顿，以表现听到嘈杂声后的肯定性判断。"唉！"字要紧接前面的语言，表现出心领神会和时间不容半秒拖延。玉旨雄一是作恶多端的大特务头子，费尽心思终于找到王一民，他的语言应用阴谋得逞后带有狞笑的声音读出。玉旨一郎在千钧一发之时说的"叔叔，你不要……"应急促紧张，可用气声表现出来，在"要"后戛然拖住，因为突然被枪击中使他无力再说出后面的话。"朋友，再见了，你……快走。"这句话应用断断续续的有气无力的声音读出，"你……

快走"应伴随一种竭尽全力的推搡感。玉旨雄一误将自己心爱的侄子玉旨一郎打中,这时对玉旨一郎的呼喊应读出不敢相信眼前的一切的感觉,表现出极度的绝望和懊悔,特别是最后的呼喊伴有撕心裂肺的痛哭声。玉旨一郎临终前的语言应读出上气不接下气,越来越微弱,用全身力气说出最后一句话的感觉。注意文中两个拟声词"啪"应读出突然与延长感来。文中的日语如果读不出来,可以转换成中文。

示例6-6

自救者天救
——一个女儿给父亲的信

爸爸:

你好!自从三年前你的生意渐落,我能了解你的心里是多么难受。本已千疮百孔的家加上妈妈的病更是雪上加霜。妈妈的病确实来得太突然、太不可思议了,一下子真是难以接受……自从妈妈住院以来,你身上的担子一下子重起来了……每次看见你借酒消愁的样子,我的心里甭提有多难受了。我知道你特别烦,但是又无处发泄,只有闷在心里。说真的,我现在特别希望你的心情可以好一点,因为你现在是家中唯一的支柱了,如果连你都自暴自弃,那么咱们这个家就真的是毫无希望了。所以,我希望你为了我,为了妈妈,为了这个家,心情变得好一点,提起精神来,正所谓:"自救者天救,自弃者天弃。"这是上天对咱们家的考验,所以我们决不能自暴自弃,互相埋怨,我们应该携起手来,共同闯过这道难关!

分析与提示: 爸爸作为家里的顶梁柱,人到中年,上有老下有小,生活压力巨大,却因为生意失败、妻子突然重病住院而自暴自弃,整天借酒消愁。女儿看在眼里,急在心头,又不能对爸爸发脾气抱怨,只好通过书信的方式来表达对爸爸的理解、对爸爸现状的痛心,希望爸爸重新振作起来,全家人共渡难关。

朗诵这封信,应饱含深情,感情诚挚。在朗诵之前,脑海里可浮现出文中"爸爸"不修边幅、颓废潦倒的形象。刚开始陈述爸爸承受的这些重压时,应表现出对家庭命运多舛的极度痛心又无可奈何的心理。读到爸爸现在的消沉时,可用虚声略带颤音的感觉,表现出对爸爸现状的理解与心痛。最后劝诫爸爸的话应扬起来,语速稍慢。最后一句"我们应该携起手来,共同闯过这道难关!"可通过一字一顿的方式读出,表现出坚决的态度与满满的信心,带给爸爸力量和勇气。

示例 6-7

敬告中国二万万女同胞（片段）

秋　瑾

诸位，你要知道天下事靠人是不行的，总要求己为是。当初那些腐儒说什么"男尊女卑""女子无才便是德""夫为妻纲"这些胡说，我们女子要是有志气的，就应当号召同志与他反对。陈后主兴了这缠足的例子，我们要是有羞耻的，就应当兴师问罪。既不然，难道他捆着我的腿，我不会不缠么？

男子怕我们有知识、有学问、爬上他们的头，不准我们求学，我们难道不会和他分辨，就应了么？这总是我们女子自己放弃责任，样样事体一见男子做了，自己就乐得偷懒，图安乐。男子说我没用，我就没用；说我不行，只要保着眼前舒服，就做奴隶也不问了。自己又看看无功受禄，恐怕行不长久，一听见男子喜欢脚小，就急急忙忙把它缠了，使男子看见喜欢，庶可以借此吃白饭。至于不叫我们读书、习字，这更是求之不得的，有什么不赞成呢？

诸位想想，天下有享现成福的么？自然是有学问、有见识、出力做事的男人得了权利，我们做他的奴隶了。既做了他的奴隶，怎么不受压制呢？自作自受，又怎么怨得人呢？

诸位晓得，国是要亡的了，男人自己也不保，我们还想靠他么？我们自己要不振作，到国亡的时候，那就迟了。诸位！诸位！

分析与提示： 秋瑾是我国近代民主革命志士，她蔑视封建礼法，提倡男女平等，常以花木兰、秦良玉自喻，性豪侠，习文练武，曾自费东渡日本留学。她积极投身革命，先后参加过三合会、光复会、同盟会等革命组织。1907 年，她与徐锡麟等组织光复军，拟于 7 月 6 日在浙江、安徽同时起义，事泄被捕。7 月 15 日从容就义于绍兴轩亭口。

在这段演讲中，秋瑾用平实而又富有感情的语言，述说了中国女性身受多重压迫的悲惨事实，批判了封建伦理强加给女性的精神枷锁，同时也批评了女性在思想和行动上不求上进的惰性。这段演讲词句短促，节奏快，逻辑性强，语言浅显易懂，立意深邃隽永。朗诵时，应言辞犀利，有说服力、号召力和鼓动性。在整体设计上，不要一味地慷慨激昂，要注意高低起伏和起承转合。朗诵前应通过各种背景资料对秋瑾有一个深刻的了解，然后再努力靠拢作者内心，再现秋瑾作为妇女维权运动领导者的感召力与威信。

示例 6-8

话剧《哈姆雷特》台词片段

〔英〕莎士比亚

哈姆雷特：生存还是毁灭？这是个问题。究竟哪样更高贵？是去忍受那狂暴的命运无情的摧残，还是挺身去反抗那无边的烦恼，把它扫一个干净。去死，去睡，就结束了。如果睡眠能结束我们心灵的创伤和肉体所承受的千百种痛苦，那真是求之不得的天大的好事。去死，去睡。去睡，也许会做梦！唉，这就麻烦了，即使摆脱了这尘世，可在这死的睡眠里又会做些什么梦呢？真得想一想，就这点顾虑使人忍受着终身的折磨，谁甘心忍受那鞭打和嘲弄？受人压迫，受尽侮蔑和轻视，忍受那失恋的痛苦、法庭的拖延、衙门的横征暴敛，默默无闻的劳碌却只换来凌辱。但他只要自己用把尖刀就能解脱了。谁也不甘心，呻吟、流汗，拖着这残生，可是对死后又感觉到恐惧，从来没有任何人从死亡的国土里回来，因此动摇了，宁愿忍受着目前的苦难而不愿投奔向另一种苦难。思虑使我们都变成了懦夫，使得那果断的本色蒙上了一层思虑的惨白的容颜。本来可以做出伟大的事业，由于思虑就化为乌有了，丧失了行动的能力。

分析与提示：《哈姆雷特》一直被誉为莎士比亚的巅峰之作。该剧描写了丹麦王子哈姆雷特留学德国时，他的叔父克劳狄斯毒死其父亲，骗娶其母亲，并篡夺王位的故事。哈姆雷特回国后，父王的魂魄告诉哈姆雷特杀父夺位的就是他的叔父克劳狄斯。他弄清真相后，决心杀死奸王，但又顾虑重重，苦苦思考"生存还是毁灭"这个问题。于是他怀着极其痛苦的心情伺机报仇，他借演戏的机会揭发了叔父的罪行，阴险的克劳狄斯设下圈套杀害哈姆雷特，被毒剑刺中的哈姆雷特用尽最后的力气终于将恶贯满盈的克劳狄斯刺死。这部作品是莎士比亚人文主义和对现实生活批判精神的最深刻的表达。

这段内心独白出自第三幕第一场，哈姆雷特在痛苦中煎熬：是默默承受命运的摧残，还是杀死克劳狄斯复仇？是浑浑噩噩地活着，还是了结自己的生命？这一激烈的思想斗争便是这段独白清晰而连贯的脉络。朗诵时，要充分体现出哈姆雷特开始不知何去何从的矛盾心理，在生与死的抉择中彷徨，然后经过哲理式的思辨，终于下定决心要为荣誉而战。要充分展现人物性格，把思辨语言的逻辑思路理清楚，挖掘潜台词，在音色、语速、起伏变化及手势、表情、形体上体会并靠近王子的性格与气质，把握语言的韵律感与节奏感。

> 示例 6-9

电影《高山下的花环》台词片段

李存葆

雷军长：奶奶娘！我雷某今天要骂娘！我的大炮就要万炮轰鸣,我的装甲车就要隆隆开进！我的千军万马就要去杀敌！去拼命！去流血！可就在刚才,有那么一位神通广大的贵妇人,她竟有本事从千里之外,把电话要到我这前线指挥所！此刻,我指挥所的电话是分分秒秒千金难买啊！可那贵妇人来电话干啥？她来电话是让我给她的独生儿子开后门,让我关照关照她的儿子！奶奶娘,她真是狗胆包天！她儿子何许人也？此人原是军机关的干事,眼下就在你们师某连当指导员！……奶奶娘！走后门,她竟敢走到我这流血牺牲的战场上！我在电话里把她臭骂了一顿。我雷某不管她是天老爷的夫人,还是地老爷的太太,走后门?！谁敢把后门走到我这流血牺牲的战场上,没二话,我雷某要让她的儿子第一个扛上炸药包,去炸碉堡！去炸碉堡！！

分析与提示：电影《高山下的花环》成功塑造了"雷军长"这一革命军人铁面无私、正气凛然的光辉形象。这段独白的背景是：解放军某部宣传处干事、高干子弟赵蒙生,一心想调回城市。在对越自卫反击战前夕,他凭借母亲吴爽的关系,怀着"曲线调动"的目的,临时下放到某部九连任副指导员。但他却不安于位,整日为调动之事奔波。当九连接到开赴前线的命令时,赵蒙生却接到回城的调令。吴爽不顾军情紧急,动用前线专用电话,要求雷军长将赵蒙生调离前线,当即遭到雷军长的强烈谴责。在奔赴前线的动员大会上,雷军长再也遏制不住心中的怒火,情绪激动地"吼"出了这段话,对吴爽的不当行为做了无情的公开披露。最终,赵蒙生迫于压力决定留下,并走上了前线。经过战火的洗礼,他赢得了战友的友谊,也赢得了军人的尊严。

这段独白是雷军长在极度愤怒的情况下说出的,再加上雷军长说一不二、雷厉风行的军人性格,朗诵时应极富气势、大气磅礴,适合性格爽朗大气、声音表现力强的男生选择。一开始,雷军长的语言是怒不可遏的,应加快语速表现心中的极度愤怒。朗诵到"可就在刚才……"这句话时,语速可稍放缓,因为这是陈述事实经过,但在语气中应读出这是何等荒唐之事的鲜明态度。"此刻,我指挥所的电话……就在你们师某连当指导员！"这句话声音可扬起来,通过轻重、高低起伏与快慢、虚实结合的声音来表现雷军长强压心中怒火,对这种不正之风的深恶痛绝。最后一句话,语速加快,语气加重,读出雷军长处理这件事的鲜明态度与决心。

示例 6-10

电视剧《蜗居》台词片段

郭海萍：这雨真美呀！你说我们平时怎么就没有注意到呢？这要是在平时，突然下这么大一场雨，恐怕大街上人人都避之不及。不是担心，就是着急，不知道这雨什么时候停。几乎不会有人注意到这雨也有不一样的美丽。雨，是一样的雨，只是不一样的是我们啊！

每天晚上，我坐在窗前，看着窗外的灯光，我就会在想：这城市多奇妙，有多少人就有多少种生活。别人的生活我不知道，而我呢，每天一睁开眼就有一串数字蹦出脑海：房贷六千、吃穿用度两千五、冉冉上幼儿园一千五、人情往来六百、交通费五百八、物业管理费三百四、手机电话费二百五，还有煤气水电费二百。也就是说，从我苏醒的第一个呼吸起，我每天要至少进账四百，至少！这就是我活在这个城市的成本。这些数字逼得我一天都不敢懈怠，根本来不及细想未来十年。我哪儿有什么未来？我的未来就在当下，在眼前。

那天，陪妈妈去逛街，其实我们都不用走，那个人流就推着我们向前走，我想不走都不行，想停下都不行。我当时就笑了，我说，这就是我们的生活，来不及细想，没有决断，就这样懵懵懂懂地被人推着往前走。而我青春年少时候的理想上哪去了？我的理想就被这匆匆的人流推得无影无踪。

是啊！我曾经的坚持、内心的原则和我少年的立志，就被这孩子、被家庭、被工作、被房子、被现实生活磨砺得不剩些许。其实很多时候我是有原则的，我不想抄近道，我更不想投机取巧，但是每每当我看到那些不如我的人，因为插队比我先拿到票，那些不如我的人，因为放弃了原则而省了十几年的奋斗，我真的不服气！有的时候我都在怀疑，我这份坚持到底是对还是不对？我甚至在责怪这个社会，为什么这么不公平，为什么大家有规不遵、有矩不守？而让我们这些辛辛苦苦、勤勤恳恳的蜗牛受罪？

分析与提示：《蜗居》是一部人生情感电视剧，是当代大学生留城奋斗的缩影。这段台词是这部电视剧最后一集中郭海萍为安慰、鼓励遭受重大人生变故（孩子流产、子宫摘除、孩子父亲死于非命）的妹妹郭海藻说的一段话。

选择这段台词，需要对郭海萍这个人物有较为全面的分析。在剧中，郭海萍是一个对生活充满信心的奋斗型女性形象，她大学毕业后和丈夫选择留在繁华的大都市。为了真正在这座城市扎下根，她勤勤恳恳地工作，省吃俭用，租住在狭小的房间，一心只想买一个属于自己的房子。最终,郭海萍如愿当上了"房奴"。这段话是她在大都市历经诸多波折后发出的感慨,也表达出了很多奋斗者的心声。朗读时,要结合现实生活,特别是奋斗在一线城市的外地人的真实生活处境引发情感共鸣,细心体会郭海萍每天为了房子、孩子这些繁重的生活成本而忙碌的无奈现状。不过需要注意的是,郭海萍说这段话时已经扎下根来,依靠辛苦的坚持基本实现了自己的梦想,而且此时她是对自己的妹妹说话,所以她用气声较多,声音温柔细腻。但同时,她的语言中也透着一股想让妹妹振作起来却又不能给予妹妹物质上的帮助的复杂心情。

示例 6-11

孤独与奋斗

老人赢了。他战胜了自己,战胜了那条鱼,那条他从来没有见过的美丽的大鱼。

那条鱼比老人的小船长出许多。老人撑起瘫痪般的躯体,费了很长时间才把小船拴在大鱼的身上。他不知道应该让鱼带着他走,还是他带着鱼走。

他没有发现一群无所畏惧的鲨鱼正嗅着血迹朝这里游来……

这不公平!你们这些厚颜无耻的强盗,真会选择时机。可我不怕你们,我不怕你们,我不怕你们!人并不是生来要给打败的。你可以消灭他,可就是打不败他,你们打不败他!

成群结队的鲨鱼向老人的战利品——系在船边的大鱼发起猛攻。那撕咬鱼肉的声音使老人再一次站立起来。他重新举起鱼叉,悲壮地站在船头。他决心捍卫他的战利品,就像捍卫他的荣誉……

当老人终于回到他出发时的那个港口,天空已经第三次黑暗下来。他的船边只剩下大鱼粗长的白色脊骨,夜晚的潮水摇晃着那条美丽的硕大的尾巴,老人无力上岸回到他的小屋。就在船上睡着了,头枕着那张补过几次的旧帆。

人并不是生来要给打败的。你可以消灭他,可就是打不败他,打不败他。

老人睡着了。他梦见年轻时看到过的非洲。他梦见了狮子。

(改编自海明威《老人与海》)

分析与提示:《老人与海》是 1952 年美国作家海明威根据真人真事创作的一部中篇小说,获得了 1953 年美国普利策奖和 1954 年诺贝尔文学奖。这部小说的故事梗概是:一个名叫圣地亚哥的古巴渔夫,接连出海84天没有捕到一条鱼,终于在第85天钓到一条他有生以来见到的最大的马林鱼。他竭尽全力,经过两天两夜的奋战,终于将大鱼捕获,绑在船边。但是在归途中,小船遭到了鲨鱼群的疯狂袭击,老人在疲惫中与鲨鱼群展开了殊死搏斗,虽然杀死了几条鲨鱼,但失去了鱼叉、船桨和舵柄,自己也受了伤。最后老人虽然击退了鲨鱼群,可是回到海港时,绑在船边的马林鱼只剩下一副空骨架。

选择这篇稿件,要对主人公有深刻的理解。在海明威的笔下,圣地亚哥是一个百折不挠、坚强不屈、敢于面对暴力和死亡的"硬汉",无论在怎样危难困苦的逆境中,他都表现出无畏的勇气和不屈服的奋斗精神。虽然那条马林鱼最后只剩下粗长的白色脊骨,但从另一种角度来说,老人是一个胜利者、一个失败的英雄。朗诵时要体会当象征着圣地亚哥一生荣誉的战利品被鲨鱼无情撕咬时,愤怒让他忘却身体的疲惫与环境的诸多不利,决心用生命去捍卫自己荣誉的内心感受。

示例6-12

电影《大腕》台词片段

精神病人:我要是买房,一定得选最好的黄金地段,雇法国设计师,建就得建最高档次的公寓。电梯直接入户,户型最小也得四百平方米,什么宽带呀、光缆呀、卫星呀,能给它接的全给接上。楼上边有花园儿,楼里边有游泳池,楼子里站一个英国管家,戴假发、特绅士的那种。业主一进门儿,甭管有事儿没事儿都得跟人家说:"May I help you, sir?"一口地道的英国伦敦腔儿,倍儿有面子。社区里再建一所贵族学校,教材用哈佛的,一年光学费就得几万美金。再建一所美国诊所,二十四小时候诊,就是一个字儿——贵!看感冒就得花个万八千的。周围的邻居不是开宝马就是开奔驰,你要是开一日本车呀,你都不好意思跟人家打招呼。

你说这样的公寓,一平方米得卖多少钱?我觉得怎么着也得两千美金吧。两千美金?那是成本!四千美金起!你别嫌贵,还不打折。你得研究业主的购物心理,愿意掏两千美金买房的业主,根本不在乎再多掏两千。什么叫成功人士,你知道吗?成功人士就是——买什么东西都买最贵的不买最好的。

所以,我们做房地产的口号就是:不求最好,但求最贵!

分析与提示:电影《大腕》讲述的是一位蜚声国际的大导演泰勒来中国拍宣传纪

录片,谁料天有不测风云,泰勒在此过程中因心脏病发作,生命垂危。眼看大腕命不久矣,大家决定为他操办一场体面风光的葬礼。于是,电影厂下岗摄影师优优(葛优饰演)和木讷迂腐的商人路易·王(英达饰演)揽上了这活儿。一时间,大腕的葬礼成了所有媒体关注的焦点,谁也不甘心错过这样大好的商机。就在葬礼准备得如火如荼的时候,意外发生了……原来泰勒是在装病。这段台词出自片中精神病人(李成儒饰演)的演讲。

精神病院里,一群精神病人十分严肃认真地在讨论国内各行各业的发展,李成儒饰演的这个精神病人代表的是一个成功的房地产商人。在这个长镜头里,李成儒的语言和肢体动作都极为成熟老练,声音中透出成功人士的自信和夸张。因此朗诵时,应以自我为中心,语气、语调随着台词发生抑扬顿挫的变化。要注意这是一个精神病人的角色,所以他的眼神应该时而呆滞,时而犀利,有旁人时就对着旁人讲,旁边无人时就一人分饰二角,自问自答。

第三节　推荐应试作品

话剧《冰山情》台词片段

爸爸,你没有权利教训我该怎么样不该怎么样!从上小学起,你就没有参加过一次家长会!小学升初中,初中升高中,你从来就没有关心过我能不能考上重点中学!大学没考上,合适的工作又找不到,我多苦恼多伤心,可你从来就不闻不问!你远在天边,妈妈又整天忙她的工作!谁都不愿意搭理我,我就像一个从地缝里蹦出来的野孩子!爹不疼,娘不爱,没人管,没人问,最后我变成了一个自暴自弃破罐子破摔的流浪儿……如果你早一点多一点告诉我,什么应该,什么不应该,我何至于到今天啊?你再苦,你有你那些难舍难离的冰山;妈妈再累,妈妈有她的同事和实验室,可我有什么?我变成了一个纯粹的无产阶级、一个无家可归的野孩子!

爸爸,你知道吗?在我离开家的这几个月,日子有多难过。我怕听见窗外的风,一听到风声我就会想起你!我更怕半夜的雨,一听到雨声我又会想起你……可我最最害怕的,还是在公园里,在马路边,看到当父亲的牵着他们的孩子,他们在说,他们在笑……我就会想,我的父亲在哪儿?我到底有没有父亲?!爸爸,孩儿的心是苦的,苦极了,求求你,把对冰山的爱多少分给我一点吧!

话剧《手术之前》台词片段

亲爱的亮：

再过5分钟，我就要进手术室了，我知道手术会成功的，可我这双腿就没了。你们连队要参加军区大比武，看样子是回不来了，所以我给你写下这封信。我知道你忙，我不难受，我一点都不难受。可我能不难受吗？多少次我摔倒在挡车旁的时候，心里都在喊着一个人的名字——大亮。你看看这病房里，哪一个不是自己的丈夫打水送饭、问寒问暖的，可我的丈夫呢？他在哪儿？已经两年了，两年的春节你都没回来，看到别人团团圆圆地过年，我这心里能不难受吗？能不孤单吗？我不难受，我不孤单，我把电视机打开，一个人看春节晚会，我把录音机打开，我把家里所有的灯全打开！！

你看我都写了些什么！没事，大亮，你没有来不是还有那么多同志来看我吗？我们单位的领导不是替你在手术单上签字了吗？再说，你是一连之长，我们俩又都是党员，我怎么能拖你的后腿呢？

别的不多说了，祝我早日恢复健康！

爱你的莲

小说《母亲》片段

〔苏联〕高尔基

母亲看见人们纷纷拥上来，稍微安稳了一些，朝着一张张奇怪而陌生的面孔放开嗓子说道："昨天审判了一批政治犯，里面有一个叫符拉索夫的，是我的儿子！他在法庭上讲了话，这就是他讲话的稿子！今天，我要把这些稿子分散给大家，让大家认认真真地看一看，想一想真理……"

"我的儿子和跟他一起的人为什么被判罪——你们知道吗？请你们相信母亲的心和她的白发吧！我可以告诉你们——因为他们要向你们诸位传达真理，所以昨天被判罪了！我直到昨天才算明白了，这种真理……没有人能够反抗，没有人能够反抗！"

"贫困、饥饿和疾病，这就是你们劳动的报酬。一切都是我们的敌人——我们一辈子都是在劳作里面、在污泥里面、在欺骗里面，一天一天地葬送着自己的生命！可是别人却利用我们的血汗来享乐，坐享其成，花天酒地，作威作福！我们就像被锁着的狗，一辈子被幽禁在无知和恐怖之中，没有一点点出路！——我们却什么都不知道！我们对什么都害怕！我们的生活就是黑夜，每一天都是黑夜！是漆黑的黑夜！"

电影《第一滴血》台词片段

上校： 兰博,战争结束了!

兰博： 不!战争没有结束!没有,你不能结束它!不是我要打的,是你们要我打的,我千方百计地想打赢,可你们却不让我打赢,所以我回来了。可是那帮混蛋他们堵在机场朝我抗议,骂我屠杀婴儿,什么脏话都有。他们凭什么抗议啊?凭什么?我们在那边受了多少苦,他们知道吗?在那边我们可以开飞机、开坦克。可是现在,现在我连个像样的活儿都找不着!……还记得帕尼吗?那个黑头发的,有一次一个越南的孩子拖着一个擦鞋的箱子问:你们擦不擦鞋,擦不擦鞋?他老是问个没完,帕尼就擦了,可是谁知道,谁知道那个箱子里面有炸弹,把帕尼炸得血肉横飞,他的血溅了我一身。我擦啊擦啊!可是怎么也擦不干净。帕尼躺在我怀里对我说:"兰博,我要回国,我要开我那赛车……"可是他的腿没有了,他的腿被炸飞了!……这些我对谁去说,对谁说,谁能理解我,谁能理解我……

电影《囚徒》台词片段

维基： 亲爱的电视观众,听说你们非常想知道有关非洲的情形。那里种族之间的摩擦的确是越来越深了。黑人不满,他们是有充分理由的。黑人进一步觉察到他们长期以来在受白人剥削。他们觉得他们的发展因为我们的榨取而受到阻碍,所以这种不满和猜忌很自然地上升为仇恨和暴力。不过,我一定要指出,抢劫和杀害当地白人的罪恶行为,大部分不是黑人干的。听起来好像很讽刺,其实是很可恶的……事实上,当地白人犯下的罪恶都是白人雇佣军干的。他们都是杀人成性,什么事都干得出来的禽兽。我家在非洲住了十二年,家里有不少人,除了我,我妈妈、爸爸,还有两个哥哥。为了使你们更好地了解我家发生的情况,我尽可能把当时的情形从头讲起。

我们爱那个地方,爱那儿的人。有人说,黑人在暴动,可是我们不相信。事情发生得突然极了。有一天,周围的村子都敲起鼓来,听了叫人毛骨悚然。妈妈劝爸爸带我们一家人离开,可爸爸就是不同意。一天晚上,我们听到机关枪的枪声越来越近,到处都有人尖声怪叫。我哥哥从楼上窗口大喊了一声:"爸爸,他们放火烧工厂了,都着了!"爸爸冲了出去,两个哥哥紧跟在后面。到处都是火海,但也挡不住他们。外面机关枪响起来了。突然,他们停了下来,我跟妈妈跑出去,看见他们三人躺在路边上,浑身是血,遍体鳞伤,像牲口一样给宰了……(越说越激动)在火光下我突然看见他们在丛林里,杀人的不是黑人,是白人雇佣军!(情绪激动,几乎难以控制自己)我感觉到他们在树后注意外面的动静。我说:"妈妈,快跑吧,再不跑他们会抓住我们的!……妈妈,站住,妈妈——!"她倒下了,她叫我别管她,只管自己跑。那些魔鬼又开枪了,打中了妈妈,她死在了我的怀里。我想:"我往前跑,也许可以逃走。"可他们不放过我,很快就把我抓住了。他们围着我推来推去,逼我在他们面前脱光。他们笑啊、跳啊……还尖声怪气地说:"别害怕,我们是白人,你的朋友,我们就想乐一乐。别犟了,跳吧!"啊……他们把我推来推去,……啊!放开我!(难以控制,号啕大哭起来,而后稍控制情绪,抬起头来)啊,对不起,各位观众,我太激动了,就讲到这儿吧。

电影《流浪者》台词片段

拉兹:我有生以来头一次得到说话的权利,这是我成了杀人犯才得到的。……如果你们早一点听到我的话,也许我今天就不会落到这个地步。丽达极力想从绞架上把我救下来,她对各位讲了我一生的遭遇,各位现在已经彻底地了解我了。我承认我是流浪儿,是贱人,是罪犯,总而言之我是个坏人!我这一生做了很多犯法的事情,我现在不想再为自己做什么辩护,只有等待判决。你们有权判处我任何刑罚……但是你们判处我一个人就能够拯救那成千上万的少年儿童,不再遭到像我这样悲惨的命运吗?我贫穷,饥饿逼得我受苦受侮辱!像我这样的人有成千上万!现在你们不要为我想,你们想想这些孩子!想想贫民窟里的那些孩子,你们要想想你们的孩子,不要让你们的孩子将来成为罪犯,像我一样站在被告席上受审!

小说《复活》片段

〔俄〕列夫·托尔斯泰

玛丝洛娃:您说什么?要跟我结婚?哈哈……什么,什么?您要不跟我结婚就对不起上帝?哈哈……上帝!公爵先生!我又从您的嘴里听到上帝了,可那是多么残忍的、吃人的上帝啊!我倒记起那天晚上的事了,您要听吗?

我从您姑妈那里听到了您要从前线回来的消息,我是多么欢喜,多么高兴啊!我相信您一定会到我们村子来的。可是您给您姑妈的电报上却说有公事要到彼得堡去。这可把我急坏了。我决心到车站去见您一面,我怎么能不见您呢?肚子里的孩子已经有好几个月了。我打听到你们的火车是夜里两点到我们这儿的。我等您姑妈睡着了,就换上一双胶鞋,用围巾蒙着头,提起裙子就赶到车站去了。

那是一个好闷热的晚上啊!大颗大颗的秋雨,下一阵又停一阵,路上一两尺远的地方就看不大清楚,树林里黑得跟炭炉子似的,平常很熟悉的道儿也走迷糊了。等我赶到车站,已经响过第二遍铃了。我一跑到月台就赶到头等车那边去。

车厢里是雪亮的,桌子上点着手臂粗的蜡烛,天鹅绒的安乐椅上坐着两位军官在打扑克。我一眼就看见了您——那靠着椅背同人家笑着说话的,不就是我日夜思念的人吗?我一看见您,就用冻僵的手敲那窗子。第三遍铃又响了,火车就要开了,我急了,一边用手敲着窗子,一面把脸贴在玻璃上,但是我扶着的那节车厢也动起来了!我就一面望着车子里面,一面跟着车子走……正在这个时候,我看见您站起来了,并且朝着窗子走来了,我的心扑扑直跳,我以为您该叫我了,谁知道您是过来放窗帘的……

正在这个时候,列车长推开我跳上车了,我还是沿着月台跑……风是那样厉害。跑,我一滑一滑地跳下台阶在平地上跑……风是那样厉害,我头上的围巾快给吹掉了……头等车已经走了,二等车也走了,三等车也很快地过去了……在那风雨中,我拼命地追呀,追呀……一下子跌倒在泥水里,我坐在那里放声大哭……我想:啊!他走了,待会火车来了,我就钻到车子下面去,就什么都结束了……

正当我打着这样的主意的时候,我肚子里的孩子突突地动了起来,我那时候真是好为难啊!死吧,为了这个小东西,我又怎么能死呢?我只好慢慢地站起来,凄凄凉凉地走回去了……哼,不到一个月,我就被你姑妈赶出来了。

从那天晚上起,我才认识了你们的上帝,认识了男人!哼!我再也不受上帝的骗了!再也不受你们的骗了!十年前,我做了你快乐的牺牲品,如今,你又想用我来拯救你的灵魂吗?哈哈……公爵老爷!现在,我已经是一个女犯人了,您用不着到这种地方来,请回去吧!……走开!我讨厌你,讨厌你的脸、你的样子、你的眼泪,什么都是假的。我恨!我恨那时候为什么没有死!……(哀怨地哭泣)

电影《永恒的爱情》台词片段

亲爱的爸爸:

以前我曾给您写过一封信,可这是我最后一次给您写信了,以后我永远也不会打扰您了。医生说,我的时间很少很少了,癌症使我距离死亡越来越近。爸爸,您知道您的儿子哈迈德深深地爱着我,纯洁的爱情驱使他抛弃了舒适的生活,违背了您的意志,竟然和我这样一个穷职员的女儿结了婚。因为我,您和您的儿子产生了隔阂。可是,当我不夹在你们父子之间的时候,请您消除对他的隔阂吧!请您拥抱您的儿子吧。不然,当我离开人世,他在这个世界上会多么孤单啊!请您千万不要让他感到孤单。爸爸,我还有一个愿望。我死去的母亲非常爱我,我父亲对我更加疼爱。我丈夫给了我无限的爱,遗憾的是我没有得到您的爱。在我生命垂危的时候,希望您和妈妈能把手放在我的头上,叫我一声儿媳妇。爸爸,这是我最后对您要说的话……爸爸,请您拥抱您的儿子哈迈德吧。不然,当我离开人世,他在这个世界上会感到孤单,(边哭边说)请您千万不要让他感到孤单……

您的儿媳罗西

喜剧《婚事》台词片段

〔俄〕果戈理

阿格费·蒂霍诺夫娜:挑选未婚夫,真是件难事!一两个人还罢了,一下子四个人随便你挑选。(笑)尼古拉·伊凡诺维奇长得不坏,就是瘦了些;伊凡·库兹米奇很好;说实话,伊凡·波夫诺维奇也不错,虽然胖些,但总是很体面的男人。请问:怎么办好?巴达扎·巴达扎洛维奇也是个体面的男人。这真是难决定,别提多难啦!如果把尼古拉·伊凡诺维奇的嘴唇安在伊凡·库兹米奇的鼻子下面,再添上巴达扎·巴达扎洛维奇那样的活泼,伊凡·波夫洛维奇那样的体形——哈哈,我是立刻可以决定的。现在你去想吧,简直头都要涨疼了,最好是抓阄,抓住谁的阄,就嫁谁,一切凭天意。把他们的名字写在纸上,搓成小卷,抓到什么,就是什么。(走到桌旁,取剪刀与纸,一边搓卷儿一边说话)我们姑娘的地位,尤其是有了爱情的,真不幸啊!男人是不懂,也不愿意明白的。(笑)这不是都弄好了么?只要放到手提包里,闭上眼睛,抓到什么,就是什么。(将纸卷放到手提包中,用手弄乱)可怕得很……但愿能抽出尼古拉·伊凡诺维奇来才好呢!为什么是他?不如抽出伊凡·库兹米奇来。为什么是伊凡·库兹米奇呢?别的那些人,比他坏在哪里?……这样不行……抽出什么就算什么。(把手伸进手提包,摸索了一会儿,将纸卷全部掏出)咦,全有!全抽出来啦!唉!心跳得要命!不行,只能一个,只能一个!(将纸卷重新放入手提包中弄乱)唉,但愿能抽出巴达扎来才好……我怎么啦,我要说的是尼古拉·伊凡诺维奇……不,不要,不要!还是挑伊凡·库兹米奇,比别人好……哎呀,还是逃不掉命运的。说实在的,还是伊凡·库兹米奇是个体面人物,又谦逊,又细心,真是不能不叫人爱他!……可惜他老早就走了。哎哟,我全身哆嗦起来。告别吧,我的处女生活。(哭)多少年过得安安静静的。……现在就要出嫁了……(又开始呜咽起来)我做姑娘时还没有来得及快活快活,才做了不到二十七岁的姑娘……

话剧《恋爱的犀牛》台词片段
廖一梅

马路：（女孩明明被蒙着眼睛绑在椅子上，年轻人马路坐在她旁边）黄昏是我一天中视力最差的时候，一眼望去满街都是美女，高楼和街道也变幻了通常的形状，像在电影里……你就站在楼梯的拐角，带着某种清香的味道，有点湿乎乎的、奇怪的气息，擦身而过的时候，我才知道你在哭。事情就在那时候发生了。

我有个朋友牙刷，他要我相信我只是处在发情期，像图拉在非洲草原时那样，但我知道不是。你是不同的、唯一的、柔软的、干净的、天空一样的。我的明明，我怎么样才能让你明白？你是我温暖的手套、冰冷的啤酒、带着阳光味道的衬衫、日复一日的梦想。

你是甜蜜的、忧伤的，嘴唇上涂抹着新鲜的欲望，你的新鲜和你的欲望把你变得像动物一样不可捉摸，像阳光一样无法逃避，像戏子一般毫无廉耻，像饥饿一样冷酷无情。

我想给你一个家，做你孩子的父亲，给你所有你想要的东西，我想让你醒来时看见阳光，我想抚摸你的后背，让你在天空里的翅膀重新长出。你感觉不到我的渴望是怎样向你涌来，爬上你的脚背，淹没你的双腿，要把你彻底地吞没吗？我在想你呢，我在张着大嘴，厚颜无耻地渴望你，渴望你的头发，渴望你的眼睛，渴望你的下巴、你的双乳、你美妙的腰和肚子、你毛孔散发的气息、你伤心时绞动的双手。

明明，告诉我该怎么办？你是聪明的、灵巧的、伶牙俐齿的、愚不可及的，我心爱的，我的明明……

电影《高山下的花环》台词片段
李存葆

玉秀：

我就要杀上战场了。战斗中，生死难料，这封信，就权当我的遗言吧！

娘一辈子吃苦受累，没享过一天福，想起这，我心里就难受。玉秀，俺当兵在外，不能帮你一把。自你到俺家，你像个长工一样，每天下地干活，回家伺候老人，担水、做饭、喂猪、养鸡、里里外外全靠你。你那么累，可没有一句怨言。玉秀，自你嫁给我，我没有给你买过一件像样的衣服，你自己更是连条头巾也舍不得买。

玉秀，我还有话，你可一定要照着办啊！你还年轻，才二十四岁。我死后，遇上合适的人，你就另成个家吧！咱娘是个明白人，那样她喜欢，我在九泉之下也就闭上眼了！玉秀，我没有啥，只有一件军大衣没舍得穿，将来你结婚时，就作为你陪嫁的礼物吧……

三喜

电影《卖花姑娘》台词片段

人们常说："只要心诚，石头也会开出花儿来的。"那么，是花妮的心还不诚吗？情还不深吗？她怀着那样真诚的希望，为了治好妈妈的病，她不辞辛劳，拨开满山的荆棘，攀过多少悬崖峭壁，采来了多少鲜花。那一束束、一朵朵的鲜花铺展开来，能把整个村子掩盖起来。可是她卖花换来的药，妈妈连见都没见一眼就永远地离开了。难道妈妈不理解女儿的骨肉深情吗？这遗恨，这万古千秋的遗恨，根源究竟在哪里？为什么人们世代的冤仇不能报？这到底是为什么？有谁能说得清？

京剧《挡马》唱词

我是（数板）我是柳叶镇上一店家，招徕客人度生涯。南来的，北往的，说的都是番邦话。虽是虎狼之威不可怕，也只得假献殷勤伺候他。都只为，身在番邦心在家，无有腰牌把南朝下，眼前虽有千坛酒，心中仇恨难浇下。（诗）流落番邦有几秋，思念家乡终日愁。有朝一日南朝转，杀尽胡儿方罢休。（白）在下，焦光普，想当年随同杨家八虎，大闹幽州。咳！不幸被胡儿所擒，将我绑在泥鳅殿前就要问斩，是我心生一计，站在殿前大笑三声。那萧后言道："临死的孩子为何发笑哇？"是我言道："大丈夫生而何患，死而何惧，可惜我一双好手！"那萧后又言道："好手要它有何用啊？"我说："好手好手，能造香醇美酒。"那萧后喜欢南朝美酒，闻听此言脸露笑容说："孩子们，赏他五十两银子，叫他在柳叶镇上开一酒店。"咳！是我久想逃回南朝，怎奈一无腰牌，二无路凭，好不愁闷人也……

话剧《无辜的罪人》台词片段

〔俄〕奥斯特洛夫斯基

聂兹纳莫夫： 先生们，我已经得到允许了，因此，请不要打断我的话。先生们，我提议，为抛弃亲生孩子的母亲干杯吧！让她们在欢欣愉快里活下去吧，让她们人生的道路上撒满蔷薇和百合花吧。希望她们的快乐生活，不受任何人、任何东西的搅扰，希望任何人、任何东西也不使她们想起那些不幸的苦命的孤儿。为什么要去破坏她们的平静呢？她们为了自己的孩子，已经做了她们所能做、所会做的一切了。她们有的为她们的孩子痛苦，或多或少柔情地吻过她们的孩子，而且临别赠言："我的宝贝，分别了，自己去找你的生路吧！最好还是死去。"所谓真理，这就是真理：死是头等美事。它能叫这位新入人间的旅客满意的。然而这样的"幸运"还不是每个孤儿都能享受到的。（低头沉思片刻）还有一些多情的母亲，她们不只常流眼泪、常吻她们的孩子，而且还给孩子戴一个黄金做的小玩意儿，还说："戴着吧，记住我吧！"可是，可怜的孩子能记得什么呢？而且何必要记着呢？何必给他们留下这个不幸的耻辱的永久的纪念品呢？就算没有这个，每个不嫌麻烦的人也会指着他，说他是被抛弃的私生子，是道旁的野种！可是他们的母亲是否知道这个不幸的、无缘无故被人辱骂的孩子，有的时候把眼泪洒在妈妈留下的纪念品上呢？妈妈，你现在在哪里快乐逍遥呢？回答我一声吧！哪怕你的一滴眼泪落在我的头上，我再去忍受我的痛苦和失望，我都会觉得轻松一些。要知道，这纪念品挂在身上，真像火一样烧着我的心呀！

话剧《尊严》台词片段

沙叶新

金小雪：（接过支票，向全场扬了扬）华盛顿的大律师，你们真不愧是法学界的权威。刚才被告不得不向我公开道歉之后，你们又非常及时地给我递上了这张支票，并且也是在法庭上公开地递给我。你们这样做，无非是想造成这样一种印象：这个中国姑娘之所以旷日持久地坚持要打这场官司，就是为了这张支票，就是为了这几千块钱；让人觉得钱是这场官司的目的，也只有钱才能为这场官司画上句号。你们以为给我5250美元，我就可以心满意足了，我就一定会感激涕零了？我想请问三位大律师先生，要是一个白人被打成像我这样，你们能用5250美元打发掉吗？不久前，一个白人老太太在麦当劳被烫伤一点嘴皮，索赔60万美元！在你们眼里，中国人就是这么不值钱？可你们错了，至少我这个中国人，当然还有许许多多中国人，绝不会在你们的美元面前低下自己高贵的头！我打这场官司，是为了讨回做人的尊严！尊严！

我们来美国，大部分美国人是友好的，对我们平等相待，也给了我们很多支持和帮助。就在我打这场官司的四年里，也有不少美国朋友给过我帮助，我非常非常感激。但也有一些人，以为有钱就可以拥有一切，有钱就可以歧视别的民族，有钱就可以为非作歹，有钱就可以伤害无辜，有钱就可以打赢官司！可我要正告他们，有钱绝不能收买我一个小小的中国女子的尊严！我之所以打这场官司，还想告诉这些歧视我们的先生们，别以为我们中国留学生漂洋过海到这里，是来乞求施舍的，是来抢你们饭碗、赚你们钱的，是低你们一等，是没有人格尊严的。不！我们留学生带到这块土地上来的是青春和智慧,带来的是奉献,我们并不比任何人差!就在我打官司的这四年里,我还在极为艰苦的条件下,带着难以忍受的心灵和肉体的创伤,攻读了社会学硕士和计算机管理学博士的双学位。我完全可以自豪地说,我干得一点儿也不差!美元在我的尊严面前一文不值。

见鬼去吧,美元!(将支票一点一点撕碎,抛向法庭的上空)

小说《红岩》片段

罗广斌　杨益言

一阵狂风卷过,寒气阵阵袭来,矗立在签子门边的余新江浑身发冷,禁不住颤抖了一下。屋瓦上响起了"哗哗哗"的声音,击打在人的心上。"是暴雨?"这声音比暴雨更响,更加嘈杂,更加猛烈。"冰雹!"余新江听见有人悄声喊着。他也侧耳听那屋瓦上的响声,在沉静的寒气里,在劈打屋顶的冰雹急响中,忽然听出一种隆隆的轰鸣。这声音夹杂在冰雹之中,时大时小。余新江渐渐想起,刚才在冰雹之前的狂风呼啸中,似乎也曾听到这种响声,只是不如现在这样清晰,这样接近;因为他专注地观察敌人,所以未曾引起注意。这隆隆的轰鸣,是风雪中的雷声么?余新江暗自猜想着:在这隆冬季节,不该出现雷鸣啊!难道是敌人爆破工厂,毁灭山城么?忽然,余新江冰冷的脸上,露出狂喜,他的手里激动得冒出了汗水,他突然一转身,面对着全室的人,眼里不可抑制地涌出滚烫的泪水。

"听,炮声,解放军的炮声!"

电视剧《亮剑》台词片段

李云龙:老师长,你们三个鉴定我已经写好了,看看吧。如果没什么意见的话,就存档案带走。

怎么你们觉得冤?我觉得你们不冤!你们来到军事学院就没有打算在这里战斗,还多次要求退出。谁说这里不是战场,难道只有抱着机关枪冲锋,那才是战斗吗?如果你们现在还想退出的话,我给你们的鉴定就只能是临阵脱逃。你们觉得冤,冤什么?为了肩膀上芝麻绿豆的事情闹得全院沸沸扬扬,几个军区都知道了。刚才军委还来电话问这件事情。我能说什么?我该说什么?你们一口一个老师长、老师长……可我在这里如坐针毡!丢人哪,丢人。我们进行了二十多年的武装斗争,身边倒下了多少好同志,想想他们,他们该授什么衔?你们都是有战功的人,打过不少胜仗,是不是以为这就够了?我们打了几十年的仗,人家也打了几十年的仗,而且战争能力、作战手段和军事理论比我们强很多。朝鲜战争就是证明。不学习行吗？动不动就以大老粗自居，以没文化为荣，我看不上这样的人。占着茅坑不拉屎，占着高位不胜任，到头来丢的不是一个人的脸，丢的是国家的脸，丢的是军队的脸，丢的是人民的幸福生活。

俗话说，响鼓不用重锤，今天我对你们三个响鼓用了重锤。记住这里也是战场，狭路相逢勇者胜，是男人就不能后退，就必须往前冲。这不为别的，因为你们是将军，是男子汉。明白了吗？

电影《阮玲玉》台词片段

阮玲玉：来吧，敌人们、友人们、仇人们、爱人们，都来吧，来呀！四少爷、四先生、四达，对你，我爱过，我恨过、悔过、羞过，这一切都是最深最深的，因为我是第一次。谢谢你，谢谢你把我推向了明星的宝座。去吧！

和你（指茶商唐文山），我开始于一团说不清、道不明的情感纠葛，是前世的善缘，是后世的孽根，是秋千上的游戏，是梯架上的攀登。丈夫，谢谢你给了我汽车、洋房、珍珠翡翠，足以使任何一个女人骄傲的一切。去吧！

朴导演，弥勒佛一样的大善人，要不是你在自己的作品中像配药方一样地来上几分瞒和骗，世上那些信又不信的人们又怎么能够乐乐呵呵地活下去呢？干杯！

黄委员、黄记者，这个世界一点儿也少不了你，为了你极称职、极有光彩的表演，为了你的舌头，干杯！

梦露姐，请大家举杯吧，为了女明星世界神神秘秘的生活、光光彩彩的表演、轰轰烈烈的下场，干杯！

亲爱的马大哥，谢谢你为了医治我的失眠症，把做道具用的三瓶安眠药送给了我，让我找到了自己的归宿。

穆先生、天培兄，你说，你说我是个好女人吗？你说，你说我是个坏女人吗？你、你……

明天就要开庭，明天就要对一个强者中的强者、弱者中的弱者，进行缺席审判。

人们，请用你们的善心和良知听我说一句话：在这个叫作人世的地方，我活了25年，检点我的所作所为，一丝一毫无愧于心。我应该是原告、原告。

好心的影迷们，你们爱着的阿阮去了。在今后无穷的岁月里，我将睡在黑暗的胶片上，躺在冰冷的盒子里。若有机缘，我的容貌能在银幕上重现的时候，那眯眯的眼、甜甜的笑，总是对你们的祝福。

电影《哥俩好》台词片段

二虎：（兴致勃勃地对观众）我们新兵连开展了向雷锋同志学习的竞赛，我要每天做一件好事。可这好事都叫别人给做完了，可真把我急坏了！哎？林大娘提着一桶热豆浆过来了。我赶忙跑上前去接过来，倒进缸里，这下子，做豆腐的事就包在我身上了，今天非得露一手！我让林大娘去忙别的活儿，我好一个人完成任务。……噢，我该做豆腐喽。（挽起袖子，想了想）做豆腐，做……这豆腐怎么做？……嗐，没什么了不起的，反正在家见我奶奶做过。嗯，对了，点豆腐，用的是卤水，（寻找）啊，在这儿。（拿起点了二勺，搅了搅，盖上盖儿，心神不宁地等着）好了吗？（听了听，然后战战兢兢地打开缸盖一看）哎呀，怎么还是稀汤寡水的？再来两勺。干脆，全放里算了。（这下放心了，满怀信心地）只要我耐心等一会儿，这缸豆浆就会变成豆腐。林大娘端着一块块雪白香嫩的豆腐送到连里，同志们一定会围上来，七嘴八舌地问："林大娘，这是谁的手艺呀？"林大娘就会笑眯眯地拍拍我的肩膀说："你们连的二虎！"大家伙儿一听是我做的豆腐，会怎么说呢？（想想）最先发表意见的准是大嗓门儿乐哈哈："瞧人家二虎，咱先不谈积极性，就光这技术也该记二等功！"接着就是四川王了，他推推眼镜，慢悠悠地说："好得很！啥子时候学会的这个鬼名堂。"等大伙儿哈哈一笑，这时候准会冒出一声"二虎！""到！"不用问这是我们班长。"二虎，这是你做的吗？大家要好好地学习嘛！"这时候我该怎么办呢？我……我绝不能得意，我得严肃，一句话也不能说！

到了晚上，全连集合，指导员给我胸前戴上大红花，然后站在讲台上说："同志们——！二虎，为我们大家做豆腐……"（忽然想起）哎，这豆腐八成好了，我得看看。（走到缸前，慢慢地揭开缸盖一看，大惊）啊？（要哭）这豆腐……它，它怎么都成黑的啦！……糟了……（高声地）林大娘……您快来看看呀，这豆腐……怎么……黑了呢……林大娘！（叫着下场）

我喜欢当兵

短剧《文小姐·武将军》片段

张 译

每个人都有一个自己的位置……记得我刚来的那天，一个司机班长开着卡车接我。他说：他也喜欢当兵，尤其是在草原上。他就喜欢那种大口喝酒，大口吃肉，怀里揣着老婆和娃娃的照片骑马挎枪走天涯的感觉，他说这叫一个爷们儿。后来，卡车陷到了雪坑里,怎么也出不来,老班长就把车板给拆了,浇上汽油给我取暖,自己徒步走回了基地。再后来,指导员带着弟兄们来接我,我才知道,那个班长,十个脚指头……缺了八个……基地首长说要养他一辈子,可他却主动要求复员了,因为他觉着,自己再也没法儿当一个优秀的……爷们儿了……其实,你来得并不是时候,正式演练的日子,咱们这座房子,会住满生龙活虎的小伙子,因为这儿将有十几个整师整旅的实兵对抗演习。整个基地,你看吧,比香港的地盘儿还大,天地分明,安静极了。只要总指挥一声令下,五大系统瞬间启动,演习开始。"令出山摇动,军容逞威风。"刹那间,一切都从沉睡中惊醒:战士们脸上涂着伪装色,怒吼着玩命往前冲;直升机、轰炸机拔地而起,划破长空;不知道哪儿又会突然冒出一队坦克步战车,一路烟尘,箭一样直插敌人腹地!如果赶上下雨,钢盔上、枪尖儿上会挂满水珠儿,坦克的履带底下能翻腾起一片泥浆,那是水和火的交融。这片天地:枪、炮、水、火、爷们儿!……壮观呐……如果说北京是政治家的天堂,深圳是金融家的天堂,中关村是你们的天堂,那么我们朱日和,就是这帮爷们儿的天堂!人这辈子能干上自己梦想的事儿不容易呀!我喜欢当兵,喜欢在战场上纵横驰骋,将来我也想指挥千军万马,因为这是我的梦啊……

主要参考书目

[1] 张颂. 中国播音学[M]. 北京:中国传媒大学出版社,2003.

[2] 付程. 实用播音教程 1—4[M]. 北京:中国传媒大学出版社,2002.

[3] 张颂. 朗读学[M]. 3版. 北京:中国传媒大学出版社,2012.

[4] 张颂. 朗读美学[M]. 修订版. 北京:中国传媒大学出版社,2010.

[5] 罗莉. 文艺作品演播教程[M]. 北京:北京大学出版社,2007.

[6] 李红岩. 诗歌朗诵技巧[M]. 修订版. 北京:中国广播电视出版社,2012.

[7] 付程. 播音主持专业高考面试指南与示范录音[M]. 北京:中国传媒大学出版社,2007.

[8] 伍振国,关瀛. 朗诵训练指导[M]. 2版. 北京:中国广播影视出版社,2018.

[9] 陆澄. 诗歌朗诵艺术[M]. 3版. 上海:上海人民出版社,2018.

[10] 李新宇. 播音创作基础训练教程[M]. 北京:中国传媒大学出版社,2011.

[11] 王东. 中华朗诵艺术十五讲[M]. 北京:中华书局 2014.

[12] 胡先锋. 中国当代朗诵史[M]. 北京:中国传媒大学出版社,2013.

[13] 田园曲. 播音与主持艺术高考教程[M]. 济南:山东人民出版社,2011.

[14] 张海燕. 经典诗文台词朗诵技巧[M]. 北京:语文出版社,2012.

[15] 白龙. 播音主持专业高考面试题解[M]. 北京:中国传媒大学出版社,2007.

[16] 张颂,柴璠,红岩,熊征宇. 播音主持专业考试指南[M]. 北京:中国广播电视出版社,2003.

[17] 田园曲. 播音与主持艺术高考进阶实用教程[M]. 北京:清华大学出版社,2013.

[18] 邹俊. 朗诵艺术通论[M]. 北京:中国广播电视出版社,2013.

[19] 赵兵,王群. 朗诵艺术创造[M]. 上海:格致出版社,2008.

[20] 王静. 美丽中国朗诵诗文辑[M]. 北京:中国广播影视出版社,2017.

[21] 郭玉斌. 朗诵艺术的技巧与赏析[M]. 北京:文化艺术出版社,2006.

[22] 宋协龙. 经典朗诵诗选集[M]. 北京:光明日报出版社,2019.

[23] 中央戏剧学院台词研究室. 演员艺术语言基本技巧[M]. 北京:文化艺术出版社,2000.